西方语言学教材名著系列

DIALECTOLOGY

方言学教程

(Second Edition)

(第二版)

[加] 杰克·钱伯斯（J. K. Chambers）
[瑞士] 彼得·德鲁吉尔（Peter Trudgill） 著
[加] 吴可颖 译

著作权合同登记号　图字：01-2008-5568

图书在版编目(CIP)数据

方言学教程：第2版 /（加）杰克·钱伯斯，（瑞士）彼得·德鲁吉尔著；（加）吴可颖译. —北京：北京大学出版社, 2016.9
（西方语言学教材名著系列）
ISBN 978-7-301-27536-8

Ⅰ. ①方… Ⅱ. ①杰… ②彼… ③吴… Ⅲ. ①方言学—高等学校—教材 Ⅳ. ① H07

中国版本图书馆 CIP 数据核字 (2016) 第 219525 号

Dialectology, Second edition 1998 (ISBN: 9780521596466) by J. K. Chambers and Peter Trudgill first published by Cambridge University Press 1980
All rights reserved.
This simplified Chinese edition for the People's Republic of China is published by arrangement with the Press Syndicate of the University of Cambridge, Cambridge, United Kingdom.
© Cambridge University Press & Peking University Press 2016
This book is in copyright. No reproduction of any part may take place without the written permission of Cambridge University Press and Peking University Press.
This edition is for sale in the People's Republic of China (excluding Hong Kong SAR, Macau SAR and Taiwan Province) only.
此版本仅限在中华人民共和国（不包括香港、澳门特别行政区及台湾地区）销售。

书　　　名	方言学教程（第二版） FANGYANXUE JIAOCHENG（DI-ER BAN）
著作责任者	[加] 杰克·钱伯斯　[瑞士] 彼得·德鲁吉尔　著 [加] 吴可颖　译
责任编辑	唐娟华
标准书号	ISBN 978-7-301-27536-8
出版发行	北京大学出版社
地　　　址	北京市海淀区成府路 205 号　100871
网　　　址	http://www.pup.cn　新浪微博：@北京大学出版社
电子信箱	zpup@pup.cn
电　　　话	邮购部 62752015　发行部 62750672　编辑部 62767349
印　刷　者	北京鑫海金澳胶印有限公司
经　销　者	新华书店
	730 毫米 ×980 毫米　16 开本　18 印张　268 千字 2016 年 9 月第 1 版　2016 年 9 月第 1 次印刷
定　　　价	48.00 元

未经许可，不得以任何方式复制或抄袭本书之部分或全部内容。
版权所有，侵权必究
举报电话：010-62752024　电子信箱：fd@pup.pku.edu.cn
图书如有印装质量问题，请与出版部联系，电话：010-62756370

英文第二版序言

在修订这本教材的过程中，我们煞费苦心地尽可能保留第一版的特点，正是它们使得本书出版十八年来一直是语言学家和语言学专业学生的必备书目之一。本书论述了研究社区之间和社区内部语言变异的基本原理。尽管方言研究这项事业已经进行了将近一个半世纪，但自第一版出版以来，仍有评论者指出，本书是第一部全面阐述方言学研究基本原理的著作。目前这个版本，最需要更新的论题之一是方言地理学，这是因为在第一版成书前的那几十年里，方言地理学失去了其发展的大部分动力，但近年来这个领域又重新焕发了活力。方言地理学的复兴一方面是技术性的，它源于大规模数据处理的技术进步；另一方面是理论上的，它源于人口抽样调查代表性的增强以及对语言扩散和变化的社会动态更密切的关注所带来的方言学理论本身的发展。我们把社会语言学和更受尊崇的传统方言学整合起来使之成为一个影响广泛的新学科分支——城市方言学，这让一些学者感到诧异，但作为一种创新，它还是得到了普遍的接受。现在倘若有人想把这部分内容与方言学分离开来，反倒会引起人们的诧异和不解了。

杰克·钱伯斯（加拿大多伦多大学）
彼得·德鲁吉尔（瑞士洛桑大学）

目 录

第一部分：背景知识

第一章　方言和语言 ··· 3
 1.1　互相通话性 ··· 3
 1.2　语言、方言和口音 ··· 5
 1.3　地理方言连续体 ··· 6
 1.4　社会方言连续体 ·· 10
 1.5　自主性和从属性 ·· 12
 1.6　分离性和连续性 ·· 16

第二章　方言地理学 ·· 18
 2.1　方言地理学兴起的动力 ······································ 19
 2.2　方言地理学简史 ·· 21
 2.3　方言地理学方法 ·· 30
  2.3.1　调查问卷 ·· 31
  2.3.2　语言地图 ·· 36
  2.3.3　调查对象的选择 ······································ 41

第三章　方言学和语言学 ·· 45
 3.1　方言学和语文学 ·· 45

3.2 结构方言学 ⋯⋯⋯⋯⋯⋯⋯⋯⋯⋯⋯⋯⋯⋯⋯⋯⋯⋯⋯⋯⋯⋯ 47
　3.2.1 音位的总藏、分布以及发生率 ⋯⋯⋯⋯⋯⋯⋯⋯ 50
　3.2.2 词汇对应 ⋯⋯⋯⋯⋯⋯⋯⋯⋯⋯⋯⋯⋯⋯⋯⋯⋯ 52
3.3 生成方言学 ⋯⋯⋯⋯⋯⋯⋯⋯⋯⋯⋯⋯⋯⋯⋯⋯⋯⋯⋯⋯ 55
3.4 多方言语法 ⋯⋯⋯⋯⋯⋯⋯⋯⋯⋯⋯⋯⋯⋯⋯⋯⋯⋯⋯⋯ 59

第四章　城市方言学 ⋯⋯⋯⋯⋯⋯⋯⋯⋯⋯⋯⋯⋯⋯⋯⋯⋯ 63
4.1 社会方言 ⋯⋯⋯⋯⋯⋯⋯⋯⋯⋯⋯⋯⋯⋯⋯⋯⋯⋯⋯⋯⋯ 63
4.2 城市方言 ⋯⋯⋯⋯⋯⋯⋯⋯⋯⋯⋯⋯⋯⋯⋯⋯⋯⋯⋯⋯⋯ 64
4.3 调查对象的代表性 ⋯⋯⋯⋯⋯⋯⋯⋯⋯⋯⋯⋯⋯⋯⋯⋯⋯ 65
4.4 获取数据 ⋯⋯⋯⋯⋯⋯⋯⋯⋯⋯⋯⋯⋯⋯⋯⋯⋯⋯⋯⋯⋯ 67
4.5 发音合作人的分类 ⋯⋯⋯⋯⋯⋯⋯⋯⋯⋯⋯⋯⋯⋯⋯⋯⋯ 68
4.6 语言变项 ⋯⋯⋯⋯⋯⋯⋯⋯⋯⋯⋯⋯⋯⋯⋯⋯⋯⋯⋯⋯⋯ 69

第二部分：语言的社会变异

第五章　社会分化和语言 ⋯⋯⋯⋯⋯⋯⋯⋯⋯⋯⋯⋯⋯⋯⋯ 77
5.1 语言和社会阶层 ⋯⋯⋯⋯⋯⋯⋯⋯⋯⋯⋯⋯⋯⋯⋯⋯⋯⋯ 77
5.2 语体分化 ⋯⋯⋯⋯⋯⋯⋯⋯⋯⋯⋯⋯⋯⋯⋯⋯⋯⋯⋯⋯⋯ 81
5.3 性别分化 ⋯⋯⋯⋯⋯⋯⋯⋯⋯⋯⋯⋯⋯⋯⋯⋯⋯⋯⋯⋯⋯ 82
5.4 语言在其他方面的社会分化 ⋯⋯⋯⋯⋯⋯⋯⋯⋯⋯⋯⋯⋯ 86
　5.4.1 语言和族群 ⋯⋯⋯⋯⋯⋯⋯⋯⋯⋯⋯⋯⋯⋯⋯⋯⋯ 86
　5.4.2 社会人际网络 ⋯⋯⋯⋯⋯⋯⋯⋯⋯⋯⋯⋯⋯⋯⋯⋯ 87
　5.4.3 个人特点 ⋯⋯⋯⋯⋯⋯⋯⋯⋯⋯⋯⋯⋯⋯⋯⋯⋯⋯ 92

第六章　社会语言学结构和语言创新 ⋯⋯⋯⋯⋯⋯⋯⋯⋯⋯ 95
6.1 指示性变项和标记性变项 ⋯⋯⋯⋯⋯⋯⋯⋯⋯⋯⋯⋯⋯⋯ 96
　6.1.1 显性污名（Overt stigmatisation） ⋯⋯⋯⋯⋯⋯ 98
　6.1.2 语言变化 ⋯⋯⋯⋯⋯⋯⋯⋯⋯⋯⋯⋯⋯⋯⋯⋯⋯⋯ 98

6.1.3　音位对立 ·· 99
　　6.1.4　成见变项（Stereotypes） ····················· 101
6.2　对语言变化的研究 ······································ 103
　　6.2.1　年龄差异模式 ··································· 106
6.3　语言变化的机制 ··· 110
　　6.3.1　语体变异 ··· 111
　　6.3.2　性别作用 ··· 113
　　6.3.3　隐性威望（Covert prestige） ················ 115

第三部分：空间变异

第七章　方言分界线 ·· 121
7.1　同言线 ··· 121
7.2　同言线模式 ··· 124
　　7.2.1　纵横交错模式（老定居点模式） ············ 124
　　7.2.2　过渡区模式 ······································· 128
　　7.2.3　方言残余区模式 ································· 128
7.3　同言线束 ·· 130
7.4　同言线的等级排序 ······································ 131
7.5　同言线与文化的关联 ··································· 138
7.6　同言线和方言变异 ······································ 141

第八章　方言过渡区 ·· 143
8.1　渐变和突变 ··· 144
8.2　几个变项的概况 ··· 145
8.3　变项（u）的过渡区 ···································· 148
8.4　混合型和混造型方言变体 ····························· 151
8.5　变项（a） ·· 156
8.6　过渡区的一般状况 ······································ 162

8.7 方言变异和制图 163
8.7.1 西米德兰兹的一个遗迹特征 164
8.7.2 社会变异和地理变异的相互作用 166
8.7.3 直接呈现语言的社会变异的绘图 167

第四部分：变异的机制

第九章 语言变异性 173
9.1 变项作为一种结构单位 174
9.1.1 作为偶发现象的变异 174
9.1.2 作为本质特征的变异 175
9.1.3 变项制约 177
9.2 蕴涵量表（Implicational scales） 179
9.2.1 美国阿拉巴马州的默认动词单数形式 181
9.2.2 英格兰北部辅音丛简化（CC） 184
9.3 定量处理数据 187
9.4 定量分析地理变项 188
9.4.1 方言测量学 189
9.4.2 多维级差法（Multidimensional scaling） 194
9.4.3 俄亥俄州的一个方言过渡区 196
9.4.4 对矩阵的对应分析 200
9.4.5 语言距离和地理距离 203

第十章 语言的社会扩散和词汇扩散 206
10.1 实时（real time）和视时（apparent time） 206
10.1.1 不同年龄阶段发生的语言变化 210
10.2 变化的创新者 212
10.2.1 诺里奇（Norwich）：基于社会阶层的创新例子 212
10.2.2 贝尔法斯特（Belfast）：基于性别的创新例子 216

10.2.3　金马蹄地区（Golden Horseshoe）：
　　　　　　基于年龄的创新例子 ………………………………… 217
　10.3　词汇扩散 ………………………………………………………… 220

第十一章　语言的地理扩散 ……………………………………………… 229
　11.1　语言创新成分的空间扩散 ……………………………………… 230
　11.2　空间语言学 ……………………………………………………… 231
　11.3　语言区域 ………………………………………………………… 233
　11.4　小舌音在欧洲的分布 …………………………………………… 235
　11.5　在城市等级体系下的扩散 ……………………………………… 241
　11.6　空间扩散的制图呈现 …………………………………………… 243
　　11.6.1　来自挪威语研究的一个例子 ……………………………… 244
　11.7　社会方言地理学的解释 ………………………………………… 248
　11.8　引力模型的进一步改进 ………………………………………… 254

第十二章　方言学的统一 ………………………………………………… 258

参考文献 …………………………………………………………………… 262

第一部分：背景知识

第一章
方言和语言

顾名思义,方言学就是对方言的普遍特征和各种具体方言的研究。但究竟什么是方言呢?当然,在通常的用法中,方言是指某种不够标准的、地位低下的,往往是粗鄙土气的语言形式,它通常是跟乡下农民、城市劳动阶层或其他没有社会地位的人群联系在一起的。方言这个术语,通常也用来指一种语言的不同变体,特别是那些使用于远乡僻壤、与世隔绝的地方的语言,它们没有书面形式。方言也常常被认为是一种对语言规范的(多数情况下是错误的)偏离——是语言的正确或标准形式的畸变。

在本书中,我们不采用以上任何一种方言观。相反,我们的观点是,每个人都至少说一种方言——拿英语的标准语来说,它跟英语的其他任何一个形式一样,也是一种方言——从语言学的意义上来说,没有任何理由认为某一种方言比另一种方言更高级。

1.1 互相通话性

通常,比较有用的做法是把方言看成是从属于某一种语言的方言。也就是说,可以把方言看作是某个特定语言的次划分(subdivisions)。这样一来,我们就可以谈论法语的巴黎方言(the Parisian dialect)、英语的兰开夏郡方言(the Lancashire dialect)以及德语的巴伐利亚方言(the Bavarian dialect)了,如此等等。

然而,这个界定会使我们面临许多的困难。特别是,我们会面临这样的问题：我们怎么能够把语言和方言区分开呢？与此相关的是，我们怎么能够决定什么是一种语言呢？对此，一个通常的解决方法是，把一种语言看作是"若干可以互相通话的方言集"（a collection of mutually intelligible dialects）。这个定义的好处是，我们可以把方言视作语言的子部分（subparts），也可以提供一个依据能够让我们把一种语言从另一种语言中区分出来。

可是这种对语言和方言的描述并不见得完全成功，而且，它只考虑到两种表面上的反例（apparent counterexample），这样不免简单了些。首先，就让我们拿斯堪的纳维亚（Scandinavia）的语言来说吧，我们看到，挪威语（Norwegian）、瑞典语（Swedish）和丹麦语（Danish）常常被人视作不同的语言。但很不幸，按我们的定义，它们应该是某种语言中的方言，因为它们彼此可以互相通话。确实，说这几种语言的人，可以互相自如地交流和理会各自的意思。其次，我们通常会把德语中的方言视为同一种语言，可是有某几个德语方言是不可以互相通话的。也就是说，按我们的定义，丹麦语就算不上一个语言，而德语又不止是一个语言。

"互相通话"这个标准还会碰上其他困难。主要的问题是，这个标准允许在理解程度上的不对等。例如，许多瑞典人可以毫不费力地听得懂许多挪威人的话，不过这一点是很明显的：他们对挪威人的话通常并不像他们对自己国家的瑞典人的话理解得那么好。正因为这个原因，斯堪的纳维亚各语言之间的互通性是不够完美的，有时还不得不打些折扣——说话人可能会故意说得慢一些，而且会省略掉一些他们怀疑可能会造成理解困难的词和发音。

"互相通话"这个标准在向度上也会不对等。例如，人们常说，很多丹麦人对挪威语的理解比挪威人对丹麦语的理解好。如果这是真的，那可能是因为挪威语的发音就像是把丹麦语拼写出来似的，而丹麦语的发音却跟其正统拼写法有着颇为复杂的关系。或者是因为更具体的语言因素造成的。互相通话性似乎也取决于其他因素，比如听话人跟其他语言的接触程度、受教育程度等等。另外，有趣的是，它也跟人们对听懂对方的话的愿望程度高低有关。有时人们不能理解别人的话，在某种程度上说，往往是因为下意识里不想理解对方。例如，在非洲进行的一项研究揭示了一个这样的事实：部族 A 宣称能够听得懂部族 B 的话，而部族 B 却宣称听不懂部族 A 的话。而事实上，部族 A 是一个更大更强的部落，他们想要把部族 B 的领土收归到自己的部落，他们的理由就是他们跟部族 B 是同一个种族，并且说同一种语言。很清楚，部族 B 听不懂部族 A 的话的部分原因就是他们想抵制部族 A 的这种企图。

1.2 语言、方言和口音

这么看来，"互相通话"这条标准，尽管有一定的理据性，但对我们确定是不是同一种语言并不是特别管用。事实上，我们对斯堪的纳维亚诸语言和德语的讨论表明（除非我们想对什么是一种语言的日常理解来个彻底的改变），"语言"根本不是一个语言学的概念。这似乎自相矛盾，但事实的确如此。很明显，虽然语言学的特征被考虑在内，但是我们把挪威语、瑞典语、丹麦语和德语分别看作各自不同的独立语言更多是考虑到政治、地理、历史、社会以及文化上的因素。当然，也和以下这几点有关：这三个斯堪的纳维亚语言有着各自不同的、规范的标准方言形式，每种语言都有各自的正字法、语法以及文学作品；这种状况跟它们分别属于三个独立国家的状态是对应的；并且这三个国家的人认为他们说的是不同的语言。

那么，"语言"这个词，从语言学的观点来看，在某种程度上，就是一个相对非技术性的术语。因此，如果我们希望我们使用的描写标签比较严格的话，我们就必须采用其他术语。我们在本书中将采用的一个术语是变体（variety）。我们将用"变体"作为一个中立的术语，来指任何一种特定的、为了某种目的想要把它看成一个单独的实体（entity）的语言。①为了使它更有针对性，这个术语将在特定的情况下使用。如，我们可以称

---

① 在译文中，为了区别某个语言变项所涉及的变体形式，在本书中，我们把这里所说的"variety"译作"xx语言的变体"。——译者

"约克英语"（Yorkshire English）为一个变体，同样地，我们也可以把"利兹英语"（Leeds English）叫作一个变体，或者把"利兹中产阶级的英语"（Middle-class Leeds English）叫作一个变体等等。①"口音"（accent）和"方言"（dialect）也将是本书中两个常用的术语。"口音"是指某个说话人的发音方式，因此，它是指一个在语音上（phonetically）或者音系上（phonologically）跟其他变体不同的变体。而"方言"（dialects）是指那些在语法（或许也包括词汇）上以及音系上跟其他变体不同的变体。比如说，如果有两个说话人，一个说"I done it last night"（我昨晚做了那件事），一个说"I did it last night"（我昨晚做了那件事），我们就可以说他们说的是不同的方言。

同样，"方言""口音"主要也是语言学家们在某种特定情况下使用的两个术语。这点也许会让很多人感到诧异，因为我们是那么习惯于谈论"方言"和"口音"，就好像它们是被明确界定好的、彼此分离的变体一样，如我们常说"南方口音""萨默塞特方言"（Somerset dialect）。② 但事实上并不是这么回事。方言和口音常常互相融合在一起，无法清晰地分开。

1.3 地理方言连续体

世界上有许多这样的地方，如果我们在那儿调查乡下人讲的方言，我们就会发现下面这种情形。比如我们从一个村子走到另一个村子，朝着一个确定的方向，我们就能察觉到语言的差别，正是这些语言差别把一个村子与另一个村子区别开。尽管有时差别比较大，有时比较小，但是逐渐累加的。我们离出发点越远，语言之间的差别也就越大。如果调查涉及的距离足够大，这种效应就可能是以下情形：如果我们调查的途径是按地理顺序进行的，那么，尽管 A 村子的人完全听得懂 B 村子的话，也听得懂 F

---

① 约克（Yorkshire），英国郡，位于英格兰东北部。1974 年划分为北约克郡、南约克郡、西约克郡、亨伯赛德郡和克利夫兰郡。利兹（Leeds），西约克郡的最大城市。——译者

② 萨默塞特（Somerset），英国郡，位于英格兰西南部。——译者

村子的话，但 A 村子的人要听懂 M 村子的话就有一定难度了，而对 Z 村子的话就有可能完全听不懂了。另一方面，M 村子的人，也许能听得懂 F 村子的话，但要理解 A 村子和 Z 村子的话就会很困难。换句话说，处在某个地理环境两端的方言可能是无法互相通话的，尽管它们是被一条互相通话链连在一起的。虽然这条链不会在任何一个点上完全断开，造成地理上相邻的方言不能通话，但是语言差异的累积效应（the cumulative effect of the linguistic differences）将会是这样的：地理上相隔得越远，通话的难度就越大。

地图 1-1　欧洲方言连续体

这种情形就叫作地理方言连续体（geographical dialect continuum）。世界上存在着许多这样的方言连续体。例如，在欧洲，法语、意大利语、加泰隆语（Catalan）、西班牙语以及葡萄牙语，这些语言各自的标准语变体并不是真的可以互相通话，① 然而这些语言的乡村方言却构成了西罗曼语支方言连续体（West Romance dialect continuum）的一部分，它从葡萄牙的海岸一直延伸到比利时的中部（紧挨着葡萄牙—西班牙边境两边的人完全可以互相通话），又从那里往南伸展到意大利南部，如地图 1-1 所示。其他欧洲方言连续体还有：西日耳曼语支方言连续体（West Germanic dialect continuum），它包括被称作德语、荷兰语、佛兰芒语（Flemish）的所有方言（分布在维也纳和奥斯坦德一带的一些方言变体并不可以相互通话，但它们却由一条可通话链连接着）；② 斯堪的纳维亚语方言连续体（Scandinavian dialect continuum），由挪威语、瑞典语、丹麦语的方言组成；北部斯拉夫语支方言连续体（North Slavic dialect continuum），它包括俄罗斯语、乌克兰语、波兰语、捷克语和斯洛伐克语；南部斯拉夫语支方言连续体（South Slavic dialect continuum），它包括斯洛文尼亚语、塞尔维亚语、克罗地亚语、马其顿语和保加利亚语。③

　　方言连续体这个概念或许有点不好把握，因为，正如前面指出的，我们已经习惯了把语言变体看成是彼此分离的实体，但是，各种连续体的存在加强了我们在具体情况下对各种变体使用不同标签的做法的合理性。既然有方言连续体的存在，那么，将一个方言连续体硬性划分成不同的区

---

　　① 加泰隆语（Catalan），属印欧语系罗曼语族，主要使用于西班牙东部的加泰隆地区以及法国、意大利部分地区，也是安道尔公国（Andorra）的官方语言。——译者

　　② 佛兰芒语（Flemish），又译作弗拉芒语。比利时两种官方语言之一（另一种是法语），属印欧语系日耳曼语族西支。通行于比利时北部，使用人口约 600 万。佛兰芒语原是比利时北部弗兰德地区的方言。从 13 世纪开始，该地区出现了繁荣的商业城市，佛兰芒语的地位逐渐确定。比利时北部同荷兰南部相连，历史上荷兰、比利时曾是一个国家，所以佛兰芒语实际上即是南部荷兰语，但在比利时称作佛兰芒语。——译者

　　③ 这里 South Slavic Languages 通常译作"南斯拉夫语支"，这里译作"南部斯拉夫语支"，以便跟 Yugoslavia（中文也译作"南斯拉夫"）这个曾经的国家名称区别开。南部斯拉夫语支（South Slavic Languages）跟北部斯拉夫语支（North Slavic Languages）一起，构成了斯拉夫语族（Slavic Languages）中的两支。南部斯拉夫语支诸方言主要分布在巴尔干半岛（Balkan Pennisula）。——译者

域、并给它们贴上标签的做法，从纯粹语言学的角度来看就不免显得主观和臆断。以下是斯堪的纳维亚方言连续体中的某些方言：

(1) /hemːɑ   haR   jɑ intə sɔ meːd   sɔm et gɑmːɑlt gɑusabain/
(2) /hemːɑ   har   jɑ intə sɔ mykːət   sɔm et gɑmːɑlt gɔːsbeːn/
(3) /jemːə   har   jæ ikːə sɔ myːə   sɔm et gɑmːɑlt gɔːsəbeːn/
(4) /heimə   har   eg içːə sɔ myçːə   sɔm et gɑmːɑlt gɔːsəbein/
At home   have   I not so much   as an old   goose-leg
在家   有   我不那么多   像一只老   鹅腿①

以上这几种形式，有些被我们标成"瑞典语"，而有些被标成"挪威语"。这里的情况碰巧是，(1)和(2)分别是瑞典南部和中部的方言，而(3)和(4)分别是挪威东部和西部的方言。可是从语言学的因素来考虑，似乎这种区分并没有什么道理。之所以这么划分和标志，主要是因为我们有一条在语言学上是任意的、但在政治和文化上却不是任意的划分线，这便是瑞典和挪威之间的国家分界线。

在国家间的分界线不够明确的情形下，方言连续体会带来政治上的难题——这恰恰是因为人们习惯把方言看成是彼此间不相连的类别，而不是从具体的情况或从方言连续体的角度来理解方言所引起的。正如我们前面看到的，南部斯拉夫语支方言连续体包含了它的标准语、斯洛文尼亚语、塞尔维亚语、克罗地亚语、马其顿语及保加利亚语等语言。可是这种描述掩盖了许多与自主性（autonomy）和从属性（heteronomy）有关的问题。例如，直到最近，前南斯拉夫（Yugoslavia），塞尔维亚语和克罗地亚语还一直被看作为一种语言。但自从这个国家分裂以来，很多政治家都在强调这两种语言的不同，同时波斯尼亚政府也在争辩波斯尼亚语是有别于这两种语言的第三种独立的语言。同样，保加利亚的政治家们也经常争辩马其顿语不过是保加利亚语的一个方言而已——当然，他们是出于想要把马其

---

① 原书这里给出的英文只是词对词的翻译，"At home not I have so much as an old goose-leg"这串词大概相当于"As an old goose-leg, I have not so much at home"（作为一个 old goose-leg（=不中用的老家伙？），我家里什么也没有）。——译者

顿看成保加利亚的一部分这种目的而言的。从纯粹语言学的观点来看，这些争端都是不可解决的，因为方言连续体只允许我们作出"或多或少"而不是"非此即彼"性的论断。

1.4 社会方言连续体

方言连续体也可以是社会维度上的而不是地理维度上的，这种类型的方言连续体也向我们提出了问题。在这方面，牙买加（Jamaica）是一个很好的例子。牙买加的语言历史，就像加勒比海地区其他国家的语言历史一样，非常复杂，对于历史上曾经发生过的事情，一个（简化版的）解释是：处于社会上层阶级的人即英国人，说英语；而处于社会底层的人，也就是从非洲来的奴隶，说牙买加克里奥尔语（Jamaican Creole）。这是一种在历史上跟英语有关联、但又跟英语非常不同的语言，在早期阶段，它可能跟现代的斯拉南语（Sranan）没有太大的不同（斯拉南语是一种使用于苏里南（Surinam）的克里奥尔语，是在英语的基础上发展出来的）。[①] 下面我们摘引的是一首用斯拉南语写的诗歌，从中可以看出这个语言跟英语之间有着非常清楚的关系（好像它的大多数词语都是从英语演变而来的），但它又跟英语很不相同，二者之间是不可通话的。

mi go-m'e kon,	I've gone-I come,	我曾离开——我又回来，
sootwatra bradi,	the sea is wide.	大海如此宽广。
tak wan mofo,	Say the words,	我想说的是，
ala mi mati,	you all my friends	你们全都是我的朋友，
tak wan mofo,	Say the words,	我想说的是，

---

① 苏里南（Surinam），英文全称 The Republic of Suriname（苏里南共和国），位于南美洲北部，国名源于当地原住民苏里南人（印第安人的一支）。该国原是印第安人的聚居地，1492 年哥伦布发现新大陆后不久，先后沦为葡萄牙、法国、英国、荷兰的殖民地，最后归属荷兰，故旧称荷属圭亚那，1954 年成为荷兰的一个海外自治省，1975 年时独立成为一个国家。苏里南从面积和人口上说是南美洲最小的一个国家，官方语言是荷兰语，但在日常生活中人们一般使用的是斯拉南语（Sranan），一种在英语的基础上由多种语言混合而成的克里奥尔语。——译者

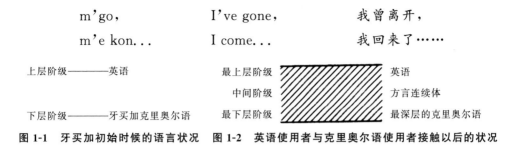

| m'go, | I've gone, | 我曾离开， |
| m'e kon... | I come... | 我回来了…… |

图 1-1　牙买加初始时候的语言状况　　图 1-2　英语使用者与克里奥尔语使用者接触以后的状况

因此，如果用图解方式表示的话，牙买加早期的语言状况就如图 1-1 所示。但是几个世纪以来，英语这种国际通行的、上流社会使用的高级语言对牙买加的克里奥尔语产生了巨大影响（人们认为牙买加克里奥尔语跟英语很相似，而且因为它所关联的社会阶层的状态，它经常被（错误地）看作是英语的一个次等的或低级的形式），这种影响的结果呈现在图 1-2 里。这里有两种情况。首先，如今"最底层的"克里奥尔语已比早期的克里奥尔语（和今天的斯拉南语）都更接近英语。其次，英语和牙买加克里奥尔语之间的社会差距已经被填补了。其结果是，处在社会上层的人所操持的语言明显是英语，处在社会下层的人所操持的则明显不是英语，而处在社会中间阶层的人所说的则是一种介于英语和牙买加克里奥尔语之间的变体。这样，从最"纯正"的英语到"最底层"的克里奥尔语这当中的变体就构成了一个社会方言连续体。多数人能够在这个连续体中相当大的范围内，根据说话语境风格的需要游刃有余地上下"调整"到相应阶层的语言变体。以下是西印第安方言连续体中的不同方言点的例子，很能说明这个现象的性质：

It's my book	I didn't get any	Do you want to cut it?
its mai buk	ai didnt get eni	du ju wɔnt tu kˇt it
iz mai buk	ai didn get non	du ju waːn tu kot it
iz mi buk	a din get non	ju waːn kot it
a mi buk dat	a in get non	iz kot ju waːn kot it
a fi mi buk dat	mi na bin get non	a kot ju waːn fu kot it
这是我的书	我什么也没有得到	你想把它切开吗

牙买加社会方言连续体的问题在于，从语言学的角度看，就像我们把

斯堪的纳维亚方言连续体的北部任意地分成挪威语和瑞典语一样，我们对这个连续体进行一分为二的切分是任意的，但是，挪威和瑞典之间毕竟还有一条政治地理分界线，而在牙买加，社会方言连续体中并不存在一条与之对等的社会分界线。我们没有足够的理由可以指着这个方言连续体中的某个点说："英语在这儿结束"或者"牙买加克里奥尔语从这儿开始"。现在的结果是，不论在牙买加还是在其他如英国这样的地方，牙买加人都被认为是说英语的。而实际的情况是，有些牙买加人的确说英语，但有些人不是，还有一些人则说某一个或多个语言变体，我们很难明确地指出这些变体到底是什么语。很显然，大多数牙买加人说的各种变体，对诸如英国英语的使用者来说，都不能算是像法语那样的外语，但是在许多情况下这些变体还是构成了一门准外语/半外语（semi-foreign language）。这一点对许多人来说，同样显得不好理解，因为我们习惯于认为语言是被精确地定义、可以清楚地区别开的实体：一种语言要么是英语，要么不是。然而实际的情况却多多少少与此不同。牙买加的情形以及西印度群岛其他许多地方的情形所带来的最明显的困难便是教育问题。西印度群岛的孩子们被当作是说英语者，他们学习读写的语言是英语，考试语言也是英语。教育学家们直到最近才意识到，西印度群岛的孩子在英语教育上的相对失败，可能是因为教育权威们并没有认识到这种"半外语"问题的实质。

1.5 自主性和从属性

在探讨"语言"和"方言连续体"这两个概念之间的关系时，从属性（heteronomy）[①] 这个概念很有用。简单地说，从属性是自主性

[①] Heteronomy，又译作"他律/他律性"，跟 autonomy 相对，autonomy 又译作"自律/自律性"，它们是一对相对的概念，最早是心理学家让·皮亚杰（Jean Piaget）描述儿童道德判断发展阶段时所使用的术语。所谓"律"，即"约束"。他律是指儿童对道德的判断受到他自身以外的价值标准支配。自律是指儿童自觉地依照道德规范，自我对照、自我践履、自我反省、自我提高的过程。这里作者借用这两个术语来描述某个方言变体跟其所在的方言连续体内的其他方言变体之间的关系，因这里强调的是方言和标准语之间的"依附"或者"独立"的关系，所以我们把 heteronomy 译作"从属性"，而把 autonomy 译作"自主性"。所谓自主性方言就是指那些被使用者认为是自足的、不从属于任何标准语的方言。而从属性方言则正相反。——译者

(autonomy)的反面,因此它指的是依附而不是独立。例如,西日耳曼语支方言连续体中的某些变体是荷兰语的方言,而其他的变体是德语的方言,我们这样说,是基于这些方言跟各自的标准语之间的关系。那些荷兰语的方言之于荷兰语的标准语是从属的关系,那些德语的方言之于德语的标准语也是从属的关系。简单地说,也就是,那些荷兰语方言的使用者认为他们说的是荷兰语,读的写的也是荷兰语,他们方言中的任何规范化的变化都是指向荷兰语的,他们普遍地把荷兰语看作标准语,它自然地对应着自己的土语变体。图 1-3 试图说明两个置顶的自主性变体——荷兰语标准语和德语标准语是如何被强加在这个方言连续体上的。

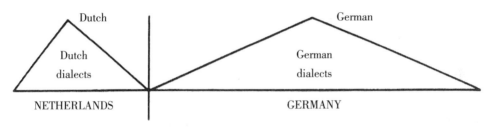

图 1-3　西日耳曼语支方言连续体

因为从属性和自主性是政治文化的因素而不是纯粹语言学的因素造成的,所以它们会不断地变化。在这方面,现属于瑞典南部的那个区域的历史是一个很好的例子。直到 1658 年,这个区域还属于丹麦的领地(见地图 1-2),这个区域的人所说的方言,在斯堪的纳维亚方言连续体内一直被看作是丹麦语的方言。因为战争和占领的缘故,这个区域成了瑞典的一部分。据报道,仅仅四十年左右的时间,这个区域的方言,就被认同是瑞典语的方言了。当然,在语言学上,这些方言本身根本没有什么变化,但现在它们变成跟标准瑞典语而不是跟标准丹麦语有从属关系了(见图 1-4)。

地图 1-2　瑞典和丹麦，原属于丹麦现属于瑞典的瑞典南部区域

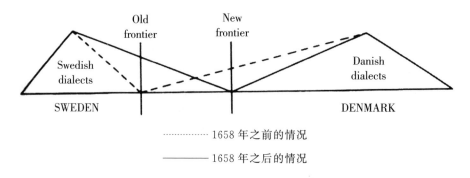

图 1-4　斯堪的纳维亚方言连续体

现在我们可以就前面关于"语言"这个术语的讨论稍作一点展开。一般地说，在通常情况下，我们用这个术语来指一个自主性的变体，它包括一些依附于它的从属变体。然而，这些变体从属的方向是会改变的（比如现今瑞典南部各方言，原从属于丹麦语，但现在却从属于瑞典语了），所以，原先从属地位的变体是可以变成自主地位的，这通常是政治方面发展变化的结果，而且"新"的语言也会发展出来（当然，它们的语言学形式不是新的，只是它们是否构成一种独立语言的这个界定是新的）。例如，直到 19 世纪初，挪威的标准语实际上还是丹麦语，只是随着挪威作为一个独立国家的重新出现，挪威语的自主地位才发展了出来。同样地，南非荷兰语（Afrikaans）被视为一种独立的语言（即获得一个名称，并具有自己正规的拼写法和标准语法）也才是上个世纪 20 年代的事情。之前，它一直被看作是荷兰语的一种形式。

在另外一些情况下，政治上的分裂导致的不光是自主的状态，有时也会是半自主（semi-autonomy）的状态（如瑞士德语），有时还会是一种双重的或者共享的自主状态。例如北美洲的英语，过去人们把英国英语当作其规范准则，但现在它却被看作是一个包括了许多不同形式的自主性标准英语变体，美国英语、加拿大英语被看作是跟英国英语平起平坐的正规语言。

可是同样的话却不能用在加拿大法语上，因为在加拿大，人们依然把欧洲法语当作加拿大法语的规范准则（以至于导致异乎寻常的情况：说英语的加拿大人学习法语时，所学的通常是欧洲法语而不是加拿大法语——这就好比墨西哥裔美国人学英语时，所学的是英国英语而不是美国英语）。同样地，牙买加的克里奥尔语相对于标准英语来说，在相当程度上也是不自主的。曾经有人说："语言就是拥有一支陆军和一支海军的方言。"这种说法包含了一定的真相，它强调了隐藏在语言自主性之下的政治因素。然而，牙买加的情形表明，这并不是事实的全部真相。或许有一天，牙买加克里奥尔语会成为一种完全自主的语言，就像挪威语一样，也可能成为一个平等自主的语言，就像北美英语一样。的确，出于教育的考虑，牙买加应该向这个方向发展。

自主性也有可能会失去，原先独立的变体也有可能变成从属的变体。这正是那些在苏格兰的英语方言连续体中的方言变体所经历的情况。苏格兰语（Scots，也译作苏格兰英语）原来是一个自主性变体，但是出于许多目的，它被看作是英语的一个变体，这种情况持续了两百年左右。但目前，随着苏格兰民族主义思潮的高涨，致力于重新确定苏格兰英语（Scotish English）/苏格兰语（Scots）是一种独立的语言的各种运动正在进行，很有可能不久的将来苏格兰语会取得至少是半自主性的地位。

1.6 分离性和连续性

在本书余下的部分，我们会经常涉及到方言连续体的问题，我们会看到，方言学的传统研究在处理变异性（variability）、渐变性（gradience）、模糊性（fuzziness）等现象方面并不总是很成功，这是因为连续体存在的事实所致。事实上，我们会对某些语言变体（linguistic varieties）使用一些标签，这些标签似乎暗示着我们认为这些语言变体是分离的实体。但也请切记在心，在大多数的情况下，这仅仅是一种出于某种目的而做的特别处理而已，使用"语言""方言"和"变体"这类标签并不意味着我们没有考虑到连续体的存在。

扩展阅读

有关"语言"和"方言"的问题，Hockett（1958：第38章）进行了很有参考价值的讨论。Haugen（1966b）对斯堪的纳维亚地区语言的互通性问题作了很有趣的探讨。本章提到的有关非洲语言的互通性的研究见于Wolff（1959）的相关研究。关于方言、口音和话语（speech）的进一步讨论，可以参考Trudgill（1955）。方言学家对变异性、渐变性和模糊性的理论探讨，可参考Chambers（1993）。斯堪的纳维亚方言的资料出自Walshe（1965）。克里奥尔语，包括牙买加克里奥尔语、斯拉南语的资料可在Todd（1974）和Hymes（1971）的研究中找到。本章加勒比海的例子也分别引自这两本书,以及参考了 Mühlhausler(1986)、Romaine(1988)和 Holm(1988)的相关研究。Haugen(1966b)为我们了解由于挪威的崛起一些丹麦语方言变成瑞典语的情况提供了资料。Haugen(1968)和(1966a)也谈到了相关的问题。有关南非荷兰语的自主性问题,请参看 Combrink(1978)的相关研究。

第二章
方言地理学

在日常会话中，我们常常会谈及不经意间观察到的人们说话方式的特点。比如在美国的英国人很快就能学会美国人的发音特点，每当他们说 idea 时会有人指出他们的发音是 idear；而在英国的澳大利亚人则常常被指出他们在念 Australia 一词时把第二个音节发成像是 rile 似的。过不了多久，他们就对这样的评论无动于衷了。语言学家之间关于这种话题的谈论更是频繁，以至于有时甚至妨碍了正常的交谈。但这种观察绝不只是局限于语言学家。

的确，一直以来，只要人们互相对话，方言的差异就很有可能成为谈论的话题。一个最古老的、或许也是最致命的对方言差异的观察记载在《旧约》中，那是基列人（Gileadites）在约旦河沿岸跟以法莲人（Ephraimites）作战时发生的故事。基列人每抓到一个逃亡的人，就要问他是不是以法莲人，如果他说不是，基列人就会问他"an ear of corn（一穗玉米）怎么说"，对这个词，基列人会说 shibboleth，以法莲人会说 sibboleth。对于这个情节，《圣经·士师记》12.6（Judges12.6）的经文是这样描述的："他说 sibboleth，因为他没法把这个词的发音咬准，于是他们就将他抓住并杀了。"

现在，shibboleth 这个词已经被英语和别的许多语言所吸收，其意思是"考验词/甄别词"，或泛指"明显特征"。有一个例子是：据说，美国海关工作人员凭着是否在类似以下的句子中使用 eh 来判断过境的人是不是加拿大人："Let's hope we have this kind of weather all the way to

Florida, eh?"（希望我们到佛罗里达这一路都是这样的天气，欸？）

2.1 方言地理学兴起的动力

尽管对方言差别的观察如此普遍，但是系统地研究方言的推动力量则直到 19 世纪后半期才开始出现，这个事实或许会让我们感到惊讶。不过，早在这个时间以前，有关方言的精辟言论就已经出现了。在法国，南北方之间方言的主要差别早在 1284 年就被诗人贝尔纳特·欧星亚克（Bernart d'Auriac）描绘过了，他创造了 langue d'oil（oil 语言）和 langue d'oc（oc 语言）这两个术语，这是从相当于英语 yes（是的）的法语词里想出来的，即 yes 这个意思在法国北方说 oil（现在说 oui），在南方说 oc。至今人们仍使用 D'Auriac 所创造的术语来描述依然存在着的南北方言差异。在英国，Trevisa 于 1387 年曾作出以下关于方言的陈述（这里是他原话的现代版）："比起住在北方和住在南方的人，住在东边和住在西边的人更像是住在天堂的同一个地方，因为他们说话的发音更相似些。而英国中部的人，就好像是南方人和北方人之间的合作伙伴，他们对北方话和南方话，比南北两方的人对对方的语言的理解要好一些。"Trevisa 这个关于英国从北到南的方言连续体的描述，得到了五个多世纪之后的系统的方言研究的支持。(有关 langue d'oil 和 langue d'oc 界线的参考文献资料，可以在后面第七章的 7.3 和 7.5 节中找到；英国方言的渐变性（gradation）是第八章的中心话题)

19 世纪后半叶以前，关于方言地区的描述还是直觉的、随意的。19 世纪后半叶以后，由于语文学和其他的语言研究的惊人进步，语言学作为一门现代学科建立起来了，正是到这个时候，以往对方言描述的不充分性就日益明显起来。对方言差别进行系统观察的最初尝试就是对这些进步的直接反应（见第三章）。新语法学派（neogrammarians）的语言学家们对古代语言的研究使他们对许多当代语言和古代语言之间存在的相互关系有了新的发现，他们开始寻找有关语言变化方面的总原则。他们研究的依据之一是所谓的维尔纳定律（Verner's Law）的解释能力。维尔纳定律对不符合格林定律（Grimm's Law）的那些日耳曼语词的语音条件进行了阐述，这个较早的发现描述了从原始印欧语演变到日耳曼语族诸方言的演变过程中发生的重要历史音变。①维尔纳定律的理论意义在于它排除了最大的那组表面上看起来不遵循格林定律的例外音变，表明了所谓的例外也是合乎规则、受规则约束的。这个发现导致了一个大胆的假设的产生，即所有的音变都是受规则支配的。新语法学派把这叫作"语音变化无例外"规则（Ausnahmslosigkeit der Lautgesetze）。这样一个假设，如此大胆、令人钦佩，但又非常容易被驳倒。很显然，方言方面的证据就有着举足轻重的作用。

寻求方言证据的结果导致了方言地理学（dialect geography）的产生和发展。方言地理学（方言地理学有时也简单地称作方言学（dialectology），但是在本书中，这个术语用来泛指任何有关语言变体（language variety）的研究，不管它采用的是什么样的方法）就是一套方法论，或者更准确地说，是一套系统地收集方言差异证据的方法。

方言学家们的最初研究结果似乎推翻了任何关于语音演变无例外的断言，因为他们揭示出了语音演变的非均匀性/不一致性（heterogeneity）特点，这种非均匀性/不一致性是之前无法想象到的（见3.1节）。而且，在那些最初的研究者看来，这种非均匀性/不一致性好像是随机的，在有

---

① 格林定律指德国语言学家雅各布·格林（Jakob Grimm）于1822年提出的语音演变规律。在《德语语法》一书中，格林系统地阐述了日耳曼语和其他印欧语之间的辅音对应关系，指出被称为第一音变和第二音变的规律性现象，也就是通常所指的从原始印欧语到日耳曼诸语言的一系列辅音变化。借助这一定律可以把日耳曼诸语言同印欧语系中其他语言区别开（第一音变），把高地德语同其他日耳曼语区别开（第二音变）。发现了格林定律以后，语言学家们在运用过程中发现了一系列的不规则现象。如，原始印欧语的轻塞音 *p、*t、*k，按照格林定律应该在日尔曼语中分别转变成 *f、*t（齿间擦音）和 *x（舌根擦音），通常情况下的确是这样。但是，有一大批的同源词，根据它们在拉丁语、古希腊语、梵语、和波罗的语中的形态可断定它们在原始印欧语是 *p、*t、*k，但在日尔曼语中却表现为浊塞音 *b、*d、*g。丹麦语言学家卡尔·维尔纳（Karl Verner）于1875年提出了维尔纳定律，指出原始日耳曼语和印欧语的辅音演变，在重音之前和重音之后的演变有所不同，出现在非重读音节的末尾的清擦音 *f、*t、*s 和 *x，经过浊化转变成了 *b、*d、*z 和 *g。这一定律给格林定律的例外情况作了说明，在当时的历史比较语言学界引起了震动。特别是在年青一代的比较语言学家——新语法学家中间激起了极大的热情。因为它为新语法学家们所追求的无例外的音变规则（Die Ausnahmslosigkeit der Lautgesetze）提供了有力的理论依据。——译者

些调查中，相邻的人们对同一问卷项目的回答极其不一致，有时甚至同一个发音人在同一天的回答也会不一致。这样的变异性直到近年才成为语言学理论研究的重点，它有着自己的规则以及规则支配下的系统性（这点将在第五章进一步阐明）。

对于任何形式的语言学理论构建，方言地理学家们的第一反应都是极度地怀疑。造成这种情况的部分原因是当时的普通语言学理论基本上无助于方言学家们解释他们在田野工作中遇到的变异现象。总的来说，长期以来，方言地理学极少涉及普通语言学理论上的问题。一些方言研究者过于专注细枝末节问题的研究，这些问题几乎无助于我们理解语言这种人类知识。① 英国方言调查家埃利斯·亚历山大（Ellis Alexander）在 1875 年就曾说："人们把收集乡村语词看成是一项消遣性的活动，而不是一件给科学庙宇添砖加瓦的事。"

这种观念导致的结果是方言学和语言学之间几乎互不接触。有人试图把方言研究与结构主义语言学和生成语言学整合在一起（见第三章），这种努力能激发一些思考，但是并没有什么显著的影响力。

近年来出现了一些融合的倾向，人们开始认识到研究语言中的变异是具有可操作性的，并且研究方言是获得变异数据的主要渠道。有趣的是，在目前的融合趋势中，不论语言学家还是方言学家，各自一贯的立场都没有发生彻底改变，倒是社会语言学的兴起给方言学家们提供了天然的盟友，并拓宽了研究语言变异的界域。

2.2　方言地理学简史

自从方言地理学的第一个重要的调查项目启动到现在，已经一个多世纪过去了，在最初的那段时间里，大大小小的项目有好几百个，它们全都使用方言地理学的研究方法。这里我们只谈其中的几个，特别是涉及全国

---

① 语言和人类思维有着密切的关系，这一点已被大量的有关领域研究所证实。在某些语言学家看来，语言不仅是人类交流知识的工具，而且是人类知识的主要载体，甚至也是人类的知识界定器，对语言的研究有助于对人类知识的理解和对人类智能奥秘的破译。——译者

范围的那几个项目。应该明确的是，覆盖全国范围的调查对方言地理学来说并不是必要的。实际上，更具地方性的项目，像只涉及到几平方公里范围的法国加斯科尼（Gascony）的调查（见第9章4.1节），或者甚至在范围更小的美国俄亥俄（Ohio）西北部（见第9章4.2节）或者加拿大金马蹄（Golden Horseshoe）地区（见第10章2.3节）进行的调查，也可以进行重点研究。① 在本小节中，我们之所以挑选出那些调查范围较大的项目，仅仅是因为这些项目的历史文献比较容易获得，而且也因为它们在方言地理学历史上产生过较大影响。

第一个具有方言地理学性质的方言调查是1876年由德国人Georg Wenker在德国开始进行的。Wenker的第一次调查活动是把一批按标准德语写成的句子寄给德国北部的一些小学校长，请他们把那些句子转写成当地的方言，然后寄回给他。1877年到1887年这十年期间，他陆续寄出的调查问卷最后覆盖了整个国家。这个调查的覆盖广度是惊人的：他总共把自己所列出的句子寄到了50000位小学校长手里，并从大约45000位校长那里收回了完成的问卷。

调查问卷中每个问卷有40个句子，其中简单的句子很少。例如，第一个句子就是：*Im Winter fliegen die trocknen Blatter durch die Luft herum*（冬天干枯的树叶在空中飞舞）。每个句子都清楚地标注出若干调查的重点，要求校长们记录下它们当地的变体（variants）。

毫不奇怪，最后这些丰富的数据成了一种累赘而不是优势。为了使别人容易明白和使用自己的调查结果，Wenker不得不把自己的分析限制在某些词语上，并且只考察它们在德国北部和中部方言中的变体。另外，将那么复杂的变体情况一起呈现在一套地图上，也有碍于人们对他的工作的了解。于是，Wenker动手绘制了两套地图集，他在每一张图上只标出一个单独的特征。最后他把这些地图装订在一起，标上"德意志帝国语言地图集"（*Sprachatlas des Deutschen Reichs*）的标题。1881年，他把一套地

---

① 加斯科尼（Gascony）调查项目见第九章4.1节，俄亥俄（Ohio）调查项目见第九章4.2节，原文括号里误注为第九章3.1节和第九章3.2节。——译者

图集放在马尔堡（Marburgm），另外一套放在柏林（Berlin）。这些漂亮的大部头就是最早有待发表的语言地图集（*Linguistic Atlases*）。

　　Wenker 的工作并没有因为他的语言地图集的完成而结束，他还继续收集调查问卷，并努力使学者们可以看到并接触到这些调查问卷。但是，经过 40 多年，直到 1926 年，这个研究项目才开始结出成果。那一年，《德国语言地图集》（*Deutscher Sprachatlas*）第一册问世，它是由 Ferdinand Wrede 用 Wenker 留下来的资料编辑而成的。具有讽刺意义的是，Wenker 广泛收集来的数据，在某种程度上说，所蕴涵的语言信息太少了。后来的一些德国方言学家对 Wenker 调查问卷中所引发出来的词汇变体为数不多的情况颇感失望，因此，1939 年，W. Mitzka 又向 50000 所学校发出了大约含有 200 个标准德语词汇的调查问卷，征求这些词汇的地方变体，作为对 Wenker 资料的补充。

　　尽管 Wenker 和他的后继者在德语项目上遇到了这些问题，但方言地理学还是开始并且迅速地发展起来。在丹麦，就在 Wenker 的第一个调查问卷寄出去的几年之后，一个类似的项目也开始了，它是在 Marius Kristensen 的领导之下进行的。该项目的调查成果在项目着手 15 年左右的时候，也就是 1898 年开始发表，并于 1912 年完成了所有成果的发表。

　　自从这些早期的调查开展以来，田野调查方式在很大程度上已经取代了邮寄调查问卷的方式，一些训练有素的人员被派往调查地点进行采访，并使用统一的语音符号把数据资料记录下来。除了地方性的项目，只有少量的大规模项目还采用邮寄问卷的方式，其中之一就是苏格兰方言调查项目。该项目于 1952 年在 Angus McIntosh 的领导下进行，作为整个调查的第一阶段，它通过邮局将调查问卷发送到苏格兰的各个学校。还有两个在美国中西部地区进行的全国项目中的区域项目（见下文的讨论），也采用了邮寄调查问卷的方式来补充田野调查。另外，加拿大的方言类型学项目，也采用了邮寄调查问卷的方式（有关这个调查的结果，我们将在第八章第 7 节和第十章 2、3 节中讨论）。但是这种邮寄调查问卷的方式到了后来就不再是获取数据的主要手段了。

　　由受过训练的田野调查人员开展工作始于 1896 年法国的语言调查，

这种语言调查方式具有一个良好的开端。该项目的负责人是瑞士人 Jules Gilliéron，他有意识地改进了 Wenker 的调查方法。首先，他设计了一个问卷，把需要引出答复的具体项目一个个分开。尽管在调查进行的过程中，这个问卷不停地被修改，但它始终包含 1500 个左右的条目作为调查的核心。问卷设计好之后，Gilliéron 便派田野调查人员前去记录在每一次采访中发音人对调查项目的回答。

他选派的田野调查人员是 Edmond Edmont，此人在当时的方言学家中可以说是个传奇性的人物。他原来是经营食品杂货的商人，之所以被选中做田野调查员，是因为他具有极好的辨音能力，也受过记音方面的训练，懂得使用语音符号。从 1896 年到 1900 年，他骑自行车走遍了法国各个乡村，挑选发音人，采访发音人。当工作结束时，他记录下来的采访不下于 700 个，它们分别来自 639 个不同的调查地点。他所选择的发音人几乎属于同一个类型，这到底是他刻意挑选的还是偶然遇到的，我们不是很清楚。总之，在 700 个发音人中，只有 60 人是女性，200 人的教育程度高于当时农村人口的教育标准。Edmont 把调查结果定期送到 Gilliéron 和他的助手那里，由他们进行整理和分析。因为采取了这种有效的工作方式，调查结果几乎立刻就得到了发表，第一册 1902 年就出版了，第十三册即最后一册也于 1910 年出版了。①

Gilliéron 的法语调查项目产生了巨大的影响，由于调查项目从启动到发表都很有效率，加上它的调查结果即《法国语言地图集》(*Atlas Liguistique de la France*) 质量很高，因此后来的调查项目都一直以它作为参照标准。它的影响可以从 Gilliéron 的两个学生即 Karl Jaberg 和 Jakob Jud 的工作中略窥一斑。法语方言调查项目完成后，Karl Jaberg 和 Jakob Jud 分头带领合作伙伴开展自己的项目，他们一个去调查意大利方言，另一个去调查瑞士南部的方言。1931 年，他们的调查结果《意大利和瑞士南部语言地图集》(*Sprach- und Sachatlas des Italiens und der Südschweiz*) 的前几册发表（最后一册发表于 1940 年）。接着，Jakob Jud 和 Paul

---

① 这里所说的十三册发表物就是《法国语言地图集》(*Atlas Liguistique de la France*)。——译者

Scheurmeier（Jakob Jud 的意大利方言调查合作伙伴之一）到美国参加培训方言田野调查员的工作，这是为刚刚启动的《美国加拿大语言地图集》（*Linguistic Atlas of the United States and Canada*，简称 LAUSC）项目做准备。通过培训工作以及个人交往或者专业咨询的方式，他们把 Gilliéron 的调查工作直接或间接地跟在西班牙、罗马尼亚、英国等国家进行的全国性方言调查以及在欧洲几个地区进行的区域性方言调查连接起来。

《美国加拿大语言地图集》(LAUSC) 1930 年立项，在训练有素的田野调查工作者的参与下，这项工作于 1931 年开始进行。由于北美地理范围广袤，人们在大西洋西海岸地区的定居时间相对较短，该项目不得不采取了以下方法进行调查：把调查区域分成几个地区，把每个地区的调查项目看作是一个独立的项目，由专门的主管和田野调查员负责；与此同时，建立一个中心办公室，协调每个地区的调查，以保证调查结果的可比较性。协调各区域的工作最后落到 Hans Kurath 的肩上，他也是这个项目的第一个调查区域——新英格兰各州的负责人。

第一个调查区域即新英格兰地区的调查进展迅速，毫无疑问，这是因该项目别出心裁的新意所激发，同时也跟该地区人口密集、定居时间较长等情况有关——在这些方面，它跟欧洲那些方言调查地区最具可比性。《新英格兰地区语言地图集》(*Linguistic Atlas of New England*) 由三大册对开本地图组成，还附有一本《指南手册》(*Handbook*) 讨论和解释里面的地图，它们是 1939 年到 1943 年间陆续完成出版的。

第二个调查地区，是位于新英格兰南部的大西洋沿岸各州，这里也是一个定居时间较长的地区，只是人口密度比新英格兰小多了。新英格兰地区的实地采访刚一结束，这个项目就开始了。该项目的工作进展跟期望中的一样顺利，尽管其间无法避免地受到了第二次世界大战的干扰，并曾因为主要调查员 Guy S. Loman, Jr（他也是新英格兰地区项目的主要调查员）的去世而中断过一段时间。如今，基于这项调查记录而整理出来的四册资料已经问世，这些资料还包括一个庞大的关于待出版资料的计划文件以及与该项目有关的各种实际问题和经费问题的材料。1949 年，Kurath

的《美国东部词汇地理学》(*Word Geography of the Eastern United States*) 出版。1953 年，E. Bagby Atwood 的《美国东部动词形式调查》(*A Survey of Verb Forms in the Eastern United States*) 一书出版。但是，直到 1961 年，Kurath 和 Raven I. McDavid, Jr. 合著的《大西洋沿岸各州英语的发音》(*The Pronunciation of English in the Atlantic States*) 才出版。然后又中断了很长时间，直到 1994 年，《大西洋沿岸中部南部及邻近各州语言地图手册》(*Handbook of the Linguistic Atlas of the Middle and South Atlantic States*) 才问世，它的出版标志着在新负责人 William Kretzschmar 领导下的方言调查研究崭新阶段的开始。后来，William Kretzschmar 一直负责监督语料库的计算机处理过程，对电子出版情况也很了解。

LAUSC（即《美国加拿大语言地图集》的简称）的另外两个区域性项目进展得比较顺利，没遇到什么波折就完成了。《上中西部语言地图集》(*The Linguistic Atlas of the Upper Midwest*) 共有三册，1973 年至 1976 年陆续出版。从某种意义上说，这三册地图集的顺利出版得益于大家自 1930 年起对调查工作投入的极大热情。上中西部（明尼苏达州、爱荷华州、那贝拉斯科州、北达科塔州，南达科塔州）的语言调查资料最后能以《上中西部语言地图集》的形式发表出来，也得益于这个项目的负责人 Harold B. Allen 的身体力行，他曾是这个项目最初阶段的田野调查员，整个调查区域采访发音人的工作几乎有一半是他一个人承担的，同时，大多数的调查资料也是由他分析和整理的，最后又是通过他所工作的大学将它们发表出来的。

近期的一个项目是《墨西哥湾附近各州语言地图集》(*The Linguistic Atlas of the Gulf States*)，它的出版表明了方言地理学的未来发展动向。这个项目始于 1968 年，负责人是 Lee Pederson，他将一个人员较少的田野调查小组部署在美国东南部广袤的区域上，他们在佐治亚州到德克萨斯州的东部这一地区进行调查。Lee Pederson 还监督指导了一个力量很强的记音誊写小组，使他们语音记录的一致性达到了一个很高的程度。Pederson 在技术进步方面很有远见，或者说他至少把最新出现的技术进步都运用到这个研究中来了，因此，这个项目的最终发表物在成果利用上和呈现方式上都有许多创新。1981 年，该项目的整个语料库发表在 1000 多个缩微胶片上，五年之后，又编成一个分类索引，分类索引也是缩微胶片的形式。自 1986 年起，到 1992 年，该项目的所有资料以一年一本的速度陆续出版，一共七本，包括一本手册、索引和地图。这套地图集资料翔实，细节丰富，让人惊叹不已。该地图集在语料的呈现和解释方面都体现了 Pederson 对语言地图绘制传统的重新评介，其内容非常广博，许多在语言地图使用方面很有经验的学者有时也需要有人指点才能对内容有深入的了解。因为这部地图集开创了许多先例，很多后来的方言调查将不可避免地从中寻求参考。

跟 LAUSC 项目比起来，全国性的英国方言调查项目在时间跨度上就要紧凑些，这种紧凑跟英国的地理环境是相称的。《英语方言调查》(*The Survey of English Dialects*，缩写为 SED) 由在瑞士苏黎世（Zurich）的 Eugen Dieth 和在英国利兹（Leeds）的 Harold Orton 共同构思设计，于 1948 年正式启动，1950 年至 1961 年进行田野调查研究。调查报告于 1962 年至 1978 年间分作几册陆续发表。这项调查是这样设计安排的，首先把调查区域分为四个：北部地区、东中部地区（The East Midlands，又译作"东米德兰兹"）、西中部地区（The West Midlands，又译作"西米德兰兹"）和南部地区。调查在每个区域内进行 70 到 80 个采访（田野调查结束时，所做的采访共 313 个），另外，调查所使用的问卷很长，由该问卷引出的调查细目有 1200 个。

当调查结果出来后，Orton 决定把每个发音人在采访时对每个问题的回答做了一个简要的介绍并与调查结果一起发表出来。全部的调查结果最后以《基本资料集》(*Basic Material*) 为名分四册陆续发表，其中每册分三个部分，每个部分都列有一个全面详细的清单，用来说明发音人对问题的回答状况。采用列清单的这个方式是出于经济上的考虑，跟通常采用的把发音人的回答叠加在地图上的方式比起来，这种方式花费要少一些。但是事实证明，对于那些只是想建立和检验有关语言变异的理论假想而并不想搞清楚某一个特别词汇的来龙去脉的研究者来说，Orton 的决定是正确的。这种方式把英语语料解释得明白易懂。在这一点上，迄今为止的其他调查项目都比不上它。

《英语方言调查》(SED) 还发表了一些解释性的地图册，把数据附在地图上，它们分别为：1964 年出版的由 Edouard Kolb 所著的《北部地区语音地图集》(*Phonological Atlas of the Northern Region*，Edouard Kolb 在 Dieth 去世后接替了 Dieth 的工作)；1974 年出版的《英格兰词汇地理学》(*A Word Geography of England*，Orton 和 Nathalia Wright 合著)；1978 年出版的《英格兰语言地图集》(*The Linguistic Atlas of England*，Orton，Stewart Sanderson 和 John Widdowson 合著)；间隔几年后，1984 年出版的《词汇地图》(*Word Maps*，Clive Upton，Sanderson 和 Widdowson 合著)；1994 年出版的《词典及语法》(Upton，David Parry 和 Widdowson 合著)；1996 年出版的《英语方言地图集》(*An Atlas of English Dialects*，Upton 和 Widdowson 合著)。需要说明的是，Orton 早在 1975 年去世，不过他为 SED 项目所做的工作似乎没有留下任何遗留问题。

回顾方言地理学的历史我们可以看到，方言地理学在 20 世纪前半叶经历了快速发展，影响也比较广泛。但随后在 20 世纪中期式微，近年则出现显著的复兴。

方言地理学曾经产生过广泛的影响，这是由以下事件引起的：一是 Gilliéron 领导的法语调查结果的发表；二是公众对 Wenker 的先驱性工作终于有所领悟。这一时期里，那些具有广泛基础的全国性调查基本上都是因为有了这些成果的基础才得以进行，调查在意大利、瑞士南部、西班牙、罗马尼亚、美国、英国以及其他地方蓬勃展开，并随后出版了一大批著作。这些著作见证了当时知识界的强烈热情，方言地理学的研究正是带着这种热情展开的，在这样的热情下方言学家还开展了无数小型的方言地理学项目，它们之所以没有列入以上的概要，是为了突出这些大型项目，因为是这些大型项目的发展为其他一切提供了动力。

大约在 20 世纪中期时，方言地理学的研究活动明显减少，导致方言地理学这一个国际性学科几乎名存实亡。新的项目被搁置，很多处于不同进展阶段的旧项目也都停滞下来，最后不了了之。只有少数例外，其中之一就是《苏格兰方言调查》(Survey of Scottish Dialects)。此项目于 1952 年启动运行，如前面所指，调查的第一阶段是通过邮寄问卷的方式完成的，调查报告分两卷，分别于 1975 年和 1977 年先后发表。但总的来说，这个时期方言地理学的前景一片黯淡。

方言地理学的复兴出现于 20 世纪 80 年代。我们前面已经指出了这个复兴的几个参照点：由 Kretzschmar 领导的大西洋沿岸中部、南部及邻近各州的调查项目的重新启动；由 Upton 及其合作者负责的《英语方言调查》(SED) 的恢复；当然，还包括由 Pederson 所著的墨西哥湾附近各州的语言调查结果。除了这些，还包括一些区域性项目，如西班牙由 Manuel Alvar 领导的项目，法国由国家科学研究中心（the Centre national de la recherche scientifique）资助的项目，还有其他地方，包括墨西哥、加纳利岛（Canary Islands）、瓦努阿图（Vanuatu）和留尼旺（Réunion）等进行的项目。

方言地理学复兴的其中一个原因是科学技术的进步。方言学是语言研究领域中最依赖数据的一个分支学科，正如 Kretzschmar, Schneider 和 Johnson 所言：

> 方言研究的发展，不管是方言地理学还是社会语言学，总是被数据的庞杂所困惑……因为可用作分析的数据过于丰富，超出了编写者所能支出的时间，也超越了人类大脑对信息的一次性容纳能力。但计算机可以帮助我们克服这些困难，因为它们是妙不可言的工具，可以迅速分类和匹配信息，并对结果进行复杂运算。在当今时代，它们储存数据的能力实际上是无限的。(1989：v)

方言地理学复兴的另外一个原因是有关语言变异分析的概念框架的发展。无疑，它跟新技术发展的因素同样重要，只是不那么明显而已。社会语言学由于其学科性质，不得不发明各种分析工具并建立一套理论假设，以处理实际话语事件中的个人方言变异（idiolectal variability）。在这个过程中，它建立了一个被索绪尔称为"言语"（parole）的学科，而之前的语言学一直把自己局限为是一个有关"语言"(langue)的学科。因此社会语言学为方言地理学提供了一个名正言顺的概念框架,并使其也能为之做出重要贡献。"基于社会语言学的方言学"(sociolinguistic dialectology,又译作"社会方言学")这个术语有时用来指这两个学科的交叉。现在,方言学家们终于发现了一个更为广阔、更为完整的研究空间。

2.3 方言地理学方法

建立方言地理学这一学科的目的非常简单:它试图为出现在某一特定地点的语言变体作出解释,并为各种解释找到一种共同的实证基础。[①] 从这个意义上说,它与语言学其他分支的目标是一致的,而且实际上它的许多研究方法也与其他分支使用的方法相同。

一个显而易见的例子是,在数据记录方面,方言地理学家跟人类语言学家一样,也需要经过相同的语音学实践训练。资料收集完毕后,他们要对资料进行分析,然后要将所做的分析恰当地纳入到理论语言学中去,其宗旨跟音系学(phonology)、形态学(morphology)、句法学(syntax)以及语义学(semantics)等学科相同。如果变异跟社会因素有关(比如说,在调查中发现,老年人说的话跟年轻人说的不同,或男人说的话跟女人的不同),那么,调查所涉及到的分析就属于社会语言学的领域。迄今为止,方言变异(dialect variation)都是语言创新(linguistic innovation)的波浪遍及整个地区的结果。这里涉及到一个内在的时间维度的概念,即"视时"(apparent time)意义上的时间,它不是真时(real time)。关于"视时"与"真时"之间的区别,我们将在第十章讨论,这也是当代历史语言学家们所涉及的一个领域。

然而,除了以上这些,还有一些方面也是只有方言地理学才涉及到

---

① 换言之,对于出现在某个特定地点的语言变体,人们有各种推测和假说,方言地理学的目的就是要给这些推测提供实证依据。前面说过,因为对新语法学派"音变没有例外"假说的质疑,导致了方言地理学的产生和发展。早期方言地理学的注意力集中于搜集各种方言的不同形式,藉以解释语言的演变和方言区的划分,也就是这里所说的"为各种解释找到一种共同的实证基础"。——译者

的，或者说，即使别的语言学分支也有所涉及，但都是从方言地理学发展出来的。任何有关方言地理学的阐释，如果不谈这些问题，都是不完整的。

2.3.1　调查问卷

田野调查工作者对发音人的采访从一开始就是以事先拟好的调查问卷为指导大纲来进行的。正是因为有了调查问卷，采访工作才得以有效地开展，即使是由不同的调查者在各种不同的环境下进行，他们也能得到具有共同核心的语言数据。因此，调查问卷的直接好处就是确保所有的田野采访结果可以进行比较。

调查问卷的实际使用可以是直接（direct）提问，也可以是间接（indirect）提问。直接提问的经典例子是 Edmond Edmont 对 Gilliéron 所拟定的问卷的运用，这个问卷只是简单地列出了 1500 个左右的条目。针对每个条目，Edmont 对发音人直截了当地提出问题，比如"你把'杯子'叫作什么"或者"你怎么说'五十'"。Wenker 当年使用的邮寄调查问卷尽管书面语味道比口语味道更重些，但也使用了直接提问的方式，因为它在向发音人提供那些词语的书面标准形式的基础上，询问发音人它们在当地语言中的变体形式。

Jaberg 和 Jud 在对意大利语使用区域的调查项目中，采用了一种创新的采访方式，即间接提问的方式，他们认为这种方式会鼓励发音人作出更自然的回答。例如，调查人员会拿着一个杯子问发音人"这是什么"，或者让发音人数数等。从那以后，大多数的调查项目都采用这种间接提问的方式。

调查问卷的使用还可以分为"正式的"（formal）或"非正式的"（informal），不过这种区分更多的是为了强调区别，而非严格的术语。在美国和英国进行的那些调查最能说明这种区别。在美国和英国的调查中，田野工作者采用的都是间接提问的方式，不同的是，美国的田野调查者可以自由地组合那些问题，然后诱导出他们想要的回答；而英国的田野调查者却用事先准备好的问题表。两者相比，美国田野调查者的方式可以说是非正式的，至少从理论上看是这样的。但在实际工作中，这样的区别是否确实存在，或者即使存在，区别到底有多大，很多人是持怀疑态度的。因为实际的情况很可能是这样的：在具体实践中，美国的田野调查者发现，对某个特定的条目来说，这种提问方式是诱出答案的最佳方式；而英国的田野调查者也许跟美国的做法相同，他们把调查问卷丢在一边，也用这种更自然的提问方式了。

SED 项目决定采用同样的表格来引出问题的答案，这个决定迫使问卷设计者 Eugen Dieth 和 Harold Orton 在编写间接问句的时候，必须穷尽各种可能性。他们最后把问题分成五类，在我们看来，这五类基本上是两个类别及由它们派生出来的次类。这两个基本类别分别为命名型问题（naming questions）和完成型问题（completing questions）。

命名型问题基本上是通过询问发音人的方式引出一个答案。Dieth 和 Orton 设计的问卷中包括好几百个这种问题，比如：

What do you say to a caller at the door if you want him to enter? (Come in.)

如果你想让门口的来访者进来，你会对他说什么？（请进）

What's in my pocket? (Show an empty pocket) (Noting, nought.)

我的口袋里有什么？（出示一个空口袋）（什么也没有，没有什么）

命名型问题的一个次类（subtype）为谈话型问题（talking question），即那些能引出不止一个答案的问题。例如：

What can you make from milk? (butter, cheese)

你能从牛奶中生产出什么？（黄油、奶酪）

How do you mark your sheep to tell them from somebody else's? (cut, punch, brand, colour, etc.)

你怎么给你的羊做记号，使它们跟别人的羊区别开？（剪毛、打孔、加烙印、涂色等等）

命名型问题还有一个次类即所谓的回转型问题（reverse question），这种问题试图引导发音人对所问的问题稍微展开谈论，从而把某个特别的词说出来。比如：

What's the *barn* for, and where is it?
那个仓棚是做什么用的？它在什么地方？

不管发音人对这样一个回转型问题的回答有多长，对于这个问题，被记录在《基本材料》(*The Basic Material*) 中的唯有 barn 这个词的发音。

完成型问题不同于命名型问题，它们通常是提供一个空儿让发音人填入。这种类型问题的例子也不计其数，比如：

You sweeten tea with _____.（sugar）
你用_____使茶变甜。（糖）
Coal is got out of a mine, but stone out of a _____.（quarry）
煤出自矿井，但石头出自_____。（采石场）

完成型问题的一个次类是转变型问题（converting questions），它们由一系列留有空白有待完成的句子组成。例如：

A tailor is a man who _____ suits.（makes）
裁缝是_____衣服的人。（做）
You go to a tailor and ask him to _____ a suit.（make）
你到裁缝那里去请他_____一套套装。（做）
I might say: "That's a nice suit you're wearing. Tell me, who _____ it?"（made）
我会说："你穿的这套套装很好。告诉我，是谁_____的？"（做）

在 Dieth 和 Orton 为 SED 设计的调查问卷中，基本命名型问题占主导地位，基本完成型问题也很常见。转变型问题和谈论型问题不常见，前者旨在引出有关动词语用方面的例子，后者旨在引出一组密切相关的词项。回转型问题则非常少见。

不管这些问题是以正式还是非正式的形式提出，间接提问是几乎所有调查项目中都采用的提问方式。它们的优点显而易见，但它们也有一个明显的不足，即使用间接提问的采访比使用直接问句的采访耗费的时间要多得多。我们无法得知 Edmond Edmont 平均每个采访用多长时间，但他花了不到四年的时间就在 639 个村子做了 700 个采访，从这个数量看，他很可能采用的是直接提问的方式。假设他从一个村子骑自行车到另一个村子平均所花的时间是一天左右，那么他平均每个采访所花的时间不会超过一天。如果实际情况真的如此，那么这个例子便是直接提问高效性的突出范例。因为 Edmond Edmont 的每个采访都需要提问和转写 1500 个条目，在某些采访中条目数甚至达到 2000 个。①

相比之下，那些采用间接提问的采访则需要较长的时间才能完成。比如《美国加拿大语言地图集》调查项目采用的是一个包含 700 个条目的调查问卷，需要 10—12 个小时的采访时间才能问完这些条目。就算发音人有足够的空暇时间，至少也需要分两次采访才能完成调查，要是发音人日程繁忙的话，就得把采访分成好几次来完成。尽管如此，跟《英语方言调查》(The Survey of English Dialects，简称 SED) 相比，这个调查所花的时间仍显得微不足道。SED 使用的调查问卷包含 1200 个条目，所有的问题都采用正式提问的方式，每个采访需要 20—24 个小时。因此这个项目的很多采访都是以一个发音人开始，以另一个发音人结束的，甚至有些采访做了几次也没做完。

调查问卷的基本结构一般是根据语义场（semantic fields）来组织的。通常先由方言学家们找出一些词汇条目和语法类别，希望这些词能揭示出方言变体的面貌，之后，就按语义上的相似性把它们分成不同的组，目的是为了促使发音人专注于问题的主旨而不是回答问题的形式。在英国和美国的调查中，涉及的语义场包括农耕技术、动植物、气候、社会活动以及亲属关系等等。

---

① 前面说过，在这个项目的调查中，Gilliéron 不断地对调查问卷进行修改，由此造成的结果是，Edmond Edmont 每次使用的调查问卷所包括的条目数都不同，尽管每个版本都保留 1500 个左右的核心条目。

方言调查中那些用来引出答案的技巧一直以来都有人质疑，认为那些提问技巧只能诱导发音人说出单一风格的话语，即相对正式的或者谨慎的风格。我们都知道，如果谈话比较放松，那些具有地方特色的口音和更具家乡特色的词汇就会更多地出现。然而要想引出放松的谈话，采访者与被采访者之间需要建立一种很亲近的关系，采访也需要比较自由的形式。设计引出话题的问题并不难，比如向一个乡村发音人询问恶劣天气毁坏农作物时的情形，或者向一个年长者询问一下对年轻人的看法等等。相比之下，那些为了引出采访者想得到答案的问题，则会让采访者与受访者感觉到不自然，甚至有些别扭。如：

What makes you sweat? Not the cold, but _____? (the heat)
是什么让你出汗的？不是冷，而是_____?（热）

Who are the two most important members of a family? (father, mother)
一个家庭中最重要的两个成员是谁？（父亲，母亲）

当然，美国的方言调查所采用的比较自由的形式可以极大地减轻调查中那些人为的、不自然的感觉；英国的调查即使使用了那些比较严格的形式，但凭借采访者的调查技巧也能最终打破谈话的障碍。需要说明的是，田野调查人员在这方面的成功很大程度上取决于调查人员的个人性格。另外，我们还要注意的是，调查采访中所设的各种圈套并不利于采访的顺利进行。

为了诱导发音人采用正式或者谨慎的说话语体而有意设计一些采访问题，这种做法与其说是出于选择还不如说是出于需要。田野调查员需要做的是：准确记录核心词目的发音，以便日后可以跟其他发音人对此词目的发音做比较。但记录过程中，田野调查员很难在一连串回答的语流中捕捉到那些需要记录的词目的发音。因此，我们需要采用磁带录音的方式把那个语段录下来，做成永久记录。

20世纪中叶以来，磁带录音机已经广泛普及，但这一时期大多数的田野调查工作依然严格地按照 Gilliéron 建立的传统来操作，新技术的运用只是边缘性的或者无关紧要的。在这一方面,《墨西哥湾附近各州语言地图集》(*The Linguistic Atlas of the Gulf States*) 项目迈出了显著的一步。该项目负责人 Pederson 从一开始就让田野调查人员用磁带录下他们的采访,以便日后转写。这样一来,采访就可以自由一些,田野调查人员再也不用一边谈话一边急着把发音细节记录下来,他们可以跟发音人进行目光接触,一起喝茶,一起散步,就像是一位来访的客人一样。

2.3.2 语言地图

一旦采访工作完成,把具体条目的回答制成表格后,就可以发表调查结果了。通常,调查结果的发表形式是一套地图,每张地图上都标记着每个条目的方言变异(当然也有其他发表形式,前面提到的《英语方言调查》(SED) 就是一个显著的例子,它的《基本材料》是以表格形式而不是以地图形式发表的)。绘制语言地图 (linguistic mapping) 的重要意义我们将在第七、八章中讨论,此处暂不详述,但在这里我们简单讨论一下语言地图的形式还是很有必要的,并且就已发表的语言地图集中的语言地图做一个总体的介绍。

语言地图可分为两种:陈列性地图 (display maps) 和解释性地图 (interpretive maps)。陈列性地图是把表格记录下来的每一个条目的答案逐一转写在地图上,从地理的角度来呈现表格数据;解释性地图则试图通过显示某些突出的变体在地域上的分布,对方言的差异做一个普遍性的概述。两者相比,更为常见的是陈列性地图,如 Gilliéron 的《法国语言地图集》(*Atlas Linguistique de la France*)、Kurath 的《新英格兰地区语言地图集》(*Linguistic Atlas of New England*) 及 Kolb 的《北部地区语音地图集》(*Phonological Atlas of the Northern Region*) 都是这种类型的地图,几乎所有著名的语言地图集中的语言地图都是陈列性的。

解释性地图多见于第二手的研究著作中,也就是那些以某个方言地理学项目所得数据为主要资料的有关某个具体问题的专题研究。比如说,George Jochnowitz 在 Gilliéron 调查的基础上所进行的有关法国南北语言分界线的研究,采用的就是解释性的语言地图,这些解释性地图的蓝本是

Gilliéron 所绘制的陈列性地图。本书第八章中的地图是根据《英语方言调查》(SED) 中的表格数据绘制出来的解释性地图。Orton 和 Wright 之所以能够在他们的《英格兰词汇地理学》(*Word Geography of England*, 1974 年出版) 中采用解释性地图，是因为该研究所依据的那些表格数据早已在《基本材料》各卷中发表了。

很显然，Harold Orton 及他的 SED 项目合作者本来是打算把《英格兰词汇地理学》发表成一系列的陈列性地图而不是解释性地图的，因为自1960 年起，他们陆续发表于各种文章中的那些草图都是采用陈列性地图的形式。因此，比较 1960 年发表的某个条目的草图和 1974 年发表于《英格兰词汇地理学》中的解释性地图，我们就可以看出两者的区别。比如，关于 newt（蝾螈）这个词的地图就给我们提供了很有启发意义的对比。因为在原始数据的表格中，newt（蝾螈）这种动物至少有 34 个不同的叫法，可当这些数据被绘制成解释性地图时，它们被分成了两个基本的组。在陈列性地图 2-1 的右上角，列举了 newt 的 34 种不同的叫法，其中每个叫法都用一种符号标记出来，以便于它们都能在地图上被识别出来。通过研究这张图，我们可以看出 newt 不同说法的相关分布。如 ask 主要分布于遥远的北方地区；evet 主要分布于西南地区；而 ebbet 则在东南地区。尽管这些地区之间的各种差异看上去有点儿让人不知所以，但我们还是能够看出一个大体的趋势，即 askel 和 asker 大致分布在中部以西；newt 大致分布于东安吉利亚（East Anglia）以及中部以东。通过进一步观察，我们还能看到 swift 这种叫法孤零零地出现在东英格利亚的四个地点，而 four-legged emmet 只见于康沃尔郡（Cornwall）的一个地方。正是通过这种方式，这张陈列性地图从地理的角度把在调查中收集到的这个条目的 313 个回答整理了出来。

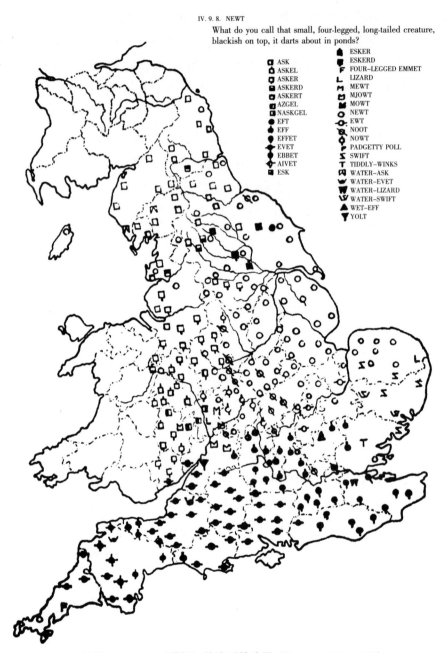

地图 2-1　newt（蝾螈）的陈列性地图（Orton, 1960: 343）

注：右上角问题：那种体型短小、四足、长尾、背上有斑点、在池塘里游来游去的动物，你怎么叫？

解释性地图 2-2 则必须基于一个像地图 2-1 那样的陈列性地图或者类似的呈现方式（representation）进行绘制。这种地图的主要功能是根据某种标准把占主导地位的答案及其分布呈现出来。在观察陈列性地图时，我们会试图找出各种趋势；然后将这些趋势标记在另一张地图上，并把一些少见的说法如 swift 和 four-legged emmet 等略掉，以便突显出常见词，如 ask，evet，ebbet，askel 及 asker 等。这样就产生了对陈列性地图的一个可能的解释。但我们必须指出，有一点很重要，那就是，如此得出的解释可能跟数据有一些不符，而且还可能有其他解释。例如，我们可以把 askel 和 asker 结合起来看，很明显，它们在词源上和地理分布上有密切的关系，而且又都跟 ask 有密切关系；同样，出于相同的原因，我们也可以把 evet 和 ebbet 结合起来考察。这样，我们的解释就可以把那张陈列性地图简化成不同的程度：根据词源关系，Orton 把地图 2-1 中列出的 34 个词分成了两个组，即地图 2-2 右上角所示的（1）ask 和（2）newt。数字 1 标示的地方就是从古英语 aðexe 演变出来的各种"newt"（蝾螈）的叫法（包括 ask，asker，askel，azgel，nazgel 等）的分布地点，即地图上那条弯弯曲曲的黑线以北的地方。地图上最大的部分即数字 2 标示的地方，则是从古英语的 efeta 发展出来的 evet，ebbet，eft，ewt，newt 等词所分布的地方。很明显，那条曲折的分界线（叫"同言线"，详见第七章）并不是一条截然分开的分界线，在地图 2-1 上，我们能清楚地看到这一点。在这张解释性地图上，一些词呈现出"不规则"分布的特点，即它们出现在不该出现的分界线的那一边，这些词被一些特殊符号标注出来。例如，在地图的东北角，由三个边构成的小方块表示这个地区出现的是 newt 类词，而不是所期望的 ask 类词。另外，图中用 xs 标示的地方出现了一些跟 ask 和 newt 都无关的词。前面我们曾提到，four-legged emmet 这个用法出现在康沃尔郡，符合规律地分布于分界线以南，因为 emmet 是从 efeta 演变出来的，它跟修饰性短语 four-legged 同现，对此地图右下角 evet 一词的注释中有说明。至于 swift，它在词源上跟 ask 和 newt 都没有关系，但它的分布却占据了东英格利亚的一个小地区，在地图中，有一条分界线把该地区从其他地区中单独划分了出来。

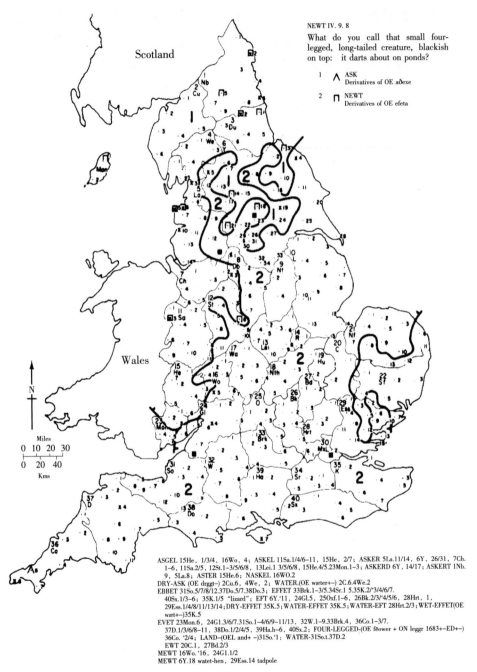

地图 2-2　newt（蝾螈）的解释性地图（Orton 和 Wright，1974：图 37）

从以上的讨论我们可以清楚地看到，绘制解释性地图需要有清晰明确的辅助性信息。陈列性地图 2-1 就说明了这一点（即它提供了地图 2-2 所需要的信息）。另一方面，解释性地图本身就足以表明词汇条目中某个特定类别的主要分布地区，这种功能陈列性地图是不具备的。就大多数语言研究的目的来说，这两种地图都不够理想。陈列性地图罗列过多的信息，而解释性地图涵盖的信息则太少。同时拥有两种地图当然很有用，但价格会很贵，迄今为止还没有一本语言地图集是同时包括了这两种类型的地图的。因此，当我们准备把从某个方言调查中搜集来的信息发表时，需要在两种地图之间做出一个选择。

2.3.3 调查对象的选择

我们发现，方言地理学调查项目在选择发音合作人类型上具有一些共同的典型性特征。在所有的调查中，发音合作人基本上是非流动性的（nonmobile）、年老的乡村男性（rural males）人群。无论文化差异有多大，社会经济情况多么不同，地理环境多么不一样，方言地理学调查选择的都是这样的发音合作人。我们有必要创造一个术语来描述这个人群，即在本书中我们就用 NORMs 来指称他们，NORMs 是上文描述这类人时所用的 nonmobile, older, rural males 这几个词的首字母缩写。

比如，在法国的方言调查中，发音合作人完全由 Edmont 自行决定。从最后的记录中可以看到（如 2.2 节中提到的），在 Edmont 选用的 700 个发音合作人中，只有 60 个是女性；其中大约只有 200 人受过教育，其他人没有受过任何教育；此外，所有的发音人都生活在法国小乡村里。

在 Wenker 的调查中，我们无法知道各地学校校长在用当地话转写那 40 个句子时采用了哪些发音人的口音作为当地口音的样板，但我们可以肯定，记录下来的绝不是他们自己的话；十有八九，他们的答案根据的是他们脑子里的方音而不是他们对某个社区成员的采访。然而，苏格兰方言调查使用的邮寄问卷对发音人的状况则规定得很清楚。虽然调查问卷同样也是通过邮局寄到苏格兰各地的，但是每份问卷上都注明了答卷人必须符合以下条件：父母至少有一人跟答卷人同在本地出生；最年轻的发音人也必须是中年人。

《新英格兰语言地图集》的调查目的之一是通过采访不同背景的发音人来扩大数据库。为此，Kurath把这个项目的发音人分为以下三类：

第一类（Type I）：几乎没受过正规的教育，几乎不能阅读，跟社会的正式接触很有限。

第二类（Type II）：受过一些正规教育，通常是高中毕业；阅读面较广，有比较多的社会交往。

第三类（Type III）：受过高等教育，通常是大学毕业；阅读面广泛，具有广泛的社会交往。

跟以上类型交叉的是发音人的年龄，Kurath把这些发音人分成两组年龄：

第一组（Type A）：老年人，又被看作是比较老派的人。

第二组（Type B）：中年人，又被看作是比较新派的人。

所有这些类型的发音合作人必须为非流动性人口，即自出生后就一直居住于调查地点的人。很明显，最典型的NORMs发音人是"第一类（I）＋第一组（A）＝（IA）"。需要指出的是，在新英格兰调查项目中，NORMs只勉强占了大多数，然而在其他调查中，NORMs占了绝大多数的比例。在具体调查中，第一类发音人在每个社区都会被采访，第二类发音人在大约80%的社区被采访，第三类发音人只有在较大的社区才会被采访，这样的社区在田野工作者所调查的社区中占20%左右。

但《墨西哥湾附近各州语言地图集》(*The Linguistic Atlas of the Gulf States*) 在选择发音人时有些突破传统。调查中，尽管大多数发音人的年龄已经超过60岁，并且农村人的数量超过了80%，但是女性发音人却几乎占了一半，且70%的发音人来自中产阶级。

《英语方言调查》(SED) 项目在选择发音人时也没有遵循美国的惯例，即调查者选择了非NORMs型的发音合作人。的确，该项目为调查者编写的指南手册中并没有明确说明应该选择什么样的发音人。但实际上该项目选择的发音人都是以下类型的：最好本人及父母都是当地人；都是小地方的农民，或至少跟某个农业社区有关系；至少60岁以上（70岁以上的起码要占大多数）。

很显而易见，在方言地理学历史上，坚持选择 NORMs 型的发音人是出于以下动机：(1) 选择非流动性人口纯粹是为了保证他们的语言确实能代表整个居住地区的语言特点。(2) 强调年龄大是为了能反映调查区域以往的语言特点，正如 Kurath 指出的："因为大多数（第一类）发音人都超过 70 岁，还有不少人超过 80 岁，所以我们应该能够把工业时代以前的新英格兰地区的方言建构出来。"（1949：27）(3) 之所以选择农村人，是因为城市中有太多的流动性人口。(4) 之所以选择男性，是因为在西方国家，女性的话语被认为比男性具有更多的自我意识和阶层意识的成分。正如 Orton 所说："在这个国家（英国），男人比女人更经常说当地话，而且说得更持久，更地道。"（1962：15）

虽然选择 NORMs 型发音人是基于以上的动机，具有研究的意义和价值，但从另外一个角度来看，发音人的选择范围似乎有些狭窄，在方言地理学研究中有一定的局限性。对于这种类似语言考古的做法，读者们和学者们已经提出过质疑。因为某个调查区的年轻人常常会惊讶地发现，有关他们家乡的方言记录所呈现的是一种他们完全陌生和不熟悉的语言。现实社会中，人群中的绝大部分人是由流动的、年轻的、城市的以及女性构成，换句话说，是与 NORMs 完全相反的人群，而且 NORMs 人群呈现出逐年减少的趋势。方言地理学的经典著作如实记录了 NORMs 的语言，从某种意义上说，它们把 NORMs 的语言封存了下来。不过，将来的方言研究很可能不得不把关注点转向更具有代表性的人群。

扩展阅读

要想对方言地理学上个世纪中期之前的项目有一个广度和深度的了解，最佳的参考资料是 Pop（1950）。有关方言地理学历史的简短、概述性的描述著作不多，但是 Lehmann（1962）在这方面提供了一个很有趣的视角。G. Wenker 对德国方言地理学的贡献，可参考 Mitzka（1952）。J. Gilliéron 的里程碑式的著作——《法国语言地图》于 1902 年至 1910 年陆续完成出版，共十三册。Jochnowitz（1973）对 J. Gilliéron 的研究工作做了很有参考价值的解释。《新英格兰语言地图》共有 734 张令人赏心悦目的地图，是藏书家的最爱，由 H. Kurath，M. Hanley，B. Bloch 和 G. S. Lowman 及 Jr 共同绘制，1939—1943 年间陆续出版。Pederson 所著的《墨西哥湾附近各州语言地图》由乔治亚大学出版社于 1986—1992 年间陆续出版。这套书最好的导读指南是 Pederson 本人对该书所做的注解，见 Preston（1993b）。《基本材料》来源于《英语方言调查》(SED) 项目的调查资料，分几册发表。作为第一主编，H. Orton 分别跟不同的合作者合编了其中的每一个分册：跟 W. Halliday 合编 *The Six Northern Counties and the Isle of Man*（1962—1963）；跟 M. Barry 合编 *The West Midland Counties*（1969—1971）；跟 P. M. Tilling 合编 *The East Midland Counties and East Anglia*（1969—1971）；跟 M. F. Wakelin 合编 *The Southern Counties*（1967—1968）。

William Kretzchmar 关于计算机数据处理的引言来自他的 *Computer Methods in Dialectology*（1989）一书中有关语言变异的革新观念，参见 Chambers（1995:Chapter 1）的相关研究。Kurath，一位曾在方言地理学古典时期为此学科做出过很大贡献的学者，在 1972 年的著作中，从一个过来人的角度讨论了如何准备调查问卷（调查表）、如何在地图上把信息标示出来以及如何选择发音合作人等等其他问题。在不同调查项目中使用过的调查问卷发表在各种手册中。Wenker 的第一个邮件调查问卷收在 Mitzka（1952）中；调查美国方言用的问卷见于 Krath 和 Block（1939）的相关研究；调查英国方言用的问卷见于 Orton（1962）；调查苏格兰方言用的问卷见于 McIntosh（1952）。传统方言地理学家对使用录音带记音的反应见于 McDavid，Jr（1957）中。有关方法论方面的问题，Orton（1960）的 *An English Dialects Survey：Linguistic Atlas of England* 是一本很有用的参考书，本章的地图 2-1 就是来自这本书。Francis（1978）是对 Orton 和 Weight（1974）的述评，Francis 针对语言地图提出了许多有趣的观点，其中包括陈列性地图和解释性地图的区分。有关发音人的选择，以上提到的大多数参考文献和手册中都有所涉及。Pickford（1956）的 *American Linguistic Geography：A Sociological Appraisal* 和 Underwood（1976）的 *American English Dialectology：Alternatives for the Southwest* 是两篇在选择发音人以及方言地理学传统研究方法方面最具批评见解的文章。

第三章
方言学和语言学

在一定程度上,方言学是一门自主的学科,有着自己的研究目标及研究方法。在上一章,我们回顾了方言地理学最突出的几个方面,也指出了它和语言学其他分支学科特别是语音学、历史语言学以及社会语言学的共同点。在本章中,我们将更加深入探讨方言学和普通语言学之间的关系。

现代方言学家通常是按语言学家的标准训练和培养出来的,他们当中的很多人除了在方言研究上有所成就以外,对音系学、句法学或语言学其他分支领域也做出了突出贡献。很显然,对地处边缘且地位低于标准话的方言进行详细地描述离不开音系学理论及语法学理论的支撑。因此,当我们发现方言学家和理论语言学家之间的交流并没有想象中的多时,不免会感到惊讶,尽管我们知道近年来这两大阵营的专家们都已经认识到,语言系统丰富的变异性能够阐释和挑战普遍语法(universal grammar)所提出的有关语法和语音体系的观点。

我们在前面 2.1 节中指出,方言学从试图阐释和挑战新语法学派的原则的意图中得到了部分发展的动力。在本章中,我们将先对方言学和语文学(philology)之间的关系进行一番更为详细的考察,然后再对方言学跟其他重要理论框架的关系进行探讨。

3.1 方言学和语文学

Wenker 对德国方言的调查在一定程度上是被历史语言学领域里的一

些学者提出的"语音变化是有规律的"这个论断所激发的。这个提议颇让当时的一些语文学家感到震惊，因为它指出，如果一个音发生了变化，那么它将会在所有的环境中都发生变化。也就是说，它会影响到含有这个音的所有词，至少是这个音出现于某个特殊环境中的所有词。例如，作为某个音变的结果，假如词首辅音 /t/ 变成了 /ts/，那么这个词首辅音 /t/ 就会在每个有它出现的词中都变成 /ts/，正如我们所知道的德语历史上曾发生过的音变那样。语音变化符合规律这类事实解释了有规则的语音对应关系为什么会存在于亲属语言或方言中。如，德语 /t/ 变成 /ts/，但这个音变在英语里并没有发生，即 /t/ 仍保留不变，而正是因为这个原因，英语的声母 /t/ 就规则地对应着德语的声母 /ts/（在单词拼写中作 z）：

英语	德语
ten（十）	zehn
tell（告诉）	zählen 'to count'
tongue（舌头）	Zunge
tide（潮水）	Zeit 'time'

因此，大体上说，"语音变化是有规律的"这个论断是正确的。但是，Wenker 的调查却向我们表明，实际的情况要比新语法学派最初的说法复杂得多。Wenker 调查的一个语言特征是中世纪德语的 /u:/ 到现代德语的 /au/ 这个变化。这个二合元音化过程（diphthongisation）始于东南部的德语使用地区，然后往北部和西部扩散，但在这个过程中，北部和西南部的方言不受这个音变的影响。基于这种情况，我们期望看到有一条单独的同言线（isogloss）把德语使用地区一分为二：依然保留 /u:/ 的地区和产生新音变 /au/ 的地区。可是，Wenker 却发现了以下不一致的对应：如 haus（相当于 house，房子）一词的两种读音 /hu:s/:/haus/ 的同言线和 aus（相当于 out，外面）一词的两种读音 /hu:s/:/aus/ 的同言线并不一致，同样，aus 的两种读音 /hu:s/:/aus/ 跟 braun（相当于 brown，棕色）的两个读音 /bru:n/:/braun/ 的同言线也不一致，等等。也就是说，在有些方言中，这个音变并没有规律性地全面出现于每一个词中，而是有的词还保留

着原来的发音，有的词则变成了二合元音。对于这个发现的意义，我们将在第十章中展开全面的讨论。

3.2　结构方言学

近年来，语言学已开始对方言学产生一定分量的影响。例如，现代语言学认为，传统方言学倾向于把语言形式处理成一个个孤立的个体而不是系统或整体结构中的部分，这是传统方言学的一个缺陷。我们可通过以下例子来阐明这一点。在东安吉利亚（Anglia）有三个城镇（参看地图11-12，11.7节），在这三个城镇的当地口音中，road（路）、nose（鼻子）等词中的元音发音各不相同。如：

	road（路）	nose（鼻子）
洛斯托夫特（Lowestoft）	[rɵud]	[nɵuz]
伊普斯维奇（Ipswich）	[rɵud]	[nɵuz]
科尔切斯特（Colchester）	[rʌud]	[nʌuz]

根据以上的发音信息，针对这个元音，我们可以画一条同言线把在北边的洛斯托夫特（Lowestoft）和伊普斯维奇（Ipswich）跟在南边的科尔切斯特（Colchester）分开。但是当我们考察这个元音在其他一些词中的发音后，这个图景就有所改变了：

	rowed（划船）	knows（知道）
洛斯托夫特（Lowestoft）	[rʌud]	[nʌuz]
伊普斯维奇（Ipswich）	[rɵud]	[nɵuz]
科尔切斯特（Colchester）	[rʌud]	[nʌuz]

现在的情形似乎是，应该画一条同言线把洛斯托夫特单独放在北边，而把伊普斯维奇及科尔切斯特一起放在南边更能揭示出语言特征的分布。因为在洛斯托夫特的音系里，这个语言特征涉及的是两个不同的元音（[ou]和[ʌu]），而其他两个地方所涉及的都是同一个元音。洛斯托夫特

镇的英语，跟其他一些使用于东英吉利亚地区的英语变体一样，是通过以下对子中的这个额外的元音音位对立，使自己有别于其他地区的英语：

[ou]	[ʌu]
nose	knows
road	rowed
moan	mown
sole	soul

这两个元音，如拼写所示，最开始时在英语的所有变体中都是有区别的，但现在它们在大多数的现代英语方言中都合并了。因此，如果我们用第二种方式来画同言线，那么我们就是按语音系统而不是发音的相似性来把方言变体归在一起。同样，我们现在比较独立的语言形式时，不是比较它们是否"一样"或"不同"，而是比较它们在自己系统里作为组构成分（constituent parts）的情况。

这种结构主义的途径对方言田野调查工作影响重大。William G. Moulton 曾经指出，方言研究者应该注意语言变体是有系统性的，不能光依赖孤立的语音转写记录（atomistic phonetic transcriptions）。调查音位对立时，应该询问发音人那些成对的词是否发音相同或者彼此押韵。有一点我们可以肯定，即如果不遵从 Moulton 的建议，错误就在所难免。比如，我们从自己的研究中就看到了这一点。在英国诺福克郡（Norfolk）的许多地方，像 fool:foal, cool:coal 这些对子中的两个词是可能同音的。但是，在《英语方言调查》(SED）项目一些有关诺福克郡（Norfolk）方言的记录中，像 fool 这类词所记录下的元音是 [u:]，而 foal 这类词所记录下的元音则是 [o:]。这可能是由田野调查者的先入之见导致的，这种记录必然会误导试图利用这些资料作分析的人。

用系统的途径探讨方言差异是结构方言学（structural dialectology）的基石。结构方言学可以说始于 1954 年，以 Uriel Weinreich 的"结构方言学是可能的吗"（*Is a Structural Dialectology Possible?*）一文的发表为标志。这篇文章的标题之所以带有试探的性质，是基于这样的事实，即当时的语言学家们普遍持这种观点：一个语言系统应该就其本身来研究，不用去参考别的系统。① 某个语言变体的音位系统（phonemic system）是通过利用众所周知的音子（phones）的互补分布原则、发音相似性以及存在于那个语言变体中的最小对立对子（minimal pairs）来建立的。因此，有人认为，把一个语言变体中与/aː/构成对立的音位/æ/（如在标准英语的发音（received pronunciation）中，Sam/sæm/和 psalm/saːm/（圣诗）之间的对立）去跟另一个语言变体中与/aː/不构成对立的音位/æ/（如在许多苏格兰方言中，Sam 和 psalm 的发音是一样的，不构成对立）作比较是没有意义的。一个音位的作用就是要把自己从别的音位中区别出来，因此，每一个音位都是一个与另一个音位对立的单位。跟/aː/构成对立的/æ/有别于跟/aː/不构成对比的/æ/，也就是说，这两个/æ/不是同一类的实体。它们不仅不同，而且也不具有可比性。可传统方言学是以不同的语言变体之间的比较为基础的，正是因为这一点，长期以来语言学家具有一种很严重的不重视方言学的倾向（详见 2.1）。

  Weinreich 试图调和这两个领域的研究，说明不同语言之间的比较不仅具有意义而且富有揭示性。他的主要创新是建立了一个更高层次的系统，这个系统可以包含两个或者更多的方言系统。例如，以下是 Ipswich 方言的（部分）元音系统：

    /uː/　　　　（如 boot）
    /ou/　　　　（如 nose, knows）
    /au/　　　　（如 house）

与此对应，Lowestoft 方言则有以下元音：

    /uː/　　　　（如 boot）
    /ou/　　　　（如 nose）
    /ʌu/　　　　（如 knows）
    /au/　　　　（如 house）

---

① 可是大多数方言学家却不是这样做的，所以 Weinreich 才会以试探性的态度提出这个建议。——译者

我们可以通过建立一个联合系统（joint system）把两者结合起来：

Lowestoft, Ipswich //u:≈$\frac{L}{I}\frac{ou\sim\Lambda u}{ou}$≈au//

Weinreich 把这种系统叫作 Diasystem（方言对应系统）。[①] 它解释了有亲属关系的语言变体之间的部分差异和部分相似之处，也指出了它们之间的对应是系统性的。在以上公式中，L（= Lowestoft）地的/ou/～/u/放在 I（= Ipswich）地的/ou/之上，说明的是词汇对应关系：它表示在 L（= Lowestoft）这个方言变体中含有/ou/或者/ʌu/音的词在 I（= Ipswich）这个方言变体中都读作/ou/。也就是说，L 中的两套词汇对应着 I 中的一套词汇，如果给出 L 的形式，我们就能预测出它在 I 的形式（尽管反过来不行）。

方言对应系统（diasystem）只能被看作一种展示工具，即语言学家呈现不同语言变体之间的关系的一种方法。或者，我们也可以下一个较强的论断：从说话人和听话人在说话或理解的过程中能够意识到以及运用这样一个系统这个意义来说，方言对应系统具有某种真实性。Weinreich 本人就认为方言对应系统不是纯粹人为的系统，他说："方言对应系统被双语者（包括双方言者）以一种真实的方式体验着，并且对应着研究语言接触的学者们所说的'合并系统'（merged system）。"Weinreich 还指出，方言对应系统既可以揭示词汇层次上的对应关系，也可以解释语法层次上的对应关系。

3.2.1 音位的总藏、分布以及发生率

那么，结构方言学表明了这样一种努力：想把语言学的一些见解运用到方言研究中的语言变体的比较上。然而这类工作遇到很多困难，最后我们不得不说，这种尝试是失败的。例如，就音系来说，语言变体之间的不

[①] 这里，我们把 diasystem 译为"方言对应系统"，它是一种通过共时方言比较来呈现方言间对应关系的方式。有的学者译为"通变系统"（见涂文钦《彰化县闽南语地理方言学研究》，http://fl.hs.yzu.edu.tw/NCL2009/papers/G21.pdf），也译为"跨方言系统"（如范俊军、肖自辉《多理论视角的当代国外方言学——〈方言学〉评介》，暨南学报（哲学社会科学版），2008 年第 5 期）。——译者

同可以表现在很多方面。首先，可以是音位总藏（phoneme inventory）的不同——音位总藏指的是音位总数的多少及具体的音位又是哪些。在这一方面，Lowestoft 及 Ipswich 这两个方言变体的比较给我们提供了很好的例子，即 Lowestoft 有一个额外的元音/ʌu/。第二个例子，也是我们在后面的章节中将详细讨论的，即与英格兰其他地区的英语变体不同，英格兰北部的方言没有/ʌ/这个元音。在这些方音中，像 up 和 but 这样的词，其中的元音是/ʊ/，而且 blood 和 hood 是押韵的，dull 和 full 也是押韵的。如前所见，像这类区别，结构方言学是可以很容易处理的。很简单，只要建立一个（或部分）方言对应系统就可以了，这个对应系统包括南北方英语变体的短元音。如下面的公式：

$$S, N // \text{ɪ}, \varepsilon \approx \text{æ} \approx \frac{S}{N} \frac{\text{ʊ} \sim \text{ʌ}}{\text{ʊ}} \approx \text{ɒ} //$$

这个公式表明南方方言（S）和北方方言（N）都以具有短元音/ɪ/，/ɛ/，/æ/和/ɒ/为共同点，但是南方方言所有含/ʊ/或/ʌ/的词在北方方言中都发/ʊ/音。

其次，语言变体也可以在音位分布（phoneme distribution）上表现出不同。也就是说，它们可能具有相同的音位总藏，但是音位出现的具体语音环境不一样。一个著名的例子就是英语辅音/r/的分布情形。作为音位总藏中的一个单位，所有的英语变体都有/r/，但是，"非元音前的"（non-prevocalic，或叫"出现于元音后的"）/r/（即出现在一个停顿前的/r/，如 far，或出现于一个辅音前的/r/，如 farm 或 far behind 等）是否发音在不同的英语变体中表现是不同的。在英语的所有方言中，元音前的/r/都是发音的（如 rat，carry 及 far away——南非的一些英语变体和美国南方黑人英语除外）。但是元音后的/r/是否发音，各地情况则不同。苏格兰语、爱尔兰语、绝大多数美国英语方言以及几乎所有的加拿大英语方言都允许元音之后的/r/发音（因此被称作 rhotic，即"发 r 音的"），但在澳大利亚、南非、大多数的威尔士、大多数的新西兰以及大多数的英国英语方言中，元音后的/r/都不发音（因此被称作 nonrhotic，即"不发 r 音的")。然而，对于这样一个英语变体中的重要区别，我们却无法通过方言对应系统作出令人满意的说明。也许我们可以为音节结构中的每一个位置建立单独的辅音方言对应系统，但这会是一个极其笨拙地加以表示和区别的方法。而一般的方言对应系统则仅仅能够表示英语的所有变体是否具有 /r/ 这个音而已。

最后，语言变体的不同也会表现在音位发生率（phoneme incidence）上。一些语言变体可能拥有相同的总藏，但某些特定音位出现在某些词的集合中的发生率却不同。这里，让我们再就英国的南北方言作一个比较，我们会看到，/æ/（如 Sam，cat 等词中的元音）和 /aː/（如 psalm，cart 等词中的元音）这两个元音都存在于它们各自的音位总藏中，这一点南北方言是一致的。但是这两个元音在南北方言中的发生率却是不一样的。如，有一组较大的词集，其中包括了 path, grass, laugh, dance, grant 和 sample 等，这些词的元音在北方方言中发 /æ/ 音，但在南方方言中却发 /aː/ 音。如：

	pat	path	palm
North	/æ/	/æ/	/aː/
South	/æ/	/aː/	/aː/

显然，这是一个重要的事实：两个方言可以具有相同的音位总藏，但彼此之间的区别还是很大，因为它们的音位在词汇项目中的发生率不一致。事实上，或许可以说，这个特别的差别是将南北口音区别开来的最重要的特征，而且也是所有英语使用者都能意识到的区别特征之一。但遗憾的是，我们也没有一种简单的方法能够通过用方言对应系统把这种区别表示出来。

3.2.2 词汇对应

如何处理词汇对应的问题（即怎么表明某个语言变体中的某一组词的某个音位跟另一个语言变体中的同一组词的某个音位之间的对应）是一个涉及发生率差别的复杂问题。以下是英语标准语发音（RP）和东英吉利亚城市诺里奇（Norwich）方言在音位上的差别：

	RP 元音	Norwich 元音
dew, view	/juː/	/ʉː/
do, lose	/uː/	/ʉː/
school, food	/uː/	/uː/
go, load	/ou/	/uː/
know, old	/ou/	/ou/
home, stone	/ou/	/ʊ/
put, pull	/ʊ/	/ʊ/

首先，我们应该指出，当我们试图比较标准语发音（RP）和 Norwich 发音之间的差别时，会面临前面讨论到的将不同系统之间的形式作比较时的可比性问题。RP 的 do 和 school 有着同样的元音 /uː/，而在 Norwich 方言中，school 和 go 有着同样的元音 /uː/。那么，如果把 RP 和 Norwich 中的这些词的元音都写成 /uː/，会意味着什么呢？这意味着 /uː/ 在这两个方言里是同一个元音吗？如果说"是"，这个论断合理吗？的确，在这两个方言中，这两个元音的发音很相像（接近 [uː]），但是光凭语音上的相似性是不足以下结论的。伦敦英语和约克（Yorkshire）英语都有 [aː] 这个元音，但是，如果我们说它们是方言对应系统中的同一个元音 /a/ 就不合理。因为在伦敦方言中，这个元音出现在 but, cup 这组词集中，而在 Yorkshire 方言里，这个元音出现在 bat, cap 这组词集中。如果说它们是同一个元音，那我们就无法考虑词汇上的对应关系了。Norwich 和 RP 之间的比较不像这个例子那么任意，因为毕竟 school 那组词的元音在两个方言中是一样的，尽管 do 和 go 的元音不同。但总的说来，Norwich 和 RP 之间的词汇对应关系还是非常复杂的：Norwich 的 /ʉː/ 对应 RP 的 /juː/ 及 /uː/；/uː/ 对应 RP 的 /uː/ 及 /ou/；/ʊ/ 对应 RP 的 /ʊ/ 及 /ou/。从另一方面来说，RP 的 /ou/ 对应 Norwich 的 /uː/，/ou/ 及 /ʊ/。

对于这两个方言变体之间的任何比较，Weinreich 的方言对应系统都仅能指出总藏的不同而已。因此，就这个例子来说，它仅能表明 Norwich

方言有一个额外的元音而已，尽管这个表明显示出可比性问题的严重程度，即它在这一点上不是很清楚：在 Norwich 元音中，究竟哪个是多余的。就这里使用的符号表示法来看，这个额外的元音是/ʉː/，但使用别的符号表示法也是可能的。

在一项有关瑞士德语方言的研究中，W. G. Moulton 曾试图改善过这种情形。他的改善体现在他建立了一种解释词汇对应关系的方法，这是基于这样的事实建立的：有（亲属）关系的语言变体具有一个共同的源头，它们之所以彼此不同，是因为各种语言变化导致的，正如我们在 3.1 节中提到的。就英语来说，中世纪英语（Middle/mediaeval English）可以看作是现代各英语方言变体的共同源头。在中世纪英语中，以上所比较的那些元音在词汇中的发生率如下：

1. dew, view　　　　　　　　/iu/
2. do, lose, school, food　　/oː/
3. go, load, home, stone　　/ɔː/
4. know, old　　　　　　　　/ou/
5. put, pull　　　　　　　　　/ʊ/

按照这里每组词汇的数字标号（即 1—5），用 Moulton 的方法，我们可以建立一个更具有启发意义的方言对应系统，通过把现代 Norwich 方言的元音所对应的中世纪英语来源表示出来。如：

$$\text{RP, Norwich} \bigg/\bigg/ \frac{\text{N}}{\text{RP}} \frac{ʉː_{1,2} \sim uː_{2,3} \sim ou_4 \sim ʊ_{3,5}}{juː_1 \sim uː_2 \sim ou_{3,4} \sim ʊ_5} \bigg/\bigg/$$

这个公式揭示出：Norwich（N）的/uː/源自中世纪英语那些含有/oː/的词（即第 2 组，如 school, food 等）和/ɔː/的词（即第 3 组，如 go, load 等）。而标准音（RP）的/uː/则只源自中世纪含有/oː/的词（即第 2 组，如 school, food 等）。

即使是这样一个方言对应系统，也只是能够大致指出词汇的对应关系。它跟 Weinreich 最初的对应系统具有同样的缺点，即不能指出具体是哪些词汇含有某个特定的元音；也不能在某种程度上显示哪个现代音位对应着哪个具体的历史来源。以上的方言对应系统仅仅表明，中世纪英语含/oː/的一些词在 Norwich 已经变成了/ʉː/，而在别的方言中变成了/uː/，但并不能显示具体是哪些词，也不能告诉我们有多少这样的词。

正如 Moulton 所指出的，像这样的方言对应系统还有一个令人遗憾的结果，即它给人的印象是：RP 和 Norwich 没有一个音系单位（phonological unit）具有共同点，至少在这些局部系统里是这样。正如 Ernst Pulgram 所说："一个方言对应系统，如果考虑到了某些条件，并且这些条件在历史语言学家、方言学家以及说话人看来都是不可缺少和必需的，但它却几乎显示不出有密切关系的方言之间的一致性，以至于这些方言看起来好像是彼此不相干的外语一样，那它就是歪曲了事实。"（见 Ernst Pulgram，1964:67）。换句话说，如果我们考虑词汇的对应关系的话，就可能得出接近荒谬的结论。但如果我们不考虑词汇的对应关系，就会得出一个更荒谬的结论：伦敦和约克郡方言中的［aˑ⊥］，在方言对应系统中，可以被看作是相同的；另外，在完全不相干的语言如英语和汉语之间也可以建立一个方言对应系统。（出现这种荒谬的结论是很有可能的，但 Weinreich 并不一定想到这种荒谬，他考虑到英汉双语者的情况，因为他确实写道："一个方言对应系统被双语者以一种真实的方式体验着。"（1954:390））

3.3 生成方言学

我们知道，结构方言学能够成功地处理总藏（inventory）的不同，但在对付发生率和分布差异方面还是有困难。在这方面，生成方言学（generative dialectology）为我们走出困境提供了一条出路。除此之外，它还有一大优势：使我们能够比较容易地同时处理两种以上的方言变体。

生成方言学就是把生成音系学（generative phonology）的理念和成果运用到对不同方言的描述和比较上。生成方言学假设了一个双层（two-level）途径来探讨音系问题：（1）底层形式（underlying forms），它们是词库（lexicon）中所列词项（lexical items）的音系形式（phonological forms）；（2）音系规则（phonological rules），它们把底层形式转换成表面形式，因而最终变成了实际的发音。具体地说，就是那些涉及到各种变化的形式，它们在词典里只以一种形式出现，而其他形式只是各种规则运用的结果。① 这种途径使语言描述变得简单，也使我们对语言运作方式的归纳（这些语言运作方式应该是母语使用者理解和掌握的）能够被呈现出来。

生成方言学是基于这样的假设：一组相关方言具有一个共同的底层形式，它们的区别只在于：（1）运作于底层形式上的音系规则不同；（2）这些规则运作的环境不同；（3）这些规则运作的次序不同。

对此，我们可以从现代希腊方言来解释。Brian Newton 为现代希腊方言所建立的四个音韵原则是：

（1）高元音的丢失（high vowel loss）：非重读的/i/和/u/不存在了。

（2）浊音同化（voicing assimilation）：在浊塞音之前，清塞音变浊塞音，在清塞音之前，浊塞音变清塞音。

（3）元音插入（vowel epenthesis）：当一串词尾辅音丛中的最末尾的辅音是一个鼻音时，元音/i/被插入到这个鼻音之前。

（4）圆唇化（rounding）：在双唇辅音之前/i/变成/u/。

我们可以按照以上这些规则的次序来解释在希腊北部方言中"我自己"这个词在四个方言中的不同发音是怎么从/ðik'os mu/这个底层形式发展出来的（以下的数字1、2、3、4分别代表以上的四个规则）：

方言	Macedonia	Thessaly	Epirus	Euboea
底层形式：	/ðikosmu/	/ðikosmu/	/ðikosmu/	/ðikosmu/
规则：	(1) ðkosm	(1) ðkosm	(1) ðkosm	(1) ðkosm
	(2) θkozm	(2) θkozm	(3) ðkosim	(3) ðkosim

---

① 如 write, wrote, writing 和 written 是 "write" 的各种变化形式，但词典只列出 write 这个形式。——译者

	(3) θkozim	(3) θkozim	(2) θkosim	(2) θkosim
		(4) θkozum		(4) θkosum
表面形式：	θkozim	θkozum	θkosim	θkosum

特别值得一提的是，如果浊音同化（2）发生在元音插入（3）之前，那么结果就会是 θ*kozim*（如 Macedonia 方言），而如果这个变化发生在元音插入之后，那么结果就会是 θ*kosim*（如 Epirus 方言）。

生成方言学面临的一个问题是，确切的底层形式应该是怎么样的？还有，我们应该怎样去找到它们？早期的一个假设是，某个方言的形式是基础，其他的方言都是在这个基础上发展出来的。尽管要证明这一点并不难，但我们却不可以这样来寻找底层形式。3.2 节的讨论已清楚地告诉我们，如果我们想要为英国英语建立一个共同的底层形式，就必须注意前面提到的音位总藏不同的状况——北部的变体没有/ʌ/这个音位。解决这个问题的唯一途径或许是，把南方形式看作是基础形式，北方形式是通过以下的规则从南方形式发展出来的：

(i) ʌ → ʊ

显然，相反方向的发展途径是不可能的，因为如果我们把北方的/ʊ/作为基础形式，我们就无法分辨在南部方言中哪些以前是/ʌ/，而哪些以前是/ʊ/。正是因为这个特征，我们必须选择南部方言作为底层形式。[①]

但是，如果我们看第二个特征，元音后的 r，我们就必须从别的地方寻找底层形式了。很清楚，发 r 音的形式（rhotic，即元音后的 r 发音，如 cart（手推车）读 /kaːrt/）必须是基础，而不发 r 音的形式是通过以下规则发展出来的：

(ii) r → ∅ / ——{ # / C }

把不发 r 音的形式视作基本形式是不可能的，因为如果那样的话，我

---

① 有关英格兰南北方言中这两个元音的详细情况，请看 8.3 和 8.4 两小节。

们就没有办法推测 r 是在哪里被插入到发 r 音的方言中的。

因此，在英国英语中，我们不得不到西南部的方音中去寻找我们所需的底层形式，因为东南部的方言是不带 r 音的。但实际上，由于有别的特征的存在，我们并不能把西南部的方言看成是基础形式，即前面指出的，东英吉利亚的 Lowestoft 和 Norwich 两地，moan, mown 和 road, rowed 这两组词在元音上是有区别的。要解释这种差别，我们需要有两套不同的底层形式与这两套词汇对应，还需要有一个可以解释它们在其他方言里合二为一的规则。西南部的方言没有这种区别，所以我们不能以它们作为基础形式。从另一面看，东英吉利亚的方言是不发 r 音的，所以也不能作为基础形式。总之，这就是说，底层形式是无法从任何一个方言里找到的，事实上，我们最好把它们视作某种更抽象的形式，因为它们未必真的存在于任何一个方言中。

放弃方言对应系统的底层形式必须由某个方言决定的主张之后，生成方言学最终摆脱了以上所说的困境。然而许多困难依然存在着。生成方言学可以通过像（i）那样的规则来处理总藏不同的问题，可以通过（ii）那样的规则来处理分布的区别。因此它比结构方言学改进了一些。但是，无论如何，它还算不上是一个真正的进步。对于发生率不同这个问题，只有当它们的出现是受语音条件限制的，并且是符合规则的，（生成）方言学才能够处理。在前面的讨论中（3.2.1 节）我们看到，在英国方言变体中，有一个很重要的区别，涉及 /æ/ 和 /ɑː/ 在 path, grass 和 laugh 等词汇中的发生率。乍一看，好像生成方言学能够用一些简单的规则来对付这种区别，因为在这组词汇中，元音都是出现在一个清擦音 θ 或 f 之前。似乎我们可以这么假设：/æ/ 是底层形式，通过以下规则发展出来南部方言的 /ɑː/：

$$æ \rightarrow ɑː / \text{———} \begin{Bmatrix} θ \\ s \\ f \end{Bmatrix}$$

但事实证明，此规则太宽泛了，因为在英格兰的南部，很多含有 /æ/ 的词也都是出现在这个条件下（清擦音 θ 或者 f 之前），如：maths, ass, mass, raffle 及 cafeteria 等（即使我们试图从相反的方向来说明这条规则，也就是说，以 /ɑː/ 为底层形式，仍会遇到问题，因为有很多词，像 half, calf 和 master 等，在北方方言中仍读 /ɑː/）。尽管南北方言的这个区别是出现在一定的音系条件下的，正如以上规则指出的，但是它并不是一个符合规则的区别（详见 8.2 节）。因此，这条规则只有在一些情况下才起作用：我们就必须把词库中的很多词标明为例外的、不符合规则的。还有一组词，其包括了 dance, plant, sample 等，它们的元音也是在北方方言中发 /æ/，在南方方言中发 /aː/，如果我们试图处理这组词，复杂性会更大，因为这里有更多的词都是不规则的，如 ant, romance, ample 等，它们的元音在南北两边都发 /æ/。

3.4 多方言语法

生成方言学关注的第二个相关问题是，什么样的状态可被确切地称为我们所说的底层形式和规则，因而最终可被称为系统、语法或者描述本身呢？生成方言学之所以能发展，一个主要的动力就是它能够为以下现象提供解释或描述：虽然存在差别，但有亲属关系的方言的说话人之间却可以相互通话。这种相互通话性很容易解释，如果有关方言的系统在根本性质上一致，它们的不同只表现在某些规则上而已。然而，这也等于是宣称，说话人对那个语言系统的大致情况多少有所了解，并且能够通过不同变体的比较来使用那个系统。

但是有许多因素表明，生成方言学家想要建立的那些共同的底层形式是没有什么"心理现实性"（psychological reality）的，也是完全不为说话人所知的。如，许多英国北部方言的使用者在使用象征身份和地位的标准语时，往往会过分矫正（hypercorrect）自己的发音，即在自己说话时，不仅会把 /ʌ/ 音带入 but 和 butter 等词，而且也会在说 could 和 hook 的时候发 /ʌ/ 音。同样，许多来自英格兰东南部的人，根本不知道像 cart 和 car 这样的词在底层形式中 r 是带音的，为了刻意模仿英格兰西南部人（或美国人）的口音，他们会频繁地引入带音的 r，甚至会在不该带 r 音的时候带上 r 音，比如他们会把 last 发成/lɑːrst/，把 father 发成/fɑːrðə/等等。

同时存在一个这样的事实：所有的人能听懂的方言都多于自己能说的方言，还有许多人在某种程度上是双方言者。这个事实导致 70 年代许多语言学家在生成方言学的基础上进行自己的研究，并提出建立多方言语法（polylectal grammars，即兼容多种方言变体的生成语法）是合理的。

当然，我们必须承认不同方言之间可以相互通话这个事实的存在。但这并不意味着多方言语法是解释相通性的最好途径。例如，或许我们应该做这样的假设：说话人听懂别的方言的难度是随着对方方言跟自己的方言之间的差异的加大而加大的，他对对方的理解是以一种临时变通的方式来进行的，也就是说，在听话过程中，听话人是在运用所有能够用得上的线索来帮助自己克服方言之间的差异而最终听懂对方的话的。

总而言之，像这样有意思的问题一直存在着：说话人的多方言沟通能力到底有多大？他们对其他语言变体到底"知道"多少？有证据表明，说话人不仅能够理解别的方言，而且也能够在有足够信息的条件下，预测出别的方言中什么句子是符合语法的以及什么句子是不符合语法的。不过，说话人这方面的能力是有限的。例如，有这样的证据，母语为英国英语的人，即使在没有任何辅助信息的情况下，也能够预测出以下句子是不合语法的：

(a) Look, is that a man stand there?
(b) I might could do it. [1]

大多数英语使用者都会认为这两个句子，不论在哪个英语方言中都是不符合语法的（的确如此，就连"外国人"也不能这么说），然而事实上，这两个句子在一些方言中是完全被接受的：例句（a）在东英吉利亚的某些方言被接受，例句（b）在英国东北部的某些方言、苏格兰南部以及美国南部的一些英语变体被接受。

---

[1] 例句（a）和（b）原文误标为（5）和（6）。——译者

另外，对于自己方言中不存在的语法形式，说话人的理解也是有限的，特别是在没有上下文的语境中，有时即使有上下文，也很难理解。例如，已有研究表明，对以下这些结构，如果自己的方言中不存在这些形式，说话人要理解它们是相当困难的：

He eats a lot anymore. （在某些美国和加拿大英语方言中，这句话相当于"He eats a lot nowadays"（他现在吃得很多）。）

I been know that. （在美国一些黑人英语变体中，这句话相当于"I've known that for a long time"（我早就知道那件事了）。）

It's dangerous to smoke in a petrol station without causing an explosion. （在威尔士南部的一些方言中，这句话相当于"It's dangerous to smoke in a petrol station because you might cause an explosion"（在加油站抽烟是危险的，因为有可能会引起爆炸）。）

还有一个问题，即在方言不同但又彼此相关的地方，多方言语法的适用范围究竟有没有一条明晰的分界线。出于社会因素或者地理因素的考虑，一个多方言语法必须要在某处断开，除非这个多方言语法覆盖了整个方言连续体（见第一章）。但是这种划分很可能没有任何意义，充其量它不过是任意划开的一条线而已。另一方面，也有许多这样的情形，比如，荷兰语-德语连续体为这一地区建立一个覆盖了整个连续体的多方言语法这种构想并不合理，因为在那里没有一个母语使用者对自己母语以外的变体有接收能力（receptive competence）。

因此，多方言语法这个概念，尽管很有意思，但依然是个理论的死胡同。近年来，方言学和语言学两个领域相互交叉而结出的最大硕果是变异理论（variation theory），以及由这个理论引出的一个新兴学科——城市方言学，这将是我们下一章的主题。

扩展阅读

新语法学派有关语音演变无例外的假说，可参考：Bloomfield（1933：第 20 章）与 Anderson（1973：第 1 章）的相关著作，以及其他诸多导论性的著作。关于这个假设最全面、最新的讨论，请参考 Labov（1994：第 15—18 章）的相关论述。有关结构方言学方面的文章，除了最初提出这个概念的 Weinreich（1954）所写的 "*Is a Structural Dialectology Possible?*" 以外，还可参看 Moulton（1960）和 Pulgram（1964）的相关研究。另外，Cochrane（1959）的文章也具有参考价值。

生成方言学方面的参考文献有：Newton（1972）的 *The Generative Interpretation of Dialect* 一书，本章引用的希腊语例子出自此书；Keyser（1963）对以下论著作的评述：Kurath 和 McDavid（1961）的 *The Generative Interpretation of Dialect* 一书；Saporta（1965）的 *Ordered Rules, Dialect Differences, and Historical Processes* 一书；King（1969，特别是其中的第 3 章）的 *Historical Linguistics and Generative Grammar* 一书；Vasiliu（1966）的 *Towards a Generative Phonology of Daco-Rumanian Dialects* 一书。试图从一组方言中建立一个底层形式的努力，可以在 O'Neill（1963）的 *The Dialects of Modern Faroese: A Preliminary Report* 一书中看到。Tomas（1967）通过威尔士语的例子，表明底层形式必须是更加抽象的形式。Glauser（1985）考察了音系次规则（phonological subrules）的地理分布。

有关多方言语法的讨论见于 Bailey（1973）和 Bickerton（1975）的相关著作。有关说话人对其他方言变体是否合乎语法预测的研究，可参看 Chambers 和 Trudgil（1991）的 *Dialect Grammar: Data and Theory* 一文，其中引用了许多类似的例子。Labov（1973）的 "*Where do Grammars Stop?*" 是一篇有关语法局限性（limits of grammars）的重要文献。

第四章
城市方言学

方言学在开始受到语言学直接影响的同时（即使只是轻微的影响），也受到其他社会科学学科的间接影响。一些方言学家开始承认，对语言变异的空间维度的关注已经导致对语言变异的社会维度的排斥。在一些方言学家看来，这种做法是有缺陷的，因为语言的社会变异跟它的区域变异一样普遍和一样重要。所有的方言都既是区域性的又是社会性的。每个说话人都有一个特定的社会背景和区域归属。通常，他们的言语行为不仅表明了他们是某个地域的原住民或居住者，也表明了他们所属的社会阶层、年龄状况以及种族背景。因此，人们意识到，只专注于研究非流动性的、年长的、乡村的、男性人群（NORMs）的语言及劳动阶层人群的语言，已经造成了对别的社会阶层所使用的方言的极大忽视。

4.1 社会方言

最早把社会因素纳入考虑范围的一个方言研究项目是《美国加拿大语言地图集》。这个项目的调查工作于1930年开始时，基本上还是采用传统方言学的模式。但是，在这个项目的最早调查区新英格兰执行调查的田野工作人员却被指示要选择不同社会阶层的发音人进行采访（见2.3.3）。用这种方式来记录语言变异的社会维度（social dimension）是很重要的一步，尽管在发音人分类的处理上，当时的做法很明显还是比较主观的：如究竟怎样的教育欠缺程度才算是"未受过教育的"；而且，对发音人的选择也带有偶然性因素，因为田野调查员只能在他们碰巧能够联系到的人当中做选择。对于 Kurath 的这项方言调查来说，这些因素都算不上是问题，因为它主要的目的在于考察地理差异。但是，对其他类型的研究来说，这种做法就确实是个问题，对于这点，我们下面会很快谈到。

4.2 城市方言

人们逐渐也意识到，传统方言学专注于研究乡村方言的做法，已经使得我们几乎完全忽视了许多国家中占人口大多数的城镇居民的语言。当然，对于那些城镇人口远远超过乡村人口的国家来说，情况更是如此。比如在英国，差不多百分之九十的人都住在城镇，也就是说，语言学家和方言学家对英国（以及其他地方）大多数人的说话方式没做研究，并因此漏掉了大量的语言数据。于是人们意识到：研究城市方言不仅是有趣的，而且也是必要的。

方言学向着社会和城市方言学的方向发展，这个发展趋势必须放在历史的环境中来考察。正如我们前面看到的，方言研究的最初推动力来自比较语文学，正是因为有这种历史背景和偏重，早期方言学家关注的主要是乡村的语言形式。他们正确地察觉到城市方言没有乡村方言保守，城市方言常常有新的成分出现，这是因为常常有居民从周边乡村移入的缘故，因而它们不在语文学家感兴趣的范围内。同样，在任何特定的区域里，方言学家对其中出现的任何社会变异也不感兴趣，他们感兴趣的只是获得那个区域中最保守的语言变体的信息而已。然而，随着语言学研究重点的转移，方言学研究的重点在某种程度上也开始产生了变化。可以说，方言学研究朝着社会和城市方言的方向发展，这个趋势反映了共时研究在语言研究中的发展和增强——这是自 1930 年以来迅速发展起来的一条研究语言的途径。

毫不奇怪，早期的许多城市方言研究都是按传统方言学的模式进行的，它们忽视了方言的社会维度，在发音人的选择上也不作特别考虑，谁愿意合作就采访谁。Eva Sivertsen 于 1960 年发表的论著《考克尼音系》

(*Cockney Phonology*) 本质上还是一部乡村方言学的著作，① 尽管这部书的调查工作是在世界最大城市之一的伦敦进行的。就算 Cockney 指的是"伦敦东区工人阶级的英语"，但它毕竟还是一个拥有成千上万个说话人的英语变体。不过，Sivertsen 的多数研究数据仅仅来自四个发音人，而且这四个发音人都是 60 岁以上的女性，且都住在 Bethnal Green 街区。

同样，David DeCamp 在研究旧金山的方言时，也是通过调查他自己认识的人以及这些人认识的人来获取数据。Wolfgang Viereck 也用类似的方法研究了人口约 115000 的英国东北部城市 Gateshead 的方言，他调查了 12 位男性发音人，其中 10 个是年过七旬的老人。他采用这种做法的理由是：他要做的不是要把现在 Gateshead 人的话准确地描述出来，而是要挑选出他所认为的说"纯正"Gateshead 方言的人。在他的假设里，这个"纯正"的方言就是指未受到其他外部方言影响的真正的 Gateshead 方言。实际上，语言学的研究表明，或许根本就不存在所谓"纯粹"的方言，因为大多数语言变体几乎都是变化无常的，并且都留下了其他变体影响的痕迹。

这些研究以及其他类似的研究，为我们提供了有关被采访人语言的很有价值的记录。在不少实例中，一些过时不用的形式以及罕见的结构甚至被记录了下来。但这里的问题是，我们无法搞清楚，这些研究所描述的到底是被调查城市的语言的真实面貌，还是仅仅是调查人员碰巧采访到的那些发音人的个人语言特点。

4.3 调查对象的代表性

传统方言学的通常做法是选择 NORMs 这种类型的发音人，即那些上了年纪、没受过多少教育、也不外出旅行的人，因为方言学家认为这种方式或许能够得到某个方言的"最地道的"例子。然而我们已经知道，当处

---

① 考克尼（*Cockney*）一词指英国伦敦的工人阶级，也指伦敦东区以及当地居民使用的考克尼方言。——译者

理语言变体时,"地道"这个概念并没有什么意义。早年的方言学家之所以寻找最保守的语言变体是出于他们对语文学方面的兴趣。但是,随着方言学研究的重点从历时研究转移开去,人们现在对这个事实的认识已经很清楚了:往往"最地道的"方言未必是"最典型的"方言。因此,如果我们要找的并不是现存的最老派的变体,而是使用于某个地区的所有语言变体的精确面貌,那么我们就必须考虑采取别的方式来选择发音人。

随着城市方言学的出现,这一点就变得更加清楚了。城市社区的规模及社会复杂性意味着任何人都很难有把握地知道哪些话语形式是"典型的",而且,个人接触作为一种选择和获取信息的方式也不是太可靠。那些曾在乡村方言研究中很管用的做法在城市方言研究中并不管用。

显然,通过调查整个城市的人口来搞清楚一个城市的典型话语形式是什么也是不切实际的做法。因此,为了开展研究工作,语言学家们借鉴了社会学家、地理学家、植物学家以及民意测验员的做法,从城市人口中随机抽取出一定的人员作为调查对象。为了保证被调查的说话人能够代表整个人口,语言学家按照每个人被选中的机会是均等的方式,从整体人口中随机挑选出一些被调查对象,然后把这些人的话作为样本记录下来。

在不列颠(英格兰、威尔士和苏格兰的总称)及其他一些国家,这个过程很容易进行,只要从选民登记或者某些地区成年人名单上抽样选择就行。接下来就是联系被选到的人,征求他们的意见,看他们是否愿意参加调查。但是,跟其他所有社会调查项目一样,要做到让每个被选到的人都能参加合作是一件很不容易的事情。有时候,我们会碰到被抽到的人搬走了,或者死亡了,或者不愿意合作。一般来说,人们之所以会拒绝合作,是因为人们对语言调查的态度不如对社会或政治问题的调查那样认真。那些拒绝对有争议的社会问题发表看法的人,或许会在这些问题上跟那些愿意协助调查的人持有不同的见解,因此,试图说服那些不情愿合作的调查对象参加调查是非常重要的。但在语言调查上就不见得如此。显然,这样的想法是很不合理的:那些不愿意参加调查的人所说的话和那些愿意参加调查的人所说的话会具有不同的语言学特征。事实上,William Labov 第一次在纽约市东区进行调查时,就曾用过各种方式(设套、找借口或打电话）从那些不愿意被采访的人那里获得话语样本。但他的分析显示，那些不愿被采访的人说的话和那些愿意合作的人说的话并没有什么不同。从那以后，人们认识到，劝说不情愿的人协助调查，对语言学家来说，并没有它对社会学家那么重要，无论在什么情况下，这种劝说也不会有多少收获，因为不愿意合作的发音人也不可能是愿意多说话的人。

4.4 获取数据

有了愿意合作的发音人之后，下一步要做的显然就是如何获得所需要的语言数据了。在传统方言学中，如前面提到的，调查数据都是通过以下方式得到的：让发音人对调查问卷上所列的项目作出回答，通常，这些答案都是单词式的。在城市方言调查中，由于发音合作人来自广泛的社会范围，这显然就不是一种令人满意的方式了。如果我们想要寻找典型的、具有代表性的话语形式，那么，仅是得到具有代表性的说话人是不够的，我们还需要得到具有代表性的话语形式。我们必须保证那些说话人（在调查中）说出来的话的确是按他们平常说话的典型方式说出来的。

说话人越是注意他们说话的方式，他们说出的话语就越正式，越小心谨慎。实际上，当询问发音人一个东西怎么叫，一个词怎么发音时，方言学家是在引导发音人把注意力放在他们的语言（而不是他们的说话方式）上。因此，在城市方言调查中（其更关注的是音系和语法，而不是词汇），语言学家一般通过以下方式来获取语言数据：跟发音人进行半谈话式的对话，并将这些交谈录下来，这些谈话常常是通过询问一些事先设计好的、能够引导出长段回答的问题来展开。

然而，即使这样也不能令人特别满意。尽管发音人的回答是连贯的、长段的，不是单词式的，但跟一个陌生人做录音采访这种方式，必定还是会使发音人在某种程度上把注意力放在自己的说话方式上。Labov 把这叫作"观察者的自相矛盾"（the observer's paradox）：语言学家想要观察人们在不被观察的情况下说的话。语言学家希望研究的是非正式的话语（informal speech），这并不是因为这种话语更"正常"（所有说话人都有正式的和非正式的说话风格），而是因为非正式的话语更有系统性和更有规律性，因而比其他变体更有意思。也正是在这个层面上，语言"正确性"的观念对说话人的影响最小，因而语言的倾向性和规律性也就可以看得最清楚，这也是许多语言变化发生的地方。然而，任何对说话人说话方式的观察都会使说话人容易做出最规矩的语言表现，以致于使他们容易像在正式场合时那样说话。

在纽约市方言的研究中，Labov发展出了许多克服"观察者的自相矛盾"的方法，最显著的是以下这几种：录下正式采访之外的谈话（把采访开始或者结束时说的话录下来，或者把跟在场的第三者说的话录下来）；诱导发音人介入感情冲动，把发音人的注意力从说话方式上转移开，特别是问这样的问题"你有过那种觉得自己要死了的经历吗"等等。我们下章将会看到，这种方式确实成功地引导发音人使用了一种不同的、更加随意的话语风格。

在最近的研究中，Labov和别的一些语言学家还想出了一些更老练的方法来克服这种问题，尤其是"采用给一组说话人而不是某个说话人录音"的方式。然而，不论我们需要在哪儿进行随机取样，出于实际的考虑，常规的获取数据的程序依然是进行面对面的采访和把发音人的话语录下来。

4.5　发音合作人的分类

因此，田野调查的成果实际上就是那些大量的话语录音资料，它们是从为数众多的发音人那里录下来的。一般说来，被选用的发音人的数量是从二十五到几百名之间，具体多少要根据调查的规模和特殊目的而定。

为了能够处理这些数量庞大的语料数据，我们需要对它们进行量化、测定和分类。事实上，对发音人进行分类相对要简单一些。例如，把他们按年龄和性别分开很容易，一般不会有什么问题。处理一个城市社区的语料数据时，尤其当我们面对一个单独的地理区域时，发音人的社会阶层差异也不能被忽视。当然，社会阶层是一个复杂的概念，但语言学家通常只是采取了较为简易的方式来对发音人进行分类，这种方式已经产生了非常令人满意的结果，我们在下章中将讨论其中的几种。一般说来，说话人的分类通常是根据他们的职业、收入状况、教育背景和居住条件等因素来进行的（见 5.1）。

4.6　语言变项

对语言数据作定量分析要困难一些，尤其是处理语言变异性（linguistic variability）的时候。早在细致的城市方言研究开始之前，人们就观察到，说话人在不同的时候会有不同的表现。例如，许多说英国英语的人，有时会把 but 这个词发成 [bʌt]，但有时又发成 [bʌʔ]，这两个不同的形式还会在同一个人说话甚至同一句话中使用。这种现象，当然对传统方言学家来说不是问题，因为对于同一个词，发音人只念一次，所以数据中就几乎不会有什么变异（variation）出现。可是，在城市方言的研究中，数据是谈话式的，而不是对调查问卷的回答，变异问题就不可能视而不见了。

在过去，人们普遍把观察到的语言变异都笼统地称为自由变异（free variation）。城市方言学的成就之一就在于揭示出这种变异一点都不"自由"，是常常受到一定的社会和/或者语言学因素限制的。这个见解是语言变项这个概念形成后产生出的最初结果。语言变项指的是一个有着两个或者更多变体（variants）的语言单位，这些变体涉及到跟其他社会和/或语言变项之间的共变/协同变异（covariation）。语言变项可以看成是社会因素不同但语言学功能相等的、做同一件事或表达同一件事的不同方法，在语言分析的任何层次中都存在（关于语言变项和"自由"变异的讨论见第九章）。

某些类型的语法变项或许会容易处理一些。多重否定（multiple negation）现象就是这样的一个例子。在大多数英语方言中，我们都能看到这个变项出现在下面的句子中：

(1) I don't want none.

　　He didn't do nothing.

它们跟以下形式交换：

(2) I don't want any. （我什么也不要）

　　He didn't do anything. （他什么也没做）

对于这种类型的变项，处理的方法是直截了当的，即检查收集到的录音磁带，然后分别计算所有发音人使用（1）类的次数和使用（2）类的次数。接下来计算每个发音人的多重否定用法的简单百分比，最后计算整组发音人的多重否定用法的百分比。事实上，有关该特征在不同英语方言中使用情况的研究表明，正如其他许多变项的情况一样，大多数说话人都使用这个变项的两个变体，可是它们使用的比例跟其他一些社会变项（如正式场合以及说话人的社会身份等）有关系。我们将在第五章进一步讨论这个问题。

音系变异性（phonological variability）也可以用同样的方法处理。例如，在 Labov 研究的纽约市英语方言中，一个被考察的语言变项是（r）（通常表示变项的方法是用圆括号）。变项（r）不等于/r/，因为它只是代表元音后发音的/r/（postvocalic /r/），如 car 和 cart 等词中的/r/，her 和 bird 中的元音后的/r/除外。也就是说，元音后发音的/r/涉及的是像 far 和 farm 这样的词中的/r/，而不是 fur, fern, rat, trap, carry 或者 far away 等词中的/r/。

在纽约市，（r）是个变项，因为大多数说话人在说 car 和 cart 这类词时，元音后的 r 有时发音，有时不发。也就是说，这个变项有两个变体：发音的 r 和不发音的 r。同样，我们可以像计算多重否定那样，把每个发音人和每组发音人发音的 r 和不发音的 r 的指数得分（index scores）计算出来。分析者只需简单地计算说话人发 r 的数目，再跟他们有可能发音的 r 的数目作比较，就可以得出一个百分比来。

那些具有超过两个变体的变项就要复杂得多。在一项对 Norwich 英语方言的研究中，一个被建立的变项就是（t）。在不列颠英语的许多方言变体中，/t/除了在一个音节的开头只能实现为/t/之外（如（3）和（4）中的情况），还可以实现为/t/或者/ʔ/，就像（5）和（6）中的情形：

(3) tea   [tiː]
(4) between   [bəˈtwiːn]
(5) bitter   [ˈbɪtə] ~ [ˈbɪʔə]
(6) bit   [bɪt] ~ [bɪʔ]

这也就是说，变项（t）就是音节末尾的/t/（即只有音节末尾的/t/是个变项，音节开头的/t/不是变项）。

在 Norwich 方言中，这个变项实际上有三个变体：

(t)-1＝[t]
(t)-2＝[tʔ]
(t)-3＝[ʔ]

变体（t)-2 的发音同时涉及到口腔闭塞音[t]和声门闭塞音（glottal closure)[ʔ]，即在声门音[ʔ]发出之前，口腔音的[t]不出声地发出来。在这个例子中，三个变体可以比较自然地排序，因为（t)-2 的发音正好是介于其他两个变体之间（从社会因素方面来看，它也正好处在其他那两个变体之中）。

这种类型的变项的指数可以通过以下方式计算：假设某个说话人，在被录来的说话中有七处涉及到（t)，其中有两个（t)-1，三个（t)-2，两个（t)-3。我们可以通过以下的乘法和加法来计分：

$$2\times(t)\text{-}1=2$$
$$3\times(t)\text{-}2=6$$
$$\underline{2\times(t)\text{-}3=\underline{6}}$$
$$\phantom{2\times(t)\text{-}3=}714$$

然后，我们用变项（t）的用例数目 7 来作平分，也就是 14÷7＝2。这样，这个说话人的（t）指数就是 2.0；如果这个说话人一致地使用变体（t)-2，也同样得到这个结果（计算方法：7×(t)-2＝14，然后再用使用的次数 7 来平分，即 $14 \div 7 = 2$，也就是说，这个说话人的（t）指数也是2.0）。

这里可能的指数得分，在 1.0 到 3.0 之间这个范围。但是，常常只是为了方便，也是为了有从 0 开始的得分（如那些含有两个变体的变项），我们这样设计最后的指数得分是通过以下方法得到的：把由以上方法计算得出的答案减去 1，然后再乘以 100。现在我们的指数得分就是 0 到 200 这个范围了。就以上例子来说，如果说话人一律用（t）-1，那么得分就是 0（即：$7 \times 1 = 7 \div 7 - 1 = 0 \times 100 = 0$），如果一律用（t）-2，就是 100，如果一律用（t）-3，就是 200。也就是说，按照这种方法计算，我们上面讨论的那位发音人的得分就不是 2.0，而是 100 了。

如果我们要给一组说话人，而不是单独一个说话人计算得分的话，有两个不同的方法可以考虑。方法（a）：我们可以先把小组中每个人的得分计算出来，然后再作平分。或者方法（b）：我们可以把这个小组合在一起当作一个人的得分来计算。例如：

方法（a）：

说话人 A	说话人 B	说话人 C
$2 \times (t)\text{-}1 = 2$	$4 \times (t)\text{-}1 = 4$	$1 \times (t)\text{-}1 = 1$
$3 \times (t)\text{-}2 = 6$	$3 \times (t)\text{-}2 = 6$	$4 \times (t)\text{-}2 = 8$
$\dfrac{3 \times (t)\text{-}3}{7} = \dfrac{6}{14}$	$\dfrac{1 \times (t)\text{-}3}{8} = \dfrac{3}{13}$	$\dfrac{5 \times (t)\text{-}3}{10} = \dfrac{15}{24}$
$\dfrac{14}{7} = 2$	$\dfrac{13}{8} = 1.63$	$\dfrac{24}{10} = 2.4$

A 的指数：$2 - 1 = 1 \times 100 = 100$

B 的指数：$1.63 - 1 = 0.63 \times 100 = 63$

C 的指数：$2.4 - 1 = 1.4 \times 100 = 140$

A:100＋B:63＋C:140＝303

小组指数：$\dfrac{303}{3} = 101$

方法（b）：

	（t）的用例	（t）的分数
说话人 A：	7	14
说话人 B：	8	13
说话人 C：	10	24
共计：	25	51

$\frac{51}{25}=2.04$

小组指数：104

在这个例子中，两种计算方法的结果没有很大的差别，一个是101，一个是104。而事实上，（b）是比较简单的方法，也是经常使用的。但是有时候，当我们所获得的变项用例总数很少，而碰巧某些说话人又比别的说话人提供了更多的用例时，为了减少他们可能造成的偏斜效应（skewing effect），则更倾向于用方法（a）。

元音的变项要比辅音的变项难处理得多。辅音变项的变体通常都是明显地分得开的，如[r][?]等等。元音的变项就不是这样。通常，变项元音（variable vowel）的发音是在一个元音音质的语音连续体内波动的，没有什么原则可以把这个语音连续体切分开以提供真正分离的独立的变体。我们对这个问题的处理方法是，承认任何对元音音质连续体的切分都只能是任意的，但是如果要做这种切分的话，就要保证所做的切分始终前后一致。

Norwich方言的变项（aː）为我们提供了一个元音变项的例子，它跟/aː/这个音位相同，是 cart，path，palm，banana 等词中的元音。在Norwich，这个元音的音质变化范围是从一个类似标准音（RP）中的后元音，大约接近[ɑː]，到一个很靠前的元音，跟[aː]差不多，所以其变体的数量有无数，介于这两个元音之间的点都是。我们对这个例子的处理程序是把这些变量进行以下分离：

(aː)-1 = [ɑː]，即，RP 的后元音或接近它的音。

(aː)-2 = 在 (aː)-1 和 (aː)-3 之间的音。

(aː)-3 = [aː]，即最极端的本地发音或接近它的音。

很明显，这是一个为某种特别的目的而作的权宜切分，而且"接近它的"这个说法也意味着某种程度的含糊不清。但是，这个方法还是很管用，如果分析者在运用时能够做到前后一致的话（如某个特定的元音音质在某一次记录中被记作 (a)-1），那么它在其他场合出现时，也应该记作 (a)-1（显然，难免会有一些不太精确的记录，但是我们处理的语音素材数量如此之大，偶尔一两个不准确还不至于能影响对大方向的把握）。再说，我们必须记住，这种练习的结果是一个指数得分，这个数字不过是一种表示单个发音人之间以及小组发音人之间是怎么彼此对立的。这里没有什么"正确答案"可寻，因而也没有什么特别理由说明"我们为什么没有把 (aː) 分离出四个变体，而只是分离出了三个"——或许这仅仅是因为分析者觉得分成四个比分成三个在前后的处理当中更难保持前后一致而已。

在下一章中我们将看到更多的语言变项是怎么被运用的。

扩展阅读

早期城市方言学的著作有：DeCamp（1958）和（1959）；Sivertsen（1960）；Viereck（1966）。城市方言学研究方法在 Milroy（1987）中有详尽的讨论。Labov 的开山之作是 1966 年的《纽约市英语的社会分层》(*The Social Stratification of English in New York City*)，有关他对"观察者的矛盾"和其他重要问题的讨论，可以参看他的 *Sociolinguistic Patterns*（1972b）。其他城市方言学方面的著作还有：Trudgill（1974a）；Shuy et al.（1968）；Wolfram（1969）；Macaulay（1977）；Cheshire（1982）。有关语言变项的问题，以下文献很具有参考价值：Hudson（1996）；Lavandera（1978）；Knowles（1978）；Chambers（1995）。

第二部分：语言的社会变异

第五章
社会分化和语言

传统方言关注的是语言和地理之间的关系以及语言在空间上的分化。城市方言学则更多地探讨了那些存在于语言和社会特征之间的关系。在本章中，我们将对其中的几种进行详细地考察。

5.1 语言和社会阶层

在诺里奇（Norwich）英语的调查中，一个被考察的变项是（ng）。这个变项涉及到后缀-ing 的发音，它出现在像 walking 和 going 这样的现在分词以及一些地名中，如 Reading（里丁）和 Woking（沃金）等。在英语的大多数方言变体中，这个后缀的末尾辅音是个变项，可以在/ŋ/和/n/之间互换。也就是说，在 Norwich 方言中，像 walking 这样的词，其读音可以是 /ˈwɔːkɪŋ/ 或者/ˈwɔːkn/。因此，这个变项有以下两个变体：

$$(ng)\text{-}1 = /ŋ/$$
$$(ng)\text{-}2 = /n/$$

按照第四章所讲的"指数计分"方法，如果某个说话人始终如一地使用 (ng)-2，那他的得分就是 100 分，而如果他始终如一地使用 (ng)-1，那他的得分就是 0。

一些研究显示，在英语的许多方言变体中，这个变项与社会阶层有着密切的关系。① 我们在第四章中曾指出，把发音人分成不同的社会等级是一个相对简单的事情。在 Norwich 方言的研究中，我们按职业、收入、教育、父亲的职业、住房条件和区域等因素，把 60 个抽样挑选出来的发音人分为五个阶层：中层中产阶级（简称中中阶层，MMC）；下层中产阶级（简称下中阶层，LMC）；上层工人阶级（简称上工阶层，UWC）；中层工人阶级（简称中工阶层，MWC）；下层工人阶级（简称下工阶层，LWC）。被划入中产阶级的两个阶层的人大多数都是非体力劳动者，而被划入工人阶级的三个阶层的人多是体力劳动者（那些在英国社会被称作上流阶级（upper class）或上层中产阶级（upper middle class）的人，不在这些被抽样的调查者中——这点并不奇怪，因为这类人本来就没有多少，即使有，他们也不大可能住在 Norwich 这样的地方）。

定量分析语料和被访者的社会特征能帮助我们找到这两者之间的相互关系。就这个例子来说，五个不同阶层的人群在变项（ng）的使用上的平均分数如下：

中中阶层	3
下中阶层	15
上工阶层	74
中工阶层	88
下工阶层	98

以上的相互关系表明：首先，这个变项的使用和成员的社会阶层身份有着非常明显的关系：变体（ng）-2/n/是比较典型的工人阶层人群的话语。其次，下中阶层（LMC）和上工阶层（UWC）之间的差距很大。这一点，即存在于中产阶级和工人阶级之间的语言行为差距，在英国语言和文化研究中是经常被提到的。第三，口音和社会阶层之间是一种量上的或多或少而不是质上的非此即彼的关系。也就是说，实际情况是这样的：并不是某些阶层使用一个变体，而其他阶层使用另一个变体，而是所有的阶层都使

---

① 即较高阶层的说话人经常说（ng）-1＝/ŋ/，较低阶层的说话人经常说（ng）-2＝/n/。见 Trudgill (1974a) *The Social Differentiation of English in Norwich*, Oxford University Press. ——译者

用这两个变体，只是使用的比例有所不同而已。这是一个趋势和概率的问题。

目前，很多研究都得到了类似这样的研究结果——用数字清楚地表明发音和社会阶层之间的关联。第四章提到的 Norwich 其他变项的得分也显示了同样的模式，即，较低阶层的人比较高阶层的人更倾向于使用非标准语形式（non-RP forms）。如：

	(aː)（cart，path 等词中的元音发音）	(t)（better，bet 中的辅音 t 的发音）
中中阶层	42	83
下中阶层	98	123
上工阶层	160	178
中工阶层	178	184
下工阶层	187	187

当然，必须承认，这种类型的指数得分，不仅掩盖了每个说话人的说话表现，也掩盖了每一组说话人的分数是怎么得出的。不过，从这些数字，我们还是可以清楚地看到，在（t）这个变项上，工人阶级的说话人，使用［ʔ］这个变体更多些。而在（aː）这个变项上，中产阶级的说话人，在发 cart 时，普遍说来，都是一个接近［ɑː］的元音。而下层工人阶级，则是一个很靠前的元音，因此在 200 分中得了 187 分（参见 4.6）。

还有一点必须承认的是，早在城市方言研究开始之前，以上列举的发音和社会阶层之间的关系就被人们清楚地看到了，并不只是方言学家才能意识到这个事实。然而，有系统的研究的好处是，它使我们对这个关系是什么样的以及它是如何运作的能够了解得更加具体、更加详细。如，在变项（aː）和（t）这个例子里，我们再次看到，下中阶层（LMC）和上工阶层（UWC）的得分有一个相当大的差距，正如我们在（ng）变项的研究中看到的。这表明，中产阶级和工人阶级在语言上存在着重大的差别。

定量分析的方法也使不同研究之间的比较以及不同方音之间的比较成为可能。有关变项（h）的两个研究给我们提供了一个很有启发性的例子。

众所周知，在许多（或许大多数的）威尔士方言变体和英国方言变体中，/h/的发音是个变项，如像 hammer 和 heart 这样的词，声母 h 有时发音，有时不发音。在英国有威望的口音——RP（标准音）中，h 是发音的，所以我们会期望社会阶层较高的人比社会阶层较低的人更多地发 h 音。在英格兰进行的两个研究（一个是在 Norwich，另外一个是在布拉德福德（Bradford）的约克郡（Yorkshire）中，我们为变项（h）建立了两个变体：(h)-1 ＝ [h]；(h)-2 ＝零。在这两个研究中，发音人的社会阶层都是按同样的方式划分出来的，这两项研究的比较显示，这个变项在两地的表现类似，区别只是在具体的量上而已：

	Bradford	Norwich
中中阶层	12	6
下中阶层	28	14
上工阶层	67	40
中工阶层	89	60
下工阶层	93	60

这些数字显示，尽管两地 h-的脱落直接跟社会阶层相关，但是在 Bradford，不论哪个阶层，h-脱落的百分比都比 Norwich 相对应的阶层高。因此，这类的量化研究把迄今为止一些不为人知的语言差异揭示了出来，并引导人们去寻找解释它们的答案。对于这个例子，我们的解释是，h-脱落在 Bradford 和 Norwich 两地的差别也许是因为这个事实：h-脱落在 Norwich 还是一个新近出现的现象，它附近的乡村地区的方言中依然保留着/h/，但在 Bradford，h-脱落已是一种较为古老的语言特征了。

我们将在第八章进一步讨论语言的社会阶级差异是怎样及为什么产生的，但有一点我们很清楚：这些讨论也将依赖于通过量化研究得出精确的知识，而这种类型的知识是因为语言变项这个概念的产生和发展才可能获得的。

5.2 语体分化

以上列举的出自 Norwich 方言研究的变项使用分数全都是基于最典型的磁带录音采访风格语料得出的,在这种语境中,说话人会把很多注意力放在自己的说话方式上(见 4.4)。我们可以把这种语体变体叫作正式说话语体(formal style)。然而,在第四章里我们曾指出,在语言学研究中,把语体研究的范围扩大并把其引向非正式语体,不仅是一件可为的而且也是必要的事情,我们可以通过把采访对象的注意力从说话本身引开的方法来达到这个目的。这种风格的话语,是通过第四章中提到的那些方法来获得的,可以叫作随意说话语体(casual style)。

同时这也是可能的:假如我们有兴趣对各种语体变异(stylistic variation)进行更细致地探讨的话,通过引导发音人更加注意自己的说话方式,把语体风格往相反的方向引导。在许多研究中,这个目的是通过让发音人朗读一段连贯的散文来实现的。朗读是一种特殊的语言活动,它会使人不可避免地把注意力指向语言本身,特别是当朗读的目的纯粹是为了录音的时候。当然,对很多人来说,这也是一个与学校知识以及所谓语言"正确性"相关的活动。于是,相对而言,发音方面的更加正式的语体便可获得,我们可以称之为"语段朗读语体"(reading-passage style)。给发音人录下一段朗读还有一个好处,即它可以确保我们从所有被采访对象那里得到一些相同的特定关键词的发音,如果我们事先能够按照这个意图把需要朗读的语段设计好的话。但从另一方面来说,这种做法也有一个缺点,即在某些调查点,让不识字的人或者有对抗情绪的人朗读一段散文是一件完全行不通的事情。

最后,还有一个方法可以获得更加正式的语体,那就是让被采访人朗读一个事先准备好的单词表。一次读一个词比一次朗读一段连贯的散文要容易得多,相应地,用这种方法,我们也比较容易让被采访者把注意力放到他们实际的说话上,而不是他们所读的东西上。因此,"词表语体"(word-list style)是最正式的语体。

正如前一章所指出的，语言学家们认为在磁带录音采访中出现的这四种语体，跟说话人在特定的现实生活情形下的语言行为表现相类似，这些社会现实生活情景的范围覆盖了从正式语体到随意语体的整个连续体中的各个点。在 Norwich 方言调查中，不同社会阶层的人群在各种语体变体（词表语体、语段朗读语体、正式说话语体、随意说话语体）中对变项（ng）的发音得分如下：①

(ng)

	词表语体	语段朗读语体	正式语体	非正式语体
中中阶层	0	0	3	28
下中阶层	0	10	15	42
上工阶层	5	15	74	87
中工阶层	23	44	88	95
下工阶层	29	66	98	100

我们很清楚地看到，这种方法确实能够量化地呈现出发音在不同语体中的差别，并且正式语体中的话语跟随意或日常说话语体中的话语可以相距甚大。我们也可以看出，这个列阵有一个完全吻合的一致性：得分顺着每个横行从左到右依次增加，又顺着每个纵列从上到下依次增加，尽管不同社会阶层的人群在变项（ng）的具体发音上表现出量的不同，但随着语体的情景改变，他们在总的趋势上是一致的。② 有关阶层和语体变体之间的关联，我们还将在第六章中进一步讨论。

5.3 性别分化

另一个与语言变异密切关联的社会特征是说话者的性别。我们还是可

---

① 计分方法是：一贯使用标准音/ng/的得 0 分，一贯使用非标准音/n/的得 100 分（见 Trudgill (1974a) *The Social Differentiation of English in Norwich*. Cambridge University Press）。——译者
② 即越是正式的语体，标准形式使用得越多；地位越高的阶层，标准形式使用得越多。——译者

以用 Norwich 方言的变项（ng）来说明这个差别。如果我们把 5.1 节中所列的各阶层在正式说话语体中的得分按说话人的性别分开来计算的话，就会得到以下的分数：

(ng)

	男女总数	男性	女性
中中阶层	3	4	0
下中阶层	15	27	3
上工阶层	74	81	68
中工阶层	88	91	81
下工阶层	98	100	97

在这里我们又看到一个非常一致的格局：在每个社会阶层中，男性的得分都比女性高。①

同样的结果在许多其他变项研究中也得出了，即在别的因素一样的情况下，女性总体来说比男性更倾向于使用较标准的变体。的确，在西方工业化国家进行的社会方言学的所有研究中，这一点都显现出非常惊人的一致性。下面我们再看看三个这方面的例子。

（1）Glasgow（格拉斯哥）方言的元音变项（i）②，它涉及到元音/ɪ/在 hit, fill, pin 等词中的发音，共有五个变体，在标准音（RP）的 [ɪ] 和一个典型的苏格兰央元音之间波动：

（i）-1 [ɪ]

（i）-2 [ɛ⁺]

（i）-3 [ɛ]

（i）-4 [ə⁺]

（i）-5 [ʌ⁺]

---

① 也就是说，男性说话人使用非标准音/n/更多。——译者
② Glasgow（格拉斯哥），苏格兰中南部港口城市。——译者

开口最大、舌位最靠中间的发音,是最极端的格拉斯哥方言的发音,被认为是最不标准的发音(non-RP),我们预期这个发音是最典型的工人阶层人群的话语。以下各阶层的发音得分(其范围从 0 分到 400 分)表明了事实的确如此,但同时我们也看到,它跟说话人的性别也有紧密关联:

	男女总分	男性分数	女性分数
中中阶层	102	124	80
下中阶层	147	179	115
上工阶层	184	187	180
下工阶层	194	200	188

(2) 在加拿大蒙特利尔市(Montreal)进行的一个当地法语的调查中,(l) 是一个被考察的变项。这个变项涉及到辅音 /l/ 在以下代词中是否发音的问题:il(他,它),ell(她,它),ils(他们),la(她的,它),les(他们(宾格)),还有定冠词 la(阴性单数)和 les(复数)。显然,这个变项有两个变体,$(I)_{-1} = [l]$,以及 $(I)_{-2} =$ 零。变体 [l](如 il 读 [il]),被认为比零形式的变体(如 il 读为 [i])更具有社会威望,因而更"正确"。这种社会地位上的差别源自这个变项的不同变体跟各个社会阶层人群的关联。下面的数字表明零形式的变体是工人阶层最典型的说话特点:

	中产阶级	工人阶级
il(非指人的)	90	100
ils	75	100
il(指人的)	72	100
elle	30	82
les(代词)	19	61
la(冠词)	11	44
la(代词)	13	37
les(冠词)	9	33

从说话者的性别角度得出的分数则进一步表明,男性说话者明显比女性说话者更倾向于使用社会威望较低的变体形式:

	女性	男性
il（非指人的）	97	99
ils	90	94
il（指人的）	84	94
elle	59	67
les（代词）	41	53
la（冠词）	25	34
la（代词）	23	31
les（冠词）	15	25

(3) 有研究表明,语言的性别分化甚至出现在儿童的话语中。例如,一项在爱丁堡(Edinburgh)进行的有关元音后的/r/是否发音的调查表明,甚至在六岁孩子的话语中也存在一个性别差异的模式。[①] 这项调查把元音后的/r/看作一个变项,在爱丁堡,这个变项有三个变体:[ɾ]（触音,tap）;[ɹ]（无摩擦连续音,frictionless continuant）;零形式。如果我们仔细观察前两个变体的发音状况,我们就会看到,在三个不同年龄组的孩子中,男孩更喜欢发 [ɾ] 这个音,而女孩则更喜欢发 [ɹ] 这个音:

(r) 的变体的使用百分比

年龄	男孩		女孩	
	[ɾ]	[ɹ]	[ɾ]	[ɹ]
10 岁	57	15	45	54
8 岁	48	37	40	54
6 岁	59	16	33	50

在苏格兰,变体 [ɹ] 是中产阶级人群的说话特点,而女孩们喜欢用这个

---

① 爱丁堡（Edinburgh）,苏格兰首府。——译者

变体当然就很意味深长。

有关语言的性别分化，还需要进一步展开讨论，这方面的论文和资料有不少，但这里我们只举了四个例子，有关问题我们还将在第六章中继续讨论。

5.4 语言在其他方面的社会分化

如此看来，各种形式的社会分化都跟语言的分化有潜在的关联，最早被方言学家研究的地域分化只是其中的一种而已。

5.4.1 语言和族群

在很多社区中，不同族群的人使用各自不同的语言。但我们更感兴趣的情况是：不同族群的人使用同一种语言，但在某些特定变项的使用上，他们却有着量或者质的区别。

自从社会语言学的研究开始采用定量分析方法以来，这种现象的许多例子就被人们注意到了。一个最著名的、也是目前研究最充分的例子是美国黑人英语使用者和白人英语使用者之间的语言差异。美国黑人英语变体的一个典型特征是，系动词 be 在某些语法环境中可以不出现，比如以下的句子：

    She nice.（她很好）
    We going.（我们去）

在密西西比河三角洲（Mississippi Delta）地区进行的一项调查表明，在这个地区，系动词删除（copula deletion）现象实际上在黑人英语和白人英语中都存在。然而，如果其他因素（如社会阶级等）都一样的话，我们则可以看到，这些被删除的系词形式（连同那些缩略的和完整的系动词），在黑人说话者和白人说话者中是以不同的模式出现的。这些语言形式涉及到以下几种：

	完整式	缩略式	删除式
Is：	She is nice.	She's nice.	She nice.
Are：	We are going.	We're going.	We going.

下面的数字表明，这三种形式在白人、黑人说话者中都出现，但是出现的频率有差别。

	is		are	
	黑人	白人	黑人	白人
完整式	54	38	17	34
缩略式	18	60	6	45
删除式	28	2	77	21
	100	100	100	100

跟语言的阶级分化和性别分化的例子比较起来，这些因为族群的不同而引起的语言差异是相对的，不是绝对的。但是，平均而言，在系动词删除的使用上，黑人说话者明显具有更强的趋势，白人说话者更多地倾向于使用缩略式。

5.4.2 社会人际网络

语言的族群差异可以看作是社会人际网络对语言行为产生影响的一个特别例子。正如我们可以预料到的，在语言上，人们受亲朋好友、家庭成员、工作伙伴以及所属社交网络的成员的影响比其他任何人的要更大。另外，彻底融入某个社会集团的人跟那些处在该社会集团边缘的人也会在语言上表现出不同的特点。这是因为，对于边缘的人，集团的影响会相对弱一些，而且也不会那么始终一致。

在纽约市的哈莱姆区（Harlem）有一个叫"Jets"的青少年帮派，针对该帮派中的青少年的语言，Labov做过一项研究。[1] 经过调查，Labov

---

[1] 哈莱姆区是纽约的黑人居住区。——译者

确定这个青少年帮派是由两个核心团伙组成的（即"核心100号"和"核心200号"，按他们居住的街区命名），他们构成了Jets帮的中心人物。接下来是两个次一等的团伙，其成员的地位不如前两个团伙的，他们跟Jets帮的关系也不够紧密；除此之外，还有一些边缘成员，他们跟Jets帮的关系比较疏远；最后，就是那些lames（没意思的人），他们完全不属于Jets帮，尽管他们跟该帮派里的人互相认识。Labov长期跟他们相处和接触（见4.4），并对他们说的话进行了持续的录音。他所考察的一个语言特征是系动词删除（见5.4.1）。通过整理和分析录音而得出的以下数字表明，不同组群的青少年跟Jets帮之间疏密关系清楚地反映在他们的语言行为上：

组群	系动词删除百分比
核心100号	70
核心200号	63
次核心100号	61
核心200号	56
边缘人	33
没意思的人	36

在这个研究中，所有被调查的青少年都是同一性别的，他们的年龄也相差无几，并且都属于差不多一样的社会阶层。很明显，他们在系动词删除使用上的差别是由他们在社会人际网络中的地位决定的。

在一项有关纽约波多黎各人（Puerto Rican）英语的研究中，也发现了类似的现象。研究者将波多黎各人的英语跟同一区域中的黑人英语作了比较。在分析中，研究者按是否跟黑人有广泛的社会交往将这些波多黎各人分成了两个小组。研究结果又一次清楚地表明，跟黑人的交往对波多黎各人的语言产生了影响。例如，根据磁带录音记录，研究者研究了一个语言变项——元音/ai/（如try中的元音）的发音实现，对于这个元音变项，在某些黑人英语和其他英语变体中，是发单元音［aː］，而不是双元音［ai］。通过计算这个变项的单元音变体的出现体数目，研究者得出单元音变体在所调查的纽约特别区域中的使用百分比如下：

/ai/的单元音发音百分比

黑人	77
跟黑人有社交关系的波多黎各人	70
其他波多黎各人	40

可见，那些经常跟黑人有接触的波多黎各人在语言上也深受黑人的影响。

一项在英格兰里丁市（Reading）进行的英语研究也有同样的发现，该研究对里丁的三组青少年所说的英语进行了考察。在研究中，研究者设计了一个街头文化指数（index of vernacular culture），用以衡量个体完全融入街区文化而不是主流文化的程度。这个指数是根据以下几项得出的：这些青少年在同龄人群中（相当于哈莱姆区的Jets帮派）的地位；他们通过斗殴、偷盗和其他犯罪行为而显示出来的"强悍度"；还有他们的江湖野心——是否愿意执行一件心狠手辣的任务（如担当杀手之类）。研究者长期参与和观察他们的对话，并对他们的一个语言特征即动词一般现在时的非标准标志-s进行了研究。这是英格兰西部方言的一个常见的语法现象，即在这些方言中，以下句子是符合语法的：*I wants*（我想要），*they goes*（他们去），*you knows*（你知道）。① 通过计算他们对非标准-s的使用和不使用的次数，我们得出四组男孩使用-s的百分比数。这四组男孩是根据他们的街头文化指数来分开的。各组的得分是：

组别	-s 使用百分比
A（街头文化指数很高）	77.4
B（街头文化指数高）	54.0
C（街头文化指数中等）	36.6
D（街头文化指数低）	21.2

---

① 在标准英语中，只有主语是第三人称单数的情况下，动词的一般现在时形式才需要加-s，如"He sees（他看见）""The sun rises in the east and sets in the west（日出于东而落于西）"。——译者

明显可以看出，这些男孩对街区文化的认同程度影响到他们对非标准语法形式的使用。

然而，语言和社会人际网络方面的研究，最有意思的或许是一项有关贝尔法斯特（Belfast）当地英语的调查。[①] 此项研究是在贝尔法斯特的骚乱期间进行的，难度较大，所以通常用的随机抽样程序无法在该研究中运用。对于城中三个彼此不相连的工人阶层社区，研究者的调查方法是，先在每个社区内跟一个核心成员（这个人最重要的特点是没有什么教育背景）建立联系，然后再进一步跟与他/她有关系的人建立起联系。这三个被调查的社区是：The Hammer，位于西贝尔法斯特的一个新教区；Clonard，位于西贝尔法斯特的一个天主教区；Ballymacarrett，位于东贝尔法斯特的一个新教区。这三个社区的社会特点很不相同。在 The Hammer 社区，原有的传统工业已经消失，存在着大量的失业人口，目前正处于重新发展的状态。这些因素使得它的社会人际网络比较松散，事实上是处于即将解体的状况。跟 The Hammer 社区一样，Clonard 的传统工业也在消失，也拥有大量的失业人口。但不同的是，这个社区中的年轻妇女却形成了一个相对均一的社交网[②]，她们在这个社交网中享有共同的就业机会。而在 Ballymacarrett，当地的传统工业依然存在，它的社交网也完好地保留着（有关 Ballymacarrett 的更多信息，参看 10.2.2 节）。

这些社区中的社会人际网络的不同特点对人们语言行为所造成的影响可以描述如下。在这个研究中，研究者考察的一个变项是 bag, hat, man 等词中的元音 /æ/。贝尔法斯特的中产阶级人群把这个音发成一个近似于 [a] 的音。而工人阶级人群，近年来则倾向于把这个音发得舌位比较靠后，而且在大多数语音环境中其舌位都偏高，并带有圆唇的特征，如 fast 和 man 这样的词，最激进的发音形式可以是 [fɔ'tse] 和 [mɔ'ən]。但在软腭辅音之前，情况不是这样。在软腭辅音之前，该元音依然保留着较早期的发音痕迹，即舌位提高，如 bag 的发音是 [bag]～[bɛg]。图5-1表

---

① Belfast，贝尔法斯特，北爱尔兰首府。——译者
② 即社交网中的成员在社会地位、教育程度、经济地位及年龄等方面都类似。——译者

示的是在非软腭音的环境下,三个社区中不同性别、年龄的说话人群在不同语体中/æ/发音的靠后程度。得分越高,表示/æ/的靠后程度越高。

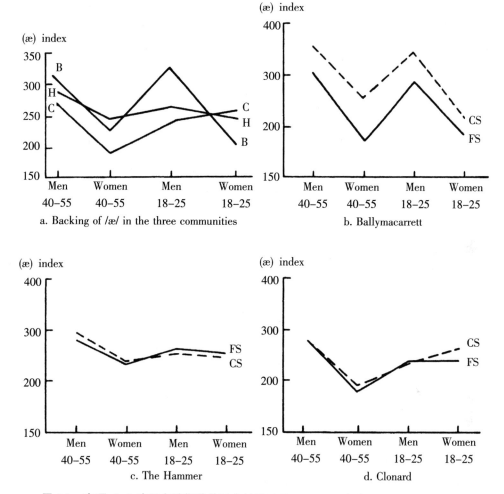

图 5-1　变项（æ）在贝尔法斯特的三个社区 Ballymacarrett（B）、The Hammer（H）和 Clonard（C）的发音状况

FS＝formal speech（正式说话语体）；CS＝casual speech（随意说话语体）

乍一看,图 5-1 所呈现的好像有点杂乱无序。尽管如此,我们还是可以看出,在社会状态比较稳定的 Ballymacarrett 社区,由性别和语体因素所导致的语言差别比较清楚,也比较有规律(如图 a-b)。而在其他两个不

太稳定的社区，语体造成的差别很小，也没有什么规律可循；性别造成的差别也不大，特别是在 The Hammer 区（如图 c）。但需要指出的是，在 Clonard 区，性别差异的表现在年轻人中正好反过来（即在非正式语体中，年轻女性人群比年轻男性人群的得分高，也就是说，在年轻女性中，/æ/ 的发音更靠后，如图 d）。值得注意的还有，Clonard 的年轻女性人群的得分比 Ballymacarrett 的年轻女性人群要高，而男性人群，情况正相反（即 Ballymacarrett 男性人群的得分比 Clonard 的男性人群高）。因此，我们可以说，这个语言变化（即/æ/的发音靠后的倾向）在社会稳定的 Ballymacarrett 地区最为领先，而社会秩序比较差的那两个地区则落在其后——不过，Clonard 的年轻妇女是个例外，她们因为彼此之间密切的社会关系，也处于一种相对比较领先的状况。在某种程度上说，这个元音靠后的程度反映了社会的凝聚程度。

5.4.3 个人特点

到目前为止，我们一直在研究社会群体的语言行为，不过我们对更广泛的社会群体的成员，根据他们与特定社交网络的不同关联程度，也作了区分。显而易见，群体中的个人在很多方面也是彼此不同的，而这些不同往往也会导致那些客观上看起来属于同一个社会阶层的成员在语言行为上却有所不同。

在这一方面，一个被研究者注意到的个人特征是社会野心（social ambition）。在一项有关阿蒂克莱夫（Articlave）——北爱尔兰科勒林（Coleraine）小镇附近的一个村子——当地英语的研究中，研究者针对十个被访者的个人话语进行了分析。研究者不仅把这十个被访者的教育背景和职业类别标注出来，还对每个人的社会进取心的强烈程度作了评估。该研究发现，在许多情况下，相对于其他比较客观的指标，如职业和收入状况等，"社会野心"这个特点跟说话人在一些语言变项的使用上的关联更为密切。例如，按社会野心强度我们可以把这十个被访者分成四个小组，各组说话人在变项（ng）使用上的平均分数（按 Norwich 方言调查中的方法计算，参看 5.1 节）如下：

组别	(ng) 指数	
1. 没有野心的	89	(4人)
2. 有点野心的	55	(2人)
3. 有野心的	42	(1人)
4. 特有野心的	5	(3人)

因为每一组中被调查者的人数毕竟很少，所以这些结果只能是提示性的，不过跟以下按教育程度来划分的小组比起来，这些结果确实还是显得更有规律一些：

组别	(ng) 指数	
1. 小学	75	(4人)
2. 中学	5	(2人)
3. 文法学校	59	(3人)
4. 大学	35	(1人)

这些结果表明，我们对语言变异的相关社会因素的理解，除了可依赖一些更明显可见的社会因素，如年龄、性别、社会阶层和种族背景等，也可依赖非常微妙隐含的社会因素，如个人野心之类。

扩展阅读

Bradford 语言调查的结果出自 Petyt(1985)。早年有关语言和性别方面的研究工作，Thorne 和 Henley(1975)进行了很好的综述，并提供了相关文献目录；同时我们也可以参看 Trudgil(1983)和 Coates(1986)的相关研究。近期的研究，可以参看 Holmes(1992：第 7、第 12 章)和 Chambers(1995：第 3 章)的相关论述。本章蒙特利尔(Montreal)的数据来自 Sankoff 和 Cedergren (1971) 的研究成果。有关爱丁堡(Edinburgh)的数据，可以进一步参考 Romaine (1988)的相关研究。Labov (1972a)是美国黑人英语研究方面的经典文献。本章中密西西比三角洲地区的数据来自 Wolfram (1971)。Labov 关于 Jets 青少年帮的语言研究见于 Labov（1972a）。纽约波多黎各人的英语研究资料来自 Wolfram（1974）。

　　这方面较新的研究包括以下几种：Butters（1989）；Baugh（1983）；Montgomery 和 Bailey（1986）；Bailey（等合著）（1991）。里丁（Reading）英语的资料见于 Cheshire（1982）；本章引用的材料来自 Cheshire（1978），它们也出现在 Trudgill（1978）的研究中；Trudgill（1978）也收了 Douglas-Cowie 题为"*Linguistic Code-switching in Northern Irish Villlage: Social Interaction and Social Ambition*"的文章。有关贝尔法斯特（Belfast）英语的研究见于好几处，最容易找到的是 Milroy（1984）的论著，这篇论著在社会语言学的研究方法方面做出了很大贡献。

第六章
社会语言学结构和语言创新

方言学家早就证实了语言是因地而异的,社会语言学家则强调同一个地区的语言还可以因人而异。对于方言学家和社会语言学家来说,重要的不仅仅在于语言变异这个事实,更在于语言变异跟其他因素之间的关联。比如,某些变体跟某个村子的关系要比跟别的村子的关系更为密切;跟体力劳动者的关系要比跟管理者的关系更为密切;跟那些只与亲近朋友交往而不与陌生人打交道的人有关系,等等。

在第五章中,我们看到各个社会阶层的人在较正式的语体中都倾向于改变自己的说话方式,而且我们还看到各阶层的人都倾向于朝同一个方向进行改变(见 5.2)。如在 Norwich 方言变项(ng)这个例子的研究中,我们看到,各个层次的工人阶级和中产阶级的变项(ng)指数,都随着说话情景的正式程度从随意语体到词表语体的提高而提高。[①] 不管是哪个阶层的人群,语体改变总是朝着同一个方向进行的(即越是正式的语体,标准音的使用率就越高)。这个事实表明,这两种类型的变异(即语言的阶级变异和语体变异)之间是有关联的。那么,用一种变异来解释另一种变异就应

---

① "各个层次的工人阶级和中产阶级的变项(ng)指数,都随着说话情景的正式程度从随意语体到词表语体的提高而提高"这句话似有误,可能应该是"各个层次的工人阶级和中产阶级的变项(ng)指数,都随着说话语体的正式程度从随意说话语体到词表语体的提高而降低"。参看 5.2 节(原著 60 页)中的阵列,我们看到各个阶层的变项(ng)的指数得分是顺着每个横行从左到右依次增加,又顺着每个纵列从上往下依次增加的。在这个阵列里,语体的顺序是依词表语体到随意说话语体这个顺序从左到右排列的。也就是说,在这个阵列里,我们看到的是,指数得分随着说话语体的正式程度(从词表语体到随意说话语体)的降低而提高。这种趋势在本章的图 6-1 中也能看到。——译者

该是可行的。在本章中,我们将讨论一些这样的关联以及它们的社会含义。

6.1 指示性变项和标记性变项

对于语言的变异性,有一个看似合理的解释,它依据这样的事实:只要某个语言变项存在社会阶层的分化(class differentiation),那么,总是社会地位较高的阶层所使用的那个变体被赋予比其他变体更高的地位或威望。① 因此,当人们的注意力集中在说话方式时,所有阶层的人都会倾向于使用阶层较高的人所使用的那个变体。按这种解释,语体变体就是社会-阶级变体的直接结果。也就是说,语言的社会阶层差异导致人们对某些特定的语言变体产生了价值评判,正式场合会导致人们大量使用那些被赋予了较高社会威望的发音形式。

这个解释会让我们期待:所有跟阶级因素以及语体有关联的语言变项都会呈现出图 6-1 的那种样貌,那是 5.2 节中 Norwich 各阶层在(ng)变项使用上的得分表格的图示,该图示是所谓的鲜明分层图(sharp stratification)的一个例子。图中代表下中阶层(LMC)和上工阶层(UWC)的两条线之间有个明显间隔,它将 Norwich 地区的主要社会阶层在语言上的关系清楚地展现了出来(社会各阶层之间的分隔不是那么鲜明的图示叫作渐变分层图(gradient of fine stratification))。

但是,当我们细看其他语言变项时就会发现,事实上并非所有的有阶级差异的变项都呈现出语体变异。如 5.1 节中提到的 Norwich 方言中的变项(a:)就几乎没显示出有语体上的变异,如图 6-2 所示。这个变项跟各个社会阶层之间的关联,可以通过代表每个阶层的线条之间的空间看出来,但是,它的语体上的变化却不明显,特别是对工人阶层而言。换句话说,随着语体的不正式程度从左到右渐次增加,线条几乎是呈水平而不是上升趋势的。将图 6-1 和 6-2 对照,这一点就更加突出。

---

① 这种变体又称作"有社会威望的语言特征"(linguistic prestige features,见 6.3.1),即那些常为社会地位较高的阶层使用、标志着高尚身份地位的语言变体。——译者

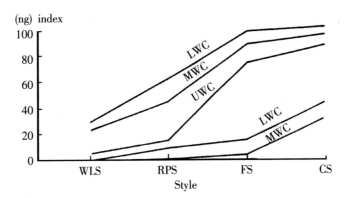

图 6-1 Norwich 变项 (ng) 与社会阶层和语体的关联（引自特鲁吉尔，1974a）

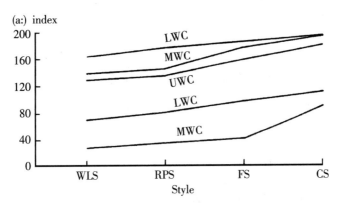

图 6-2 Norwich 变项 (a:) 与社会阶层和语体的关联（引自特鲁吉尔，1974a）

像（ng）这样的变项，既跟语体因素有关联，也跟阶级、性别、年龄等因素有关联，我们把它们叫作"标记性变项"（markers）。而第二类，如变项(a:)这样不涉及系统性的语体变异，我们就把它们叫作"指示性变项"（indicators）。

现在的问题是：为什么有些变项是标记性的而有些是指示性的呢？有一点似乎很清楚：如果一个变项在某个特定的语言社区中仅仅是指示性的，那么它在这个社区中所起的标志阶级差异的作用就没有那些标记性的变项那么大。换句话说，说话人对一个指示性的变项不像对一个标记性的变项那样敏感。要说明说话人为什么对某些变项的社会含义（social implications）更加敏感，我们必须先来看看发音、缀词法（orthography）、语言变化以及语音系统的音位对立（phonological contrast）这些因素。

6.1.1 显性污名（Overt stigmatisation）

一个变项是标记性的而不是指示性的，最明显的提示就是这个变项在语言社区中经常受到恶评。在 Norwich 社区中，经常被提到的这样的变项有（h），（t）和（ng），它们都是标记性的变项。为什么这些变项容易受到公开的批评而其他变项则没有？一个主要的原因似乎在于它们的实际发音和拼字法之间的差异。那些社会威望较低的变体，如零形式的（h），还有读作［ʔ］的（t），读作［n］的（ng）等，都会经常被人描述为："你的 h，t 和 g 都丢了。"通常，这种描述出自学校老师之口，但社区中的其他成员也会这么说。"t 丢了"这个说法有点令人疑惑，因为在这个变体中，/t/还是出现的，只是它被读成了［ʔ］。但是对许多英国人来说，当他们听到变体（t)-3 时，还是会认为"t 丢了"。显然这是因为大家都有个心照不宣的共识，即［t］和［ʔ］这两个音位变体（allophones）的语音区别是很大的。

6.1.2 语言变化

光靠这个解释（即是否有恶评）还不足以解释所有标记性的变项。比较那些不能归入此类的标记性变项，我们看到，还有第二个因素能使一个变项在一个语言社区中成为标记性的变项，这就是，该变项涉及到一个正在进行中的语言变化。通过比较，我们知道，像（aː）这样的指示性变项是相对稳定的。人们似乎更容易觉察出那些正处于变化之中的形式的社会含义。这点并不奇怪，如果我们考虑到，处在变化之中的变项是通过社区中不同年龄的人群对不同变体的使用体现出来的。周围邻居和家庭成员中出现的变异必然会吸引人们注意到那个正在发生变化的变项。

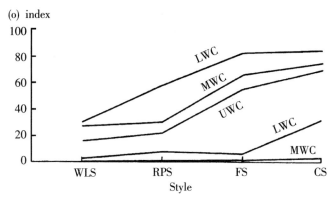

图 6-3 Norwich 方言中的变项（o）跟阶级和语体之间的关联（引自 Trudgil，1974a）

Norwich 方言中的变项（o）就是这样一种类型的标记性变项，这个变项涉及到 top，hot，box 等词中的元音音质，它有两个变体：标准发音的 (o)-1 = [ɒ]，舌位较低，较靠后，是个圆唇元音；典型当地发音的 (o)-2 = [ɑ]，为非圆唇元音，跟这个元音在北美英语的标准发音相似。图 6-3 显示（o）是一个标记性变项，其语体变异很明显。这个图也揭示出这个变项有阶级分化，我们可以看到一个显著的分隔介于代表下中阶层（LMC）和上工阶层（UWC）的线条之间，这也是一个鲜明分层（sharp stratification）的例子。很明显，top，hot，box 等词中的非圆唇元音发音是 Norwich 工人阶级人群的语言特点。

变项（o）在 Norwich 并没有受到任何明显的恶评，所以不能以此来解释它成为一个标记性变项的情形。这个变项之所以是标记性的，取决于这样的事实：（o）目前正处在变化之中，在它的几个变体中，社会威望较高、被看作是标准音的变体（即 [ɒ]）的使用正在增加（关于（o）的详细讨论，见 6.3.2 节）。

6.1.3 音位对立

然而，城市方言的研究结果表明，还有一些标志性的变项，它们既没有明显的坏名声，也不是处在发生变化中的引人注意的焦点。Norwich 方言中的变项（yu）就属于这一类，这个变项涉及到 tune，due，view，music 和 cue 等词中的元音。从历史来看，rude 和 rule 这样的词，几乎在所有方言中的发音都曾经是［rjuːd］和［rjuːl］。但在现代英语中，［j］已经不再出现在［r］之后了，它们现在的发音都变成了［ruːd］和［ruːl］。同样，在大多数方言中，lute 和 luke 等词中［l］之后的［j］音也脱落了，而且在 super 和 suit 等词中［s］之后的［j］也脱落了或正在脱落。在许多北美英语方言中，［j］脱落的范围更大，以至于连［t］［d］和［n］之后的［j］，如 tune，due 和 news 等词中的［j］都脱落了。在包括 Norwich 在内的英格兰东部地区（见地图 6-1），［uː］之前的［j］的脱落范围就更广，以至于所有辅音之后的［j］都脱落了。除了以上这些语音环境，在这个地区，以下这些词的发音，如 pew 读［puː］，music 读［muːzik］，还有 cue 读［kuː］，也是常见的。因此，Norwich 方言的变项（yu）就有两个变体：（yu）-1＝［juː］，如 view 的标准发音，这也是大多数英语方言的标准变体；还有（yu）-2＝［uː］，在这个变体中，view 的发音是［vuː］。

地图 6-1 英格兰东部地区/j/-脱落

[ju:] 也是标准发音（RP），或许从这个事实我们可以推测，(yu)-1=[ju:] 这个变体是 Norwich 中产阶级人群使用最多的变体。的确，(yu) 这个变项有着显著的阶级分化，也涉及到语体上的变异，所有这一切都表明它是个标志性的变项。可它并不是一个受人公然批评的对象，也不处在任何变化之中。因此，我们还需要别的解释来说明它之所以是一个标志性变项的原因。一个可能的解释大概可以从以下事实得出：跟（a:）不一样，(yu) 的变体之间的区别是音位上的，而不单纯是语音上的。① 下面这些最小对立对儿（minimal pairs）就是建立在 [j] 是否出现这个差别上的。可是，在地图 6-1 所标示的地区中，这些对儿却经常是同音的（homophonous）：

cute — coot
beauty — booty
Hugh — who
feud — food

这样的最小对立对儿的实际数目不会很多，所以不太可能在语境中给我们造成意义上的混淆，但是这种情形似乎是合理的：因为 (yu) 涉及到音位上的对立，所以它可能比那些仅仅只是在语音上有区别的变项更引人注意。因此，这种类型的变项就显出标记性变项的特征来了。

6.1.4 成见变项（Stereotypes）

很明显，被说话人觉察到的语言变项是这样的一个特征：它允许程度上的可多可少，而且它也会因时而变。因此，语言变项可以从指示性变项转变为标记性变项，反之亦然。例如，一些变项刚开始可能是指示性的，如果它们的出现是某个语言变化的结果，而这个变化又只是某些社会阶层的人群才参与的。英国英语中的 /t/ 之喉塞音音位变体的产生和发展就是这种变化的一个例子（参见 4.6）。这个音位变体的出现好像是从下层阶

---

① 即在某些方言中，这些词中的 [j] 的出现与否可构成最小对立对儿。——译者

级人群中开始的，并因此导致了上层阶级和下层阶级之间的语言分化。刚开始时这个变化可能没太被人注意到。因此，变项（t）曾经一度是指示性的，它在整个社区中的扩散过程或许可称作"自下而起的变化"（change from below），但这指的不是一个从较低阶层开始的变化（尽管很多时候情况确实如此），而是指一个在主观意识的知觉层面之下开始的变化（即在人们意识不到或没察觉到的情况下开始的）。随着新变体的使用次数的增加以及我们前面描述过的那些因素的作用，人们对新变体的阶级差异的察觉就会增强，终于，指示性的变项就变成了标记性的变项。不用说，发生在（t）这个变项上的正是这种情况。

除此之外，还可能有一个第三阶段。在这个阶段中，人们对某些变体的知晓度变得更高一些，对它们的使用也变得特别在意。它们的那种社会的和区域的特别含义就变成了语言常识中的一部分，说话人可以毫无困难地把它们指出来（尽管不一定说得准确）。目前在英国，变项（t）和（h），特别是后者，正进入这个阶段。但更明显的例子当属众所周知的纽约市方言中某些词的发音，如 birds 被念成 "boid"（实际发音是 [bəɪd]），又如英国上流阶级的发音，off 读作 /ɔːf/，而不是 /ɒf/。像这种类型的形式可以叫作成见变项（stereotypes）。

如果那些污名化的形式（有坏名声的形式，stigmatised forms）是通过这种方式被定型下来的，那么它们的彻底消失就只是时间早晚的问题。如，纽约市 [əɪ] 这个发音正在经历的似乎就是这种情形（有关这个变项详细的讨论，请参看 10.2.3 节）。① 当这一类的变化发生时，其方向跟语言变化发生的原本方向是正相反的，我们可以称之为"自上而来的变化"（change from above），即从有意识的知觉层面上开始的变化。

---

① 此处有误，本书 10.2.3 并没有对该变项进行讨论。——译者

6.2　对语言变化的研究

研究正在进行中的语言变化（change in progress），不管这个变化是自下而起的还是自上而来的，最令人满意的方法显然是，到那个特定的社区去做调查，然后过一段时间之后，比如说20年之后，再回到那个社区重新调查一次。我们可以把这种方法叫作研究语言的实时（real time）变化。显然，这种做法不是很方便，因为我们得等20年才能知道目前正在发生的是什么。还有一个与此不同的、也是比较立竿见影的方法，就是研究语言的视时（apparent time）变化。简单地说，就是在调查某个特定社区时，将年长者的语言和年轻人的语言进行比较，并假定他们之间的任何差异都是语言变化造成的。同时我们也建议，如果可能的话，最好把这些发现跟较早的调查记录（如果有的话）作比较，以确保这些差异的确不是那种在每一代人中都会重复出现的年龄级差（age-grading differences）。关于这个问题，详见10.1节。[①]

很多研究都是采用了这种方法，它甚至也可以运用到那些采纳传统方言学方法的研究中。我们可以通过在挪威 Tønsberg 镇进行的一项方言研究来说明这一点。该调查采用的是一个寻求单词式答案的调查问卷，但它没有限制调查对象只是年长者。这项研究考察的一个语言特征是动词不定式（及其他一些词语中）的音节末尾非重读元音（final unstressed vowels），它们在奥斯陆（Oslo）中产阶级的语言中以及标准挪威语巴克摩语（Bokmål）中被实现为/ə/，但在其他语言社区中——主要是下层阶级的语言中则有/æ/或者/ɑ/这两个变体。对 Tønsberg 方言调查问卷的回答见于表6-1，它列出了每个发音人对每个单词的发音，从表中我们看到

[①] 在某个特定的语言社区中，不同年龄段的人说话会有不同的特点。比如说汉语普通话的幼童常常会把一些双音节或单音节名词说成两个重复的音节：袜子—袜袜，杯子—杯杯，猫—猫猫，狗—狗狗等等，长到一定的年龄后就不会再这么说话了。这种在一个语言社区中重复地发生在每一代人某个年龄段上的语言差异就叫年龄级差（age-grading differences）。年龄级差是一种常态的语言社会变异，不属于正在进行中的变化。——译者

有一个语言变化正在进行中（即/ɑ/和/ə/的使用随着发音人年龄的递减而增加）。这些证据说明，/æ/这个音正在让位给/ɑ/，而/ɑ/又在给/ə/让位——当然，这只是个提示性的结论。

表 6-1 挪威 Tønsberg 方言中的不定式末尾元音选

Standard form:	Male speakers				Female speakers		
	gjøre "do"	*stjele* "steal"	*drepe* "kill"		*dette* "fall"	*drepe* "kill"	*love* "promise"
	Age			Age			
	78	æ	æ	æ	76	æ	æ	æ
	74	æ	æ	æ	49	æ	æ	æ
	52	æ	æ	æ	46	æ	ə	ə
	52	æ	æ	æ	46	ɑ	ə	ə
	46	æ	æ	æ	43	ɑ	ə	ə
	27	ɑ	ɑ	ɑ	26	ə	ə	ə
	20	ɑ	ə	ə	19	ə	ə	ə
	17	ɑ	ə	ə	76	ə	ə	ə
	78	ɑ	ə	ə	17	ə	ə	ə
	17	ɑ	ə	ə	17	ə	ə	ə
	16	ɑ	ə	ə	16	ə	ə	ə

当然，如果我们能采访到更多的发音合作人，那么通过研究语言视时变化而得来的信息就变得更有说服力。在美国阿帕拉契山脉（Appalachians）南部进行的一项英语调查就对 52 个发音人的语言做了记录，他们按年龄被分成了 5 个组。通过采用研究视时变化的方法，研究者发现了许多很有意思的、正处于变化之中的语言形式。例如，完成体标志 done 的使用，这个语言形式似乎正从阿帕拉契山脉地区的英语中消失，

而它本来是一个在标准英语中不存在的形式。以下是这个形式在该地方言中的用例：

We thought he was done gone. （我们以为他走了。）

The doctor done give him up. （医生已经对他（的病）不抱希望了。）

I done forgot when it opened. （我已经忘了它是什么时候打开的了。）

在这种结构中，done 是一个体标志（aspect marker），其主要的功能是表示完成，强调所提到的事件的完成状态。在此项调查所录下的磁带中，总共只有 65 个这种用法的例子。这个事实说明，在实证研究中（empirical studies），诱导发音人说出具有某些句法特征的句子是很不容易的。但这些例子在不同年龄段的发音人中的分布情况却很有意思：

年龄	人数	"done"的出现次数
8—11 岁	10	6
12—14 岁	10	7
15—18 岁	10	5
20—40 岁	9	14
40 岁以上	13	33

当然，这里我们不可能把 done 作为一种语言变项来处理，因为它不涉及可以替换它且功能上相同的其他形式（参看 4.6）。

在那些涉及到语言变项的社会语言学研究中（如在 Appalachian（阿巴拉契亚）方言的研究中，研究者在研究其他语言形式时也涉及到了语言变项），语言视时变化的研究显得更有揭示性。例如，在一项对使用于 Eskilstuna（埃斯基尔斯莱纳）镇的瑞典语的调查中，两个被考察的变项分别是：

1. 某些类别的动词的过去分词形式有两个变体：-t 和-i。如 köpt ～köpi（买）。

2. 第三人称代词复数有两个变体：*dom*（他们）和 *di*（他们）。

表 6-2　Eskilstuna 方言中的年龄差异

年龄组	-t 的百分比	dom 的百分比
16—30 岁	92	100
31—45 岁	85	100
46—60 岁	81	99
61—75 岁	80	90
76 岁以上	76	83

这些变项的变体在不同年龄段说话人中的分布，如表 6-2 所示。表中这些数字表明，köpi 很快将被 köpt 取代，后者实际上是标准瑞典语的形式。同样，dom 也很快要把老式的 di 赶出历史舞台了。

6.2.1　年龄差异模式

如果我们不仅把语言变项跟不同年龄组联系起来，而且还把它跟社会阶层或者语体等因素联系起来，就会得到一个图 6-4 那样的图像模式。这个图呈现的是 Norwich 变项（ng）在语体和年龄方面的变异。图 6-4 中的曲线图形是不涉及语言变化的语言变项所具有的典型曲线，不过我们还需要对它作一些解释。为什么得分最高者恰好是年龄最小和年龄最大的人呢？中年人的得分为什么最低呢？对于这一点，我们或许可以通过以下假设来解释，即对年纪较轻的人来说，最重要的社会压力来自同伴，在语言上他们受朋友的影响要比受其他人的影响大，而来自标准语的影响对他们则相对要弱一些。但是，当他们长大和工作以后，他们便进入到范围更广、但凝聚力不太大的社交网络中（见 5.4.2），开始更多地接受主流社会价值观的影响，这或许是出于想要引人注意、追求成功以及提高自己社会和经济地位的需要。相应地，他们在语言上也更多地接受标准语的影响。而年长者、退休的人的情况则不同，对于他们来说，社会压力重新变小了，事业已经功成名就（有的人或许并没有，视情况而定），而且社交网络或许也会重新缩小。我们还必须指出，在探讨这个模式时，我们应该明白，在现代英国，教育并不是一个独立于年龄之外的变量，因为普遍说来，大多数年轻人都比年长者所获的教育多。

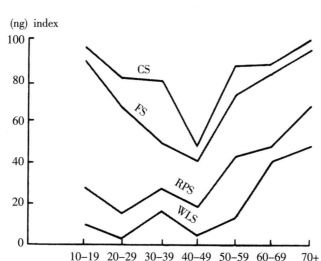

图 6-4　Norwich 变项（ng）在年龄和语体上的差异

我们不能说 Norwich 这个与年龄相关的共变（covariation）模式也一定会出现在其他地方，特别是社会条件完全不相同的地方。然而，对标准形式使用的增多总是跟成年期相伴随的，这个现象在很多方言调查中都有记录。如，在华盛顿 DC 进行的一项有关黑人英语的研究就说明了这个事实。该调查涉及的三个变项是：

1. /d/-删除：在以下这些词中，词尾的/d/不出现：coloured [ˈkʰəlɪ], applied [əpʰla], discovered [tsˈkəvɪ]。

2. 辅音丛简化，包括以下这些词的发音：filled, sinned, licked, missed, 它们被分别读成/fɪl/, /sɪn/, /lɪk/, /mɪs/, 而不是/fɪld/, /sɪnd/, /lɪkt/, /mɪst/。

3. -s 不出现：在动词的第三人称单数现在式中，-s 不出现，如：he go, she want, it work。

这项调查的发音合作人有 47 位，他们被分成三个不同的年龄组：儿童组、青少年组和成人组，以上三个变项与年龄的共变情况见表 6-3。在这里，我们清楚地看到同样的情形：随着年龄的增长，对社会威望低的语言形式的使用也在减少。

表 6-3 华盛顿 DC 黑人英语的年龄差异

%	儿童组	青少年组	成人组
/d/-删除	33	26	21
辅音丛简化	53	51	46
-s 不出现	77	58	48

这是年龄分化的一般模式。但是，如果涉及语言变化时，我们看到的将会是另外一种模式。图 6-5 展示了这种情况的一个例子，该图表示的是 Norwich 变项（e）在不同语体中的年龄差异。变项（e）涉及到元音/ɛ/在辅音/l/之前的发音，如 tell，well，bell 等词中的/ɛ/。这个变项有以下三个变体：

(e)-1＝[ɛ]
(e)-2＝[ɜ]
(e)-3＝[ʌ]

变体（e)-1 是元音/ɛ/的标准发音，而（e)-3 是一个舌位很往后收缩及很低的元音，从以下的例子可以看出来，即在最极端的 Norwich 发音中，hell（地狱；苦境）跟 hull（果实的外壳；豆荚）听起来是一样的。在图 6-5 中，我们看到，尽管图右边的图像符合正常的模式，但左边的就显然不是：(e)-3 的使用呈增加趋势，而 30 岁以下的说话人对央化元音（centralised vowels，即(e)-3)的使用率很高。很清楚，这告诉我们，目前有一个语言变化正在进行中。

反过来，如果某些语言形式正在消失，我们就会期待图形显示出跟正常的图形相反的年龄共变模式，即图左边的曲线相对会是扁平的。图 6-6 所显示的就是这种情形，这里展示的是 Norwich 不同年龄的人在不同语体环境中使用变项（ir）的得分，该变项涉及到 bird, further, fern 这些词中的元音发音，它的变体包括标准音的［ɜː］和几个具有当地特色的发音，如 bird 的发音有：[bɐːd]［baːd］[ba̠d]［bɐd］等。目前这些形式正在消亡。图 6-6 表明，要不了多久，这个残余形式（relic form）就会从该语言中彻底消失。

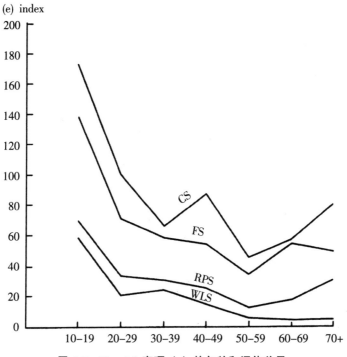

图 6-5　Norwich 变项（e）的年龄和语体差异

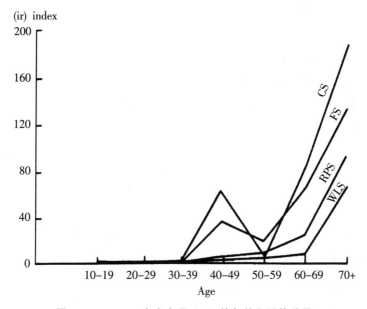

图 6-6　Norwich 方言变项（ir）的年龄和语体差异

6.3 语言变化的机制

如我们上面所看到的，Norwich 方言中的变项（e），正在经历着变化，hell 读作 [hʌɨ] 的情况正在增加。那么，考察一下这个变项的社会阶层差异（social-class differentiation）也会很有意思。以下是 Norwich 各个阶层在随意说话语体中在这个变项的使用上的得分：

中中阶层：2
下中阶层：42
上工阶层：127
中工阶层：87
下工阶层：77

就工人阶级的三个阶层来看，这里的分数所显示的阶级差异跟通常所见的情况正好是相反的。

这不禁让我们想到了语言变化是如何在一个社区中传播的这个问题。对此，我们将在第十章中详细展开讨论，但在这里我们不妨这么假设：Norwich 英语中的这个创新是由工人阶层中的上工阶层引介到社会各阶层中去的（参看 10.2.1 节）。

我们也可以这么假设：正在进行中的语言变化常常会在语言的社会阶层差异的异常模式中反映出来。这一点至少能在 Norwich 的变项（i）上得到一些肯定。（i）涉及到 ride，night，by 等词中的元音，它有四个变体：1=[aɪ]；2=[ɐɪ]；3=[ɐi]；4=[ɔi]。这个变项的阶级差异如下：

	正式说话语体	随意说话语体
中中阶层	64	77
下中阶层	120	159
上工阶层	160	180
中工阶层	194	205
下工阶层	183	189

这些数据表明，中工阶层可能是率先使用变体（i）-4 的阶层。以下数据证实了这个结论，它们是每个阶层的发音合作人使用（i）-4＝[ɔi] 的百分比（每个人至少使用了一次这个变体）：

中中阶层	17
下中阶层	25
上工阶层	37
中工阶层	95
下工阶层	62

6.3.1　语体变异

语体分化（style differentiation）的异常模式也可能指示某个语言变化正在进行中。这方面的一个著名例子来自 Labov 对纽约市变项（r）的开创性研究。图 6-7 表示这个变项的不正常的交叉模式，[①] 即在比较正式的语体中（如语段朗读语体、词表语体，见 5.2 节），下中阶层（LMC）对发音的/r/的使用率比上中阶层（UMC）的还高。[②] Labov 把这个社会语言结构（sociolinguistic structure）称作"超矫正"（hypercorrection）[③]，它是由社会语言学标志（sociolinguistic marker）展现出来的（这个系统性的超矫正现象，有时也称作拉波夫-超矫正（Labov-hypercorrection），它必须跟 3.4 节中所讨论的个人超矫正现象（individual hypercorrection）区别开来）。对于这个模式（见图 6-7），我们可以通过以下假设来解释：

---

① 图 6-7 中，代表下中阶层（LMC）的线交叉穿过代表上中阶层（UMC）的线。——译者

② 这里发音的/r/原文作"postvocalic /r/"，直译可作"后元音的/r/"。注意，这里"后元音的"不是指元音的发音部位，而是指/r/出现在元音之后的位置，即指"farm, fair, car"等词中出现在元音之后的/r/。这个/r/在英国标准音中是不发音的，但在纽约却有两个变体：发音的/r/，也就是这里说的 postvocalic /r/和不发音的/r/。Labov 的研究显示，在发音的/r/的使用上，基本趋势是：富人比穷人多，白人比黑人多，女人比男人多，职位高的人比职位低的人多。总之，越是社会地位高的人，发音的/r/的使用率就越高。另外，Labov 还发现，在正式语体中，社会地位第二高的下层中产阶级对发音的/r/的使用还比上层中产阶级人群还多。Labov 把这种现象叫作"超矫正"（见下条注释）。——译者

③ hypercorrection，一般译作"矫枉过正"。但站在比较中立的立场上，译者认为译为"超矫正"更贴切。——译者

在那些场合比较正式的语体情景中,下中阶层的人对自己说的话是否符合标准(是否跟上中阶层的人说的话一样)投入了过多的注意力,以至于做得太过分,超过了更高阶层的说话人。这种在某些语体中大量使用某个变体的变异现象可以归结为下层中产阶级在语言上的不安全感(linguistic insecurity)意识,也就是说,他们对自己的社会地位不像上层中产阶级那样有安全感,总担心自己的语言跟工人阶级的差距不够远,对人们是否能够把他们跟工人阶级区别开不是很有自信,因而当他们处于那种对自己说话特别小心翼翼的情景中时,就会特意使用一些权威方言的语言特征,如发音的/r/等,来特别强调自己的阶层所属。

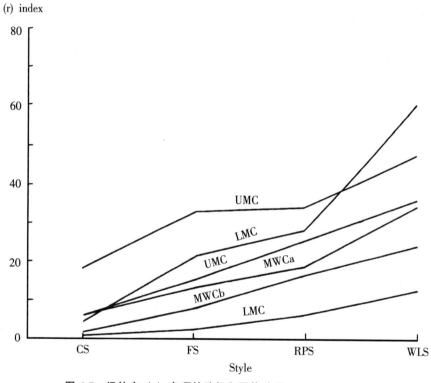

图 6-7　纽约市(r)变项的阶级和语体差异(Labov,1966)

我们也可以这么假设,或许通常的情况是:在把有社会威望的语言特征(linguistic prestige features)引入一个语言社区时,社会地位第二高的人群所起的作用最大。在这个例子中,很明显,在纽约市这个正在进行中的、使用发音/r/的语言变化中，下中阶层是先锋，它成为纽约英语的一个重要特征仅仅是二战以来的事情。然而，这种现象只会发生在这样的地区：在那里，那种具有社会威望的语言特征是从其他外部地区引进而来的。① 也就是说，我们不会期待这个过程也出现在英格兰，因为在那儿到处都是说标准英语（RP）的人群。② 在英格兰，只有标准语（RP）形式才是具有社会威望的形式，而那些最典型的下中阶层的语言形式，几乎可以说，是压根儿不会有什么社会威望的。

6.3.2 性别作用

性别分化（sex differentiation）的异常模式也能提示某个变化正在进行中。在5.3节中我们看到，性别分化的正常模式是：平均而言，女性更愿意向标准音靠拢，比男性少用那些社会威望低的语言形式。以下是Norwich男女说话人在正式语体中对变项（o）的使用得分，它显示出一个有趣的、跟正常模式相违背的情形。

	男性	女性
中中阶层	1	0
低中阶层	11	1
上工阶层	44	68
中工阶层	64	71
下工阶层	80	83

从以上得分我们看到，三个工人阶层的男女说话人的得分所反映出的性别差异是"不对的"——这的确是某个变化正在进行中的迹象。③ 事实上正在发生的变化是，像 log 这样的词，它更典型的本地发音 [lɑg] 正在让位给比较接近标准音的发音 [lɒg]。然而，这个变化的发生似乎不是受标准

---

① 发音的/r/来自纽约以外的高地位集团，纽约地区历史上并没有这个音（见 labov, 1966）。——译者
② 言下之意，纽约这样的地方，因为说标准英语的人群不够多，容易受到外来因素的影响。——译者
③ 这里的数据表明，男性说话人的发音更倾向于标准音。——译者

音影响的结果,而是由于 Norwich 周边地区工人阶层的口音影响所致——这是语言创新地理扩散的一个例子。的确,我们所了解的性别和语言之间的关系告诉我们,如果一个语言变化是在朝着社会威望较高的变体(prestige variety)的方向进行的,那么带领这个变化的一定是中产阶级的女性。然而,如果变化的方向是朝着跟权威的规范形式背道而驰的方向进行的(如,对变项(e)-3 或者(i)-4 等社会威望较低的变体使用的增加),那么其先锋往往就是工人阶级(特别是上工阶层和中工阶层)中的男性。但就变项(o)的这个情况来看,似乎这两种类型的变化是同时发生的,即对标准音的模仿和对邻近工人阶层口音的模仿正好指向同一个方向。①

这使我们想进一步探讨 5.3 节所提出的问题:为什么语言会有性别差异?为什么男人和女人在语言变化的传播上所起的作用不同?对于这个问题,目前还没有一个单一的、普遍接受的答案,不过学者们倒是提出以下这些因素或许与此有关:

1. 在我们的社会中,女人所具有的成功机会还是比较少的,因此,她们更可能通过外表和行为举止(包括言语方面的)、而不是所做的事情来显示她们的社会地位。

2. 或许因为缺乏职业机会的缘故,女人所参加的社交网络的凝聚力也不够强,因此,她们也没有男人那样容易受到同伴的压力。而同时,她们也更习惯于自己总是处于"正式"的场合这种情形,因为她们的谈话对象一般都不是跟自己特别熟悉的人,所以也就导致她们经常采用正式语体这种说话方式。

3. 在性别角色差异很显著的社会中,比如少数民族聚居区(ghettoes)以及各种飞地(enclaves),女人的流动性往往会比男人大(这可能是前面提到的两个因素的自然结果)。在外出购物、工作或度假方面,她们的流动比男人的流动所受到的限制要小,在跟外人(如房主、教师等)打交道时,她们比男人更可能充当拿主意

---

① 也就是说,邻近工人阶层的口音 [lɒɡ] 比当地发音 [lɑɡ] 更接近标准音,所以模仿他们的口音就跟模仿标准音是一致的。——译者

者的角色。因此，女人跟自己圈子之外的人打交道的机会要比男人多。为了胜任她们的角色，她们必须掌握和能够驾驭各种各样的语言变体。

4. 传统上，女人在帮助孩子适应社会方面担任更重要的角色，因此女人对什么是被接受的言行举止更加敏感。

5. 语言的性别差异是一个更普遍的倾向的反映，即人们更容易接受男人强硬、粗鲁和不守规矩的言行举止。而另一方面，人们对女人的言行举止则有更高的期待，要求她们做到正确、谨慎、安静和礼貌。因此女人在使用"正确的"语言形式方面受到的压力要比男人大（这点也可以从男人和女人对待粗话的不同态度上看出）。另外，男人似乎也在某种层次上意识到，人们接受男人的粗俗语言要比接受女人的更容易一些。这很可能是因为粗糙、强硬和"男子汉气概"这些概念的内涵通常都是跟工人阶级的语言（以及其他行为）联系在一起的。

6.3.3 隐性威望（Covert prestige）

这里我们看到，在威望（prestige）和隐性威望之间存在着一种冲突。威望是一种地位的表征，它大多数时候反映了主流的、以中产阶级为主、显性的社会价值观。"隐性威望"这个概念是拉波夫最先提出来的。他指出，即使是那些大量使用不太好的语言形式（如把/t/发成[ʔ]）的说话人，他们也会告诉你（而且他们也会确信）这样的形式是"不好的""卑下的"。对此我们不得不假设，从某种程度上说，他们就是想使用这些形式。他们一定是对这些形式有好感，哪怕这好感只是隐性的，所以才会用这样的方式来说话，否则他们不会这样做。因为这会让他得到同伴的称许，并能表明自己也属于这个群体。从这个意义上来说，这也意味着威望。

从 Norwich 方言的研究中，我们得到了一些有关隐性声望对男女说话产生不同效应的证据。作为调查的一部分，我们要求发音人指出，在某些词语的两个发音中，自己使用的是哪一个，如在 better 的两个发音[bɛtə]

和［bɛʔə］中，他们通常发的是哪个。接下来我们根据录音带来检验他们对自己的实际发音的感觉是否准确。毫不奇怪，在很多例子中我们看到，很多发音人宣称自己平时的发音是［bɛtə］，而实际上他们的发音却是［bɛʔə］。更令人意想不到的是，另外很多发音人正与此相反，他们宣称自己的发音是声望较低的形式［bɛʔə］，但实际的发音却是威望较高的［bɛtə］。没有迹象表明这些发音人是在撒谎，他们所说的都是自认为自己所使用的那个形式，他们相信自己用的就是这些形式。因为他们至少潜意识里愿意使用这些形式。而且非常有意思的是，那些贬低自己的语言行为、错误宣称自己使用的是威望不高的形式的发音人大多是男性。这表明，男性的确比女性更多地受到那些社会威望较低的语言形式所关联的隐性声望的影响。

然而这种情形不是一成不变的。随着社会的变化，人们的价值观也在变化，与此同时，人们的语言行为也在变化。Norwich 方言调查给我们提供了一些这方面的例子。如，我们看到年轻的女性比年长的女性更多地受到隐性声望的影响，她们当中有不少人也贬低自己的语言行为。在这方面，挪威 Trondheim（特隆赫姆市）的方言也给我们提供了一些有趣的证据。Trondheim 的挪威语有个变项，它涉及重音在一些借词中的位置分配（stess assignment），如 avis/ɑvˈiːs/（报纸）、generasjon/gɛnɛrɑʃˈuːn/（一代人）等词语重音的位置分配。在标准挪威语中，这类词语的重音落在最后一个音节上。然而在威望较低的 Trondheim 方言中，重音出现在第一个音节上，如 avis 读作/ˈɑːvis/。在挪威许多地方，这是一个著名的、多少有点成见化了的下层阶级人群的语言形式。在 Trondheim，把重音放在这类词语的第一个音节上的现象也是更多地出现在工人阶级而不是中产阶级人群的语言中。不过，它与性别、年龄关联的共变（covariation）却非常有意思，如表 6-4 所示。

表 6-4　挪威 Trondheim 方言非标准形式的重音分配的百分比

年龄	男性	女性
18—36 岁	64	56
37—62 岁	63	24
63—82 岁	64	7

这个结果很不寻常：男人在非标准形式的使用上很一致（不同年龄段的说话人的使用率都在 63%—64% 之间）；而妇女对非标准形式的使用率随着年龄的减小而明显增多，就年轻女性来说，她们对非标准形式的使用率已经跟男人没什么差别了。对于这个现象，我们最好不要把它看成是语言的变化，而是妇女在语言行为上的变化，这个变化反映了她们价值观和态度方面的变化。可以推测，类似的现象我们也会在许多其他语言社区中看到。

扩展阅读

有关以下概念，指示性变项（indicators）、标记性变项（markers）、成见变项（stereotypes）、超矫正（hypercorrection）、鲜明分层（sharp stratification）以及渐次分层（fine stratification）的讨论，都能在 Labov（1972b）的研究中看到。Wells（1982：volume 3）对"拉波夫-超矫正"（Labov-hypercorrection）及"个人-超矫正"这两个术语作了区别。有关 rude，tune，suit 这几个词中的 -j- 音的脱落，请看 Hughes and Trudgill（1996）的相关研究。Tønsberg 语的资料来自 Gulbrandsen（1975）。有关 Appalachian 方言的研究，见 Wolfram 和 Christian（1976）。瑞典方言的调查和讨论，见 Nordberg（1972）。华盛顿 DC 的数据来自 Fasold（1972）。有关语言和性别之间的关联有大量的研究文献，一些比较综合性的讨论，我们已列在上章末尾的参考书目中。有关隐性声望的概念，参见 Labov（1966：108）和 Trudgill（1972）。Trondheim 的资料在 Ulseth（发表日期不详）、Fintoft 和 Mjaavatn（1980）中都有讨论。

第三部分：空间变异

第七章

方言分界线

传统方言学的关注点是语言的地域差别，并从中建立起同言线（isoglosses），用来标示某些语言特征上（如某个词汇条目或某个词的发音）有所不同的两个地区之间的分界线。在本章中，我们将仔细考察一些类型的同言线，搞清楚它们在方言研究上的功能和作用。

7.1 同言线

"同言线"（isogloss）这个术语的第一次使用是在 1892 年，它是由一位拉脱维亚语（Latvian）的方言学家 J. G. A. Bielenstein 提出来的。[①] 很明显，这个新词是模仿气象学术语 isotherm（同温线/等温线，即两个平均气温一样的地区之间的连线）创造出来的。从字面上说，isogloss 的意思是"相同的语言"，它是由两个希腊语词根 iso 和 gloss 相加而成：iso 相当于 equal，即"相同"的意思；gloss 相当于 tongue，是"舌头""语言"的意思。揆其本义，这个词想要表达的是：一条画过某个地区的线，其两侧的两个区域在语言表达的某些方面具有共同之处但又彼此有所区别。

---

① 拉脱维亚语（Latvian）属印欧语系波罗的语族东支，是该语族仅存的两种语言之一（另一种为立陶宛语）。该语言主要使用于拉脱维亚（Latvia，全名：拉脱维亚共和国（The Republic of Latvia），一个位于东北欧的波罗的海沿岸国家）。拉脱维亚语的主要方言有中部方言、利冯尼亚方言（也称塔赫米亚方言或西部拉脱维亚语），以及高地拉脱维亚语（又称东部拉脱维亚语）。现代标准拉脱维亚语以中部方言为基础，形成于 19 世纪末、20 世纪初。——译者

方言学家是在两个略微不同的方法上使用这个术语的，并因此产生了两种不同的同言线图形标示法。虽然我们随时都可以把其中的一种图示法转换成另外一种，但是，对于不知道有这两种图示法存在的人来说，在第一次碰到自己所不熟悉的图示法时，还是会感到迷惑的。

地图 7-1 和 7-2 是两种假设的情况，它们说明了这两种标示法。假设在某项调查中，某地的说话人在某个语言特征上有区别，即，他们当中有些人（如图上的 a—g, i 以及 k 等）具有符号△所代表的特征，而其他人（h, j, l 和 m—p 等）则具有○所代表的特征。通常标示这种情形的办法是地图 7-1 所示的那种方法：在有着不同语言特征的任何两个说话人所在的区域之间画一条单线。除此之外，还有一种标示法，即地图 7-2 所示的两条线标法：一条线把具有特征△的说话人所在的区域连接起来，另一条线把具有特征○的说话人所在的区域连接起来，当某些说话人邻近于另外一个群体的说话人时，他们就处于这两个地区的交界处。这样的双线同言线有时又叫作同言分隔线（heteroglosses）。显然，如果有地图 7-1 提供的信息，那么转换成 7-2 中的标示法是轻而易举的，反之亦然。

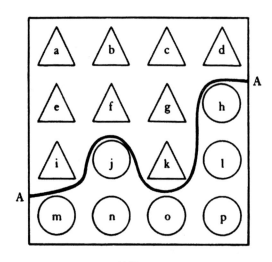

地图 7-1

说明：一条单线把特征△和特征○的区域分开。线 A 就是一条同言线。

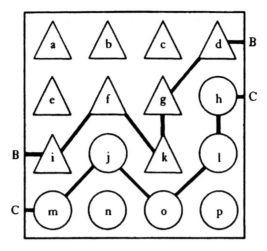

地图 7-2

说明：两条线把特征△和特征○的区域各自分开：线 B 把具有特征△的说话人所在的地区连起来，线 C 把具有特征○的说话人所在的地区连起来，这两条线构成了同言分隔线。

然而，这两种标示法在表达上是有细微差别的。特别是当有某一个语言特征出现在那些实际被调查的说话人之间的地方时，同言分隔线的立场是中立的。也就是说，假设有另外一个说相同语言的人处在 f 和 j 之间（当然，这个人不在抽样调查的名单里），同言分隔线会对这个说话人保持中立，不作划分。但是，单线标示法的系统则不同，它会任意地从那些实际上未知的领域画过，即它可能会把处在 f 和 j 之间的那个说话人划归到 j 这边或者 f 那边。因此，就这点来说，它没有同言分隔线精确。这大概也是一些方言学家更喜欢用同言分隔线的主要原因。

但是实际上，单线的同言线和双线的同言分隔线之间的差别并没有太大的意义，它们之间的区别是微不足道的。如果不是考虑到任何处在 f 和 j 之间（以及其他人之间）位置上的说话人这种情形的话，这两种标示线是完全相等的。如果我们想要呈现这种情况的话，就必须对这个地区做一个专门的、穷尽式的调查，但这种调查是很少见的——或许在方言学研究历史上从来也没有人做过。在这里我们要认识到的是比这更重要的事实，即（双线的）同言分隔线，尽管对语言交界处处理得更精确些，但除此之外，它在任何方面都跟（单线的）同言线一样不够精确。让我们来考虑这种可能性：有一个说话人处在图中 c 和 d 之间，但假设他具有语言特征 ○，那么他就跟他的邻居 c 和 d 的语言特征不同，而是跟处在他南边 h 位置上的邻居完全相同（事实上这样的可能性是非常大的，我们后面处理某个实例时将会碰到）。在这种情况下，同言线和同言分隔线所作的划分同样都带有随意性。而这一次尤其不准确，因为这相当于宣称 c 和 d 之间的那些说话人是不存在的。毫无疑问，正因为这两种标示方言分界线的方法几乎是相等的，所以在方言研究中它们都还被使用，并没有发生其中一种取代另一种的情形。事实上，更经常被使用的是地图 7-1 中的单线标示法。

7.2 同言线模式

在各种不同的方言调查中，某些模式的同言线一再重复地出现。它们的重现本身就是有关方言研究的一个有趣事实，它表明在调查区域内的语言状况存在着某种固有特点，从中我们可以推出某些结论。

7.2.1 纵横交错模式（老定居点模式）

这种重复出现的模式初看上去好像毫无规律可寻，因为它以一大堆的同言线面目出现，相互交错，杂乱无章。就是这种模式让早期的方言学家放弃了有关语言变异的规律性的某些强烈信念，而他们正是凭借这些信念而推测同言线会显示出更多的规律性。其结果是，同言线在从一个地方到另一个地方的主要方言元素中，不仅没能根据主要的语音规则和词汇集合的区分而描绘出界限明确的方言区，反倒形成了样子繁多、数量惊人的组合模式。

一个经典的例子就是那组得到普遍认同、将低地德语和高地德语分开的同言线，这组同言线始于柏林稍北的位置，继而沿着由东向西的路线横贯德国和荷兰。也许，代表这个分裂的最著名的特征是前日耳曼语（Pre-

Germanic)"*p,*t 和 *k"这组辅音的延续体(reflexes),① 它们在低地德语还是塞音(stops),但在高地德语已经发展成擦音(fricatives)和摩擦音(affricates)了。因此,高地德语和低地德语之间有这样的对应:比如,相当于 village(村庄)的那个词,低地德语是[dorp],高地德语是[dorf];相当于 that(那个)的那个词,低地德语是[dat],高地德语是[das];相当于 make(做,造)的那个词,低地德语是[makən],高地德语是[maxən]。就它们的部分长度来说,代表这些特征的同言线似乎还算比较规矩,彼此大致平行,有时甚至重合,正如地图 7-3 所示。尽管事实上它们在一定程度上有或多或少偏离的情况,而且在不同的点会交叉进到对面的领地去,但总体来说,为什么说"还算"是有规律的?这是因为这些同言线在跟莱茵河交叉相遇时,在那个"交叉点"上,所有的同言线突然朝着各自不同的方向散开了,就像一把张开的扇子一样。这就是有名的"莱茵河扇(Rhenish fan)"。正是因为这种情形,所以这束同言线还算是有规律的。我们无法对莱茵河地区的低地德语和高地德语作出任何有效的概括。同一个村子里的人会像低地德语区的人一样说[dorp],但同时也会像高地德语区的人一样说[maxən];而位于南边村子里的人的话语则可能既有高地德语特点,如[maxən]和[dorf]之类,同时又有低地德语特点,如[dat]等(又见 3.1 节)。

然而,对于方言学家们来说,这个"莱茵河扇"已经成为一个很有启发性的例子,因为它向大家呈现了一个既清楚而又戏剧化的同言线实例,即在一个交叉点上所有的同言线分道扬镳,可以说完全没有遵循语文学家们所说的语音规则(参见 2.1)。不过,如果从"莱茵河扇"提供的角度回看这几条同言线,有一点就变得显而易见:在它们全线经过的地方,确实存在着这样的方言特征组合,它们大致具有相同的多样性,贯穿整个德国和荷兰。扇形区域和其他区域的主要区别是:在扇形区域,各条同言线之间分开的距离要大一些。不过话说回来,这些同言线不论在哪儿都是多少有点分开的。

---

① reflexes(reflex 的复数形式),直译为"反映""发射"或"映像"。作为一个语言学术语,它指的是一个较早的、通常是构拟的语言形式或特征在后来历史阶段中的体现或表现形式。为了容易理解,这里译作"延续体"。

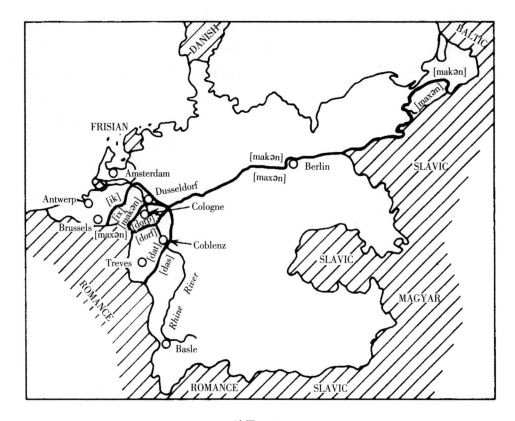

地图 7-3

说明：把低地德语和高地德语分开的语言特征的位置差不多是一致的一组同言线，占了总长度的一大部分，可是到了莱茵河谷地区，这些同言线却朝着不同的方向分开了（引自 Bloomfield，1933）。这个末端分开的例子被称作"莱茵河扇"。

在这里，我们看到纵横交错的同言线竟然把一个个相邻的村子分开，明显呈现出一种令人眼花缭乱的方言特征的组合，这种模式的同言线，已被识别为是出现在定居历史悠久地区的同言线的典型模式。这种网状同言线跟爱德华·萨丕尔（Edward Sapir）所提出的原则相对应，可以说是该原则的地图版，这就离人类最初的定居点或家园（Heimat）越近，语言的多样性也就越丰富。由于最早的那些语言地图集项目都是在那些具有悠久历史的定居地区进行的，因此我们能看到很多这种类型的同言线例子。地

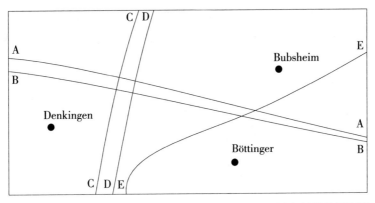

地图 7-4　绕经德国 Bubsheim，Denkingen，Böttingen 三个村子的同言线

说明：以线 A 为界，在线北侧，相当于 end（末尾）的那个词的读音是 [ɛːnt]，但在线的南侧，该词读作 [aynt]；以线 B 为界，在线北侧，相当于 bean（豆子）的那个词的读音是 [bawn]，但在线南侧，该词读作 [bɔːn]；以线 C 为界，在线西侧，相当于 colour（颜色）那个词的读音是 [faːrb]，但在线东侧，该词读作 [farb]；以线 D 为界，在线西侧，相当于 old（老的）的那个词的读音是 [aːlt]，但在线东侧，该词读作 [alt]；以线 E 为界，在线西侧，相当于 mow（割草）的那个词的读音是 [mɛːyə]，但在线东侧，该词读作 [mayə]。（引自 Bloomfield，1933）

图 7-4 就呈现了近距离范围内同言线的典型模式，这里使用的还是德语的数据。Bubsheim，Denkingen 和 Böttingen 是三个相邻的村子，彼此之间只隔几公里，但是很明显，如地图 7-4 所示，这三个村子各自有着自己独特的语言特征组合。从拥有共同特征这一点来说，尽管有时当中的一个会跟另一个构成一个配对，但并没有明显的一致性，它们只是在某一个方面相同而已，而在别的方面还是有所区别的。比如说，A 和 B 这两个特征（构成的同言线）把 Bubsheim 跟其他两个村子区分开（如图所示，以 A 和 B 两线为界，Bubsheim 单独在一边，而 Denkingen 和 Böttingen 在另一边），但 Bubsheim 却跟 Denkingen 共有特征 E（如图所示，Bubsheim 和 Denkingen 都在线 E 的西边，而 Böttingen 在线 E 的东侧），Bubsheim 又跟 Böttingen 共有特征 C 和 D（如图所示，以线 C 和 D 为界，Bubsheim 跟

Böttingen 同在东侧），等等。这种存在于一个地区中语言特征的细微差别通常表明该地区是一个历史比较悠久的定居点。

7.2.2 过渡区模式

反过来看也能证明这一点。① 现在我们已开始对定居时间不长的地方如北美内陆和澳大利亚这样的地区做方言调查了。很明显，在定居历史顶多有一两百年的地方，我们看到的趋势是：彼此相距遥远的地区却有着共同的方言特征。在这方面，《美国加拿大语言地图集》项目的调查工作为我们提供了一个很好的实例。这个调查始于新英格兰地区，继而延伸到大西洋沿岸南部各州，这是北美两个历史最长的定居区。当我们把发表的调查结果跟那些欧洲调查项目所得的结果作比较时，我们并没有发现什么非同寻常的东西。但是，当调查的范围往内陆延展时，到了那些定居历史更短的地方，如中西部和加利福尼亚地区，情形就很不一样了，在这些地方，同言线似乎在减少和消失（9.2 节讨论了一个中西部过渡地区的例子）。当我们离开东海岸向内地前行时，那些在大西洋沿岸地区的调查中识别出来的主要方言区似乎又互相融合了。

7.2.3 方言残余区模式

经常出现在语言地图集中的还有一种同言线模式，它在某些方面跟以上讨论的那些令人眼花缭乱的模式似乎正好相反。在这种模式中，我们看见一条特别的同言线将所调查的区域划分成至少两个部分，但是那些被它划分出来的部分之间却没有连续性。也就是说，有一个语言特征出现于所调查区域中两个或更多的地方，但这两个地方却彼此并不相邻，当中隔着另外一个有着不同或者相反的语言特征的区域。这样的模式反映的是一个之前分布广泛的语言特征被一个创新特征所替代的较晚阶段。在比较早的时候，这个如今只存在于几个孤立地区的语言特征也曾存在于那些介于孤

---

① 指从定居历史不长的地区的情形来看也能证明：纵横交错型的同言线是老定居点的典型模式，定居历史越长的地方，语言的多样性也越丰富。——译者

立地区之间的区域里。而现在它正处于残余特征（relic feature）的状况，那些夹在中间区域的语言特征则显示了创新扩展的过程。地图 7-5 就揭示了卷舌音方言（rhotic dialects，又叫 r-ful dialects）是英国的古语残存。自 17 世纪以来，非卷舌音方言（nonrhotic dialects，又叫 r-less dialects）一直在取代卷舌音方言。在语言最保守的英国人群（以 SED 项目调查选用的 NORMs 类型说话人为代表）中，卷舌音方言和非卷舌音方言都有发现。在地图 7-5 中，卷舌音方言为古语残余的事实不是由非卷舌音方言占主导地位来表明，而是由卷舌音方言的非连续性的分布来显示。大约一个世纪左右之前，卷舌音方言还分布在这个国家的更多地方，图中那三个地区只是卷舌音特征原先连续分布范围中的几个而已。（在最近一百多年里，）这个已有三百多年历史的创新特征已经被推进到整个英格兰地区，只是在一些零散孤立的地方，那个古老的卷舌音特征才被遗留了下来（有关此特征的讨论，又见 11.2 节）。

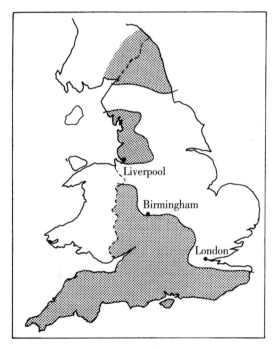

地图 7-5

说明：在英国，卷舌音方言见于最保守的说话人群（NORMs）

中，他们多分布在南部的乡村地区，如兰开夏郡（Lancashire）的利物浦（Liverpool）以及北部的诺森伯兰郡（Northumberlan）等。（引自 Trudgill, 1974c）卷舌音地区的非连续分布表明，卷舌音方言是英格兰的古语残存特征。

7.3 同言线束

正如前面整个讨论过程中所暗示的，一条同言线描绘的是某个单独的语言特征。强调这一点是很有必要的，因为有时候人们在"同言线"这个词的使用上比较随意，好像它代表的是将某个方言区分出来的那一整套特征。不用说，把一个方言区从相邻的地区划分出来的同言线越多，那个方言区也就越重要。① 例如，在地图 7-4 中，把 Bubsheim 和 Böttingen 分开的只有为数不多的几条同言线，这两个方言区的重要性就没有地图 7-3 中由数目较多、位置走向差不多一致、横贯德国的那组同言线所揭示出来的方言区更重要。位置一致的一组同言线就叫一个同言线束（a bundle）。

在方言学研究中，迄今为止最引人注目的同言线束或许是出自 Gilliéron 和 Edmont 所负责的法国方言调查项目中的那一束。我们从他们的资料中挑出了九束同言线，其中有一束在数目和密度上都特别突出，它们结合在一起，而且在所穿过的整个地区中都是紧密结合在一起的。如地图 7-6 所示，这组同言线束横贯法国东西。但遗憾的是，我们无法确切知道这个同言线束到底代表了多少条同言线。因为在这里由一条线代表的几个特征实际上是四条或者五条同言线所代表的，只是它把四五个彼此不同、可比较的语言特征合到了一起。这个同言线束标示着法国方言的主要划分，证实了法国诗人 Bernart d'Auric 所做的北部方言（langue d'oil）和南部方言（langue d'oc）的切分（见 2.1 节）。② 我们在下文讨论方言区

---

① 即，一个方言区的重要性跟把它从相邻地区划分开的同言线的数目成正比，同言线的数目越多，这个方言区也就越重要。——译者

② 北部的 langue d'oil，可译为"奥依语"，南部的 langue d'oc，可译为"奥克语"。——译者

和文化的关联时还会谈到这组特别值得注意的同言线束（见 7.5）。

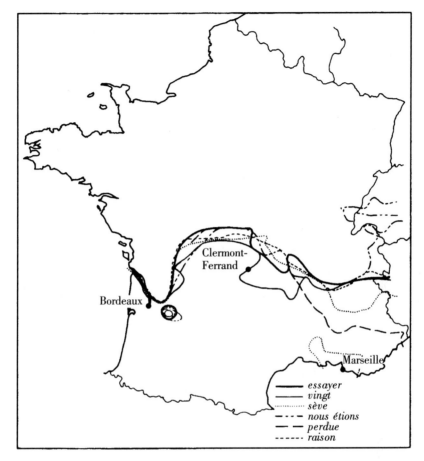

地图 7-6

说明：几条位置大致相合的同言线，把法国分成著名的被称作 langue d'oc 和 langue d'oil 的两大方言区（引自 Jochnowitz, 1973）。像这样位置相合一致的一组同言线就叫同言线束。

7.4 同言线的等级排序

不可否认，某些同言线比另外一些同言线更重要，这是因为有些同言线所标志的划分被"认为"更有文化上的重要性，另一些则没那么重要，有些同言线是持久不变的，而有些则是暂时的，等等。同样很明显，有些同言线束也比另外一些同言线束更重要。但是，在方言学的整个历史上，还没有人成功地设计出一个令人满意的程序或一套原则能帮助研究者判断哪些同言线或者哪些同言线束的重要性更高一些。缺乏一种能实现这个目的的理论，甚至连探索性的理论也没有，是方言地理学一个显著的薄弱点。

在判断某些特定的同言线的语言学意义时，表面看起来好像存在着某种显而易见的解决方案，即我们可以根据同言线所描绘的语言特征来对它们进行分类，然后根据我们对这些语言结构的了解，或者根据我们对不同类别的同言线的持久性实证观察，来对它们的重要性进行排序等等。诚然，我们确实可以通过这样的方式来给同言线划分类别，但归根到底，除了一些肤浅的观察外，我们还是无法给它们按那些方法来划定等级，这点我们在下文中将看到。

以下所描述的同言线类别，是按语言结构的抽象程度由低到高的顺序排列的。

首先让我们来看看词汇同言线（lexical isoglosses）。这类同言线描绘了不同说话人在词语使用上的对立，即对某个物体或某个动作的不同叫法和表达。如，在北美大陆东北部被人叫作 dutch cheese（荷兰奶酪）的那种奶酪，在美国中部地区被称为 cottage cheese（村舍奶酪/农家奶酪）；而苏格兰人叫作 brose（麦片粥）的东西在英格兰北部邻近地区的人们则说 gruel 或者 oatmeal。

其次我们再来看看发音同言线（pronunciation isoglosses）。这类同言线有时会跟词汇同言线放在一起考虑，目前为止，本章讨论过的那些例子都可包括在这种类别中。如相当于 that（那个）的词，德语有两个发音：［dat］和［das］；又如，to mow（割草）这个词，Bubsheim 方言说［mayə］，Böttingen 方言说［mɛːyə］，等等。在北美大陆，在词语的发音上构成鲜明对立的一个著名例子是 greasy（油腻的）这个词，其最后的那个音节 sy 中的 s，北部地区的发音是［s］，但中部和南部地区的发音则是［z］。

很清楚，这两种同言线都涉及词汇，但是前者涉及的是不同方言在构词形式上的不同，而后者涉及的是同一个构词形式在不同方言中的音位表达/呈现（phonemic representation）上的对立。① 我们可以放心地把词汇差异的重要性列得比发音差异的重要性轻一些，因为前者比后者更容易受说话人自我意识的控制或更可能发生改变。前面提到的北美英语方言的那两个例子或许能帮我们理解这一点：尽管代表这两个语言特征的同言线都在那组把北美英语划分为北部方言和中部方言的同言线束中，但是 dutch cheese 和 cottage cheese 之间的对立在这几十年间已经消失殆尽，现在 cottage cheese 这个说法遍布整个北美地区，不管是制造商还是消费者都使用这个说法；而 greasy 一词在发音上的南北对立却始终一直存在着，对两边的说话人来说，不管是哪一方，只要注意到那个不耳熟的发音时，即使不把对方的发音当作是一个"错误"，也总会感到奇怪。

在音系方面，也有两种类别的同言线。第一种是语音的（phonetic），它涉及两个地区在语音产出（phonectic output）上的对立，造成这种对立的原因是，在其中一个地区具有某个较为普遍的、（但对其他地区而言显得是）额外的语音规则。如在加拿大英语中，元音 /aj/ 和 /aw/ 出现在清阻塞音（voiceless obstruents）之前，如出现在 wife, mice, south 和 mouse 等词语中时，就会有一个明显较高的起始成分（high onset），这个语言特征被看成是加拿大英语的元音提升规则（Canadian Raising），而不是音位差别（phonemic difference）。

跟这些现象相反的是那些在音位总藏（phonemic inventories）上存在差别的方言，这种音位总藏上的差异就产生了音位同言线（phonemic isoglosses）。这方面有两个来自英国方言的著名例子（它们的详细情况下一章还将讨论），即南方方言的 /ʊ/，如 put, butcher 和 cushion 等词的元音；还有 /ʌ/，如 putt, butter 和 blushing 等词中的元音。在北方方言中，以上这两组词并没有 /ʊ/ 和 /ʌ/ 的区别，它们全都是 /ʊ/，/ʌ/ 根本就不存

---

① 这里指某个音位在语音层面上的具体表现，如"greasy"一词在北美大陆南北方方言中的发音区别。——译者

在。第二个例子是，在南方方言中，以下两组词语之间存在着长短元音的对立，即 laugh, bath, basket 这几个词中的元音是个长元音，而 lap, bat, battle 这几个词的元音是个短元音；可是在北方方言中，这两组词都是短元音（见 3.2.1）。还有一个北美英语的例子，即在加拿大、美国新英格兰东部和宾夕法尼亚西部（还有陆续加入进来的美国其他地方），cot, bobble, tot 等词跟 caught, bauble, taut 等词具有相同的元音，但在这些地方以外的任何英语地区中，这两组词的元音都是不同的。在这个区别已经消失了的地方，其方言也就少了一个音位——这是音位总藏方面的区别。

因此，音系同言线（phonological isoglosses）有两种类别：语音同言线和音位同言线。我们可能禁不住想要凭印象来对它们进行分级，就像我们之前对词汇同言线所做的，我们会赋予音位同言线更重要的意义，因为它具有更重要的结构意义。但是，这种企图是徒劳无效的，因为以上那些例子所提供的似乎都是模棱两可的证据。例如，以上所举的那两个加拿大例子——wife 和 mouse 等词中的元音舌位提升，以及造成 cot 和 caught 成为同音词的那个音位融合——事实上，不太能持久的是涉及到音位的那个例子，比起语音的例子，它（即 cot 和 caught 之间的对立）更容易受到移居美国的加拿大人的影响，不断地被他们拉平或"纠正"。至于那两个英国南北方言中元音对立的例子，① butcher 和 butter 之间的音位对立（即 /ʊ/ 和 /ʌ/ 的区别），几乎出现在每一个搬到南方的北方人的话语中（即搬到南方的北方人也跟南方人一样了）；但是 bath 和 bat 之间的对立（即长短元音的对立），则几乎不出现在搬到南方的北方人的话语中（即搬到南方的北方人在这个特征上并没受南方口音的影响），尽管北方方言已经有一些词语（如 father 和 lager 等）存在着长短元音的区别。

剩下的同言线类别，都可以归纳到一起，放在"语法同言线"

---

① 第一个例子：在英国南方英语中，put, butcher, cushion 等词中的元音是 /ʊ/，putt, butter, blushing 等词中的元音是 /ʌ/；但在北方英语中，这两组词的元音都是 /ʊ/。第二个例子，在南方方言中，laugh, bath, basket 和 lap, bat, battle 这两组词之间存在着长短元音的对立，前者为长音，后者为短音；可是在北方方言中，这两组词都是短元音。——译者

(grammatical isogloss) 的名目下，它们还可再分出两个子类别：第一个是形态同言线（morphological isogloss），它涉及到各地区方言在词形变化（paradigmatic）、屈折形态和派生过程方面的差别。这种类别的一个例子是，在美国南方，help（帮助）这个动词的过去时形式是 holp，尽管它的使用只限于当地那些非流动的、年长的、保守的男性说话人（NORMs），但它还是跟其他英语地区所使用的过去时形式 helped 构成了对立。

语法同言线的第二个子类别是句法同言线（syntactic isogloss），它涉及句子构成的某些方面。如在许多英语使用地区，for to 常作为一个标句语（complementiser）来使用，起着标记一个补语性嵌套句的作用，如"John went downtown for to see his friend"（约翰进城去见他的朋友）；与此相对照的情形是，在世界上其他任何地方的英语标准方言中，都没把 for to 包括在标句语当中的。

至于这两类语法同言线之间以及它们相对于其他类别的同言线应该怎么分级，至今还没有什么人做过这方面的工作。但是，社会语言学有相当多的证据表明，对言语社区进行分层时，用语法变项所做的划分要比用语音和词汇变项所做的划分的层次鲜明得多。也就是说，在一个言语社区中，语音和词汇的变项通常会在几乎所有说话人的话语中出现，但大多数语法变项的出现都比较受限制。一般的情况是，某个语法变项只出现在某个社会阶层人群的话语中，很少或者从不出现于其他阶层人群的话语中。如，受到较多研究的语音变项（ng），几乎在所有英语社区的每个说话人的话语中都出现过。它之所以是一个标记性变项，仅仅是从它的出现频率来说的，因为它在中产阶级人群的话语中出现得要少一些，通常都只是出现在比较随意的场合中。① 但比较起来，那些为人熟知的语法变项——用

---

① 前面 6.1 小节讨论过不同的语言变项跟社会特征（阶级、性别、语体等）的关联程度有差异，有的较为明显，易于察觉，人们常将它们与某个社会特征直接联系起来，这类变项就叫标记性变项。而有些变项跟某个社会特征的关联则不易察觉，人们一般不会把它们跟某个社会特征直接对应起来，这种变项就是指示性变项。这里作者的意思是，虽然（ng）这个变项几乎出现在所有英语社区的说话人的话语中，但它在不同社会阶层人的话语中的出现频率是不一样的，它很少出现在中产阶级人群的话语中，即使出现也只是在随意说话的语体中。因此，从出现频率来看，这个变项主要是跟工人阶级人群联系在一起的，就是因为这点，它是一个标记性的变项。

ain't 代替 isn't，用 hisself 代替 himself，用 come 作为过去时而不是 came，用 youse [jəz] 而不是 you 做第二人称代词复数形式等等，它们的使用者在大多数英语社区中都属于工人阶级人群。这些形式在中产阶级人群的话语中几乎听不到。

这样的事实表明，不同结构类型的同言线之间的主要区别落在了语法同言线和词汇/语音同言线之间。换言之，如果两个地区有语法同言线作为它们之间分界线的话，那么，比起那些语法同言线极少或只靠语音和词汇同言线作划分的地区而言，它们更容易被看作是两个截然不同的方言区。

顺便指出，还有一点值得注意的是：语义同言线（semantic isogloses）作为一种独立的子类型是可能存在的。这种类型的同言线可以看作是有关同一词汇在不同区域之间的词义对立，可以包括像动词 *fix* 的用法这样的区别：在英国英语中，动词 *fix* 的意思是 "make fast, make firm"（使牢固，使固定）；而与此相对，在美国英语中，fix 的主要意思是 "repair"（修理）（当然对一些人来说，这个词还有其他的意思，属于次要用法）。不过，这类同言线可能应该包括在词汇同言线的类别里，因为至少我们可以论证：方言的对立归根到底就是同一个意思在不同地区会使用不同的词来表达。因此，上面例子中的对立最好看作其涉及的不是 fix 的两个意义，而是 repair 和 fix 这两个不同的词的用法，它们在两个地区具有相同的意思。①

假设各类同言线的结构意义和我们上面讨论的次序是一致的，那么设计出一个系统来给它们分级就是很容易的事了。可遗憾的是，要让这个系统发挥实际的作用，或是要认真地对待它，却是一件很困难的事，比设计一个分级系统要困难多了。尽管如此，我们还是可以这么来着手：先给每种类别的同言线标定指数，即给最表面的或最不重要的类别

---

① 作者这里的逻辑不太好理解，大概他的建议是：最好不要把 fix 在英国英语和美国英语中的不同用法看成 "同一个词在这两个地方有两个不同的意思"，而是要看成 "同是'修理'这个意思，在这两个地方用两个不同的词，即'fix 和 repair'来表达"。如果持后一种看法，那么描述这类差别的同言线就应该包括在词汇同言线里，而不是语义同言线里。——译者

标上"1"这个指数,而给最深层的或最重要的类别标上"6",整个系统如下:

词汇类型	1. 词汇同言线
音系类型	2. 发音同言线
	3. 语音同言线
	4. 音位同言线
语法类型	5. 形态同言线
	6. 句法同言线

这样,对任何一个语言调查项目来说,任何一束同言线的得分就都可以通过累加每条同言线的指数值计算出来了。如,地图 7-4 中介于 Bubsheim 和 Böttingen 之间的那束同言线,它的得分就是那三条发音特征同言线的总和,就是 6(=3×2)。地图 7-5 中那条介于卷舌音方言和非卷舌音方言的语音同言线的得分就是 3。表面上看,如果两个地区存在着方言差异,而且这些差异是该等级系统中置于顶部的那些结构的差异(如词汇、发音等结构),那么这两个地区的语言关系就更为密切一些。而如果两个地区,尽管其方言差异虽少,但却属于该等级系统中得分较高的那些方面的差异,那么,它们之间的语言关系就没有前两者之间的密切。但是,在某种程度上,这样的结论是依赖某些关于同言线等级排序的假设得出来的,而这些假设从经验来说是站不住脚的。就目前同言线的研究状况来说,如果有研究者宣称他们的级别次序跟这里所列的正好相反,我们也没有理由可以反对。而且,这个描述程序还隐含着这样的意思:一个特定的调查要穷尽地识别出调查区域内的所有同言线。否则,只给一两个同言线束分派指数分数并对它们进行比较分析就是华而不实的做法,特别是当其中某个同言线束漏掉了一两条得分较高的同言线时。

  正是因为考虑到这样的情况,我们说,从结构意义大小的角度来给同言线分级排序是失败的。尽管结果如此,这条思路还是有希望的,至少它吸引了许多方言学家想要在这方面进行尝试。或许最终我们也真的能证明这是一个正确的探索方向,但这或许要等到我们对语言结构的意义了解得更多一些、对同言线类型的调查研究更透彻一些的时候。

7.5 同言线与文化的关联

在上一节中我们已经了解到，在划分方言区域时，各种同言线在感觉上是如何有着不同的"分量"的。广义上讲，独特的区域话语有助于社区意识的形成，就这一点而言，我们可以把同言线看作是由它们所界定的区域文化的一个方面。方言学家们偶尔也指出，他们的同言线跟地域文化的其他方面有着密切的关系，这么做，就是已经能够把语言的维度纳入到他们所研究的那个区域的社会历史中了。

这方面的一个比较简单的例子是美国马萨诸塞州（Massachusetts）的一些地名的分布，我们是从《新英格兰语言地图集》(*Liguistic Atlas of New England*，简称 LANE）项目的调查发现中看到的。这项调查揭示了马萨诸塞州有三个主要的方言区域，如地图 7-7 所示。其中最重要的同言线束是图中垂直画过这个州的那一组，它把该区域分成东西两个方言区域。这组同言线束由反映以下这些语言特征的几条同言线组成：（1）西部的 stoneboat 和东部的 stone drag，这两个词都是指一种没有轮子、底部平滑、用于运载石头等重物的拖车（一般多用马来拉，可以译为"运石拖橇"）；（2）西部的 bellygut 和东部的 belly bump，它们都是指一种面部朝下的滑雪橇姿势；（3）towel（毛巾）、funnel（烟囱）等词中的轻读元音（即第二个音节的元音），西部读 [ə]，东部读 [ɨ]。就东部地区来说，它又可以根据第二组同言线束（即图中横向画过东部地区的那束）划分为南北两个区域，这组同言线束包括反映以下语言特征的这几条：（1）在北部地区，pancake（薄煎饼）用来指一种油煎饼，而在南部地区这种饼叫 griddle cake；swill 指的是 pig feed（猪饲料），这种用法出现在整个东部地区，然而只有在东部的北部地区，它还用作 orts（剩菜）的同义词。（2）在北部地区，搬运货物叫作 teaming，在南部地区却叫 carting。

第七章　方言分界线

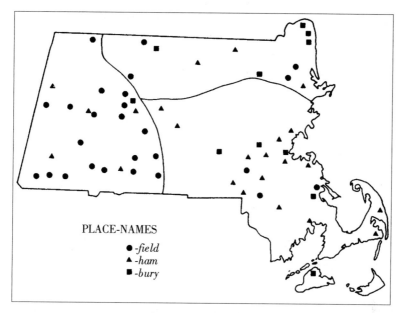

地图 7-7　马萨诸塞州

说明：该图呈现的是把这个州分成三个方言区的主要同言线束以及美国革命之前的某些地名的分布（见 Green and Green，1971）。每个地区都呈现出自己在地名上的不同倾向。

这三个如此界定的方言区域跟某些地名类型的分布有着相当一致的对应，这些地名是美国独立革命之前该地区的主要地名。[①] 如图 7-7 中标示符号所示，西部区域的地名多以-field(s) 结尾（如 Chesterfield，Newfields 等，图中以"●"表示），有十九个镇是这样命名的，这与东部的两个区域形成鲜明对比，在那里总共才有八个地名是以-field(s) 结尾的。然而东部的北部区域情况有些模棱两可，尽管有五个地名是以-bury 结尾（如 Newbury, Salisbury 等，图中以"■"表示），但是-field(s) 结尾的地名也占较高的比例。在东部的南部区域，以-ham 结尾的地名（如 Oakham，

---

① "美国革命"（Amerian Revolution），又称"美国独立战争"（American War of Independence，1775年—1783年），其以1775年波士顿民兵在列克星顿（Lexington）与英军交战拉开序幕，到1783年英军在法国签订《巴黎和约》投降而结束，是大英帝国和其北美十三州殖民地的革命者以及几个欧洲强国之间的一场战争。美国独立战争既是一场民族独立战争，即北美殖民地人民摆脱英国统治、同英国脱离的革命，也是一场资产阶级革命。——译者

Stoughtonham 等，图中以"▲"表示）就相对要比前面提到的两个地区要多一些。因此，我们可以看到，这三个区域各自不仅在一些方言特征上有一致性，而且在地名的选择上也有倾向性。

然而在这方面更引人注目的例子是地图 7-6 中那组把法国分为南北两个方言区的那组同言线束。虽然它只是从 Gilliéron 那庞大的数据中抽取出来的九组同言线束中的一组，但是大家普遍认为这组同言线束的意义最重要。它的重要性主要来自它与区域文化之间的关联，尽管这种关联只是一种大致的对应而已。这组同言线束不仅描述了该地区中的重要语言差异，而且也描述了该地区中令人尊敬的社会和文化差异。

从本质上说，这组同言线束跟一般法国人头脑中的"Provençal"（普罗旺斯）或者"南方"领域的概念大致对应，住在这组同言线束南侧的居民都认为自己是南方人。在法国，这种深入人心的归属感很强烈，人们有时把这归因于古代的一次民族分裂，用 A. Brun 的话说，就是"北方部分地罗马化了的凯尔特人和南方彻底地罗马化了的非凯尔特人"之间的分裂（引自 Jochnowitz，1973：156）。

在这种历史背景下，该同言线束和一些非语言学的分界线之间有某种大致的对应是不足为奇的。在农业上，这组同言线束大致划分了南北方的耕作方式，即，它与南方的二年轮作制和北方的三年轮作制的分界线大致吻合，在此线以南的地区，隔一年种一种作物，中间那一年是休耕期，但此线以北的地区，则是连续两年每年各种两种不同的作物，第三年是休耕期。同样地，在法律实践上，这组同言线束是法国早期法律实践上两大系统的分水岭。早在罗马帝国衰落时，法国就开始停止使用罗马的法规，但真正结束使用是以 1804 年《拿破仑法典》的出现为标志的。在罗马法律彻底停止使用和《拿破仑法典》出台之前的那些世纪里，北方地区坚持使用普通法系统，这大概是由法兰克入侵者引入的，在这个系统中，法律是一个对先前法律不断发展和完善的体制。而南方则一直保留着罗马的法律传统，它拥有一个不可作大小改动的成文法。这两个法律体系的真正分界线在哪儿并没有一个明确的界定，但它跟那组同言线束所出现的地方大致对应。最后，就建筑来说，在法国南方，屋顶的典型样式是平的，属于地中海风格；但在法国北方，屋顶则是又陡又尖的。由于这两种屋顶的风格跟当地降雨量之间没有什么关联，所以我们认为它们的差异是纯粹风格上的，而不是功能上的。尽管平顶风格的建筑沿着罗纳河谷（Rhone Valley）向北分布过去，并由此进入北方方言区——注意，这跟语言特征在最近几个世纪里的扩散方向是正好相反的——但除了这个地方以外，在其他地方我们都能看到房顶的风格跟那组重要的同言线束紧密地关联着。

当然，房顶、法律体系、农作物轮作方式、还有地名等这些东西之间并不存在什么必然的联系。在本小节中，它们被放在一起，仅仅是因为它们都是人类在自己所处的环境中留下个性印迹的方式而已。通过对这些事情的独特处理方式，某个特定地方的人就能够产生一种地方归属感和社区意识。语言，实际上，也是人类创造物中的一种，它在地域上的多样性也有助于人们产生社区意识。正因为这样，如果我们发现语言跟区域文化的其他方面没有关联，那才叫出人意料。因此，对语言地域多样性的研究可以看作是社会历史研究的一个维度。

7.6 同言线和方言变异

在这一章中，我们讨论的重点是同言线在方言学中的传统运用。它起着标记方言变异（dialect variation）的作用，它对这样的地区进行划分：在那里使用同一种语言的人们在话语上彼此不尽相同。从语言学的角度来看，那些不同可以发生在语言结构的任何层面上（见 7.4 节），如词汇、发音、语音、音位、形态或者句法等。从地理上看，在一个地方，如果人们会在某个语言特征上彼此不同，那么他们也会在其他语言特征上彼此不同。因此，我们说同言线是以束的面貌出现的（见 7.3），同言线束所包括的同言线数目越多，同言线束两边的区域在语言上的差异就越大。同言线可以识别为各种模式，如古代断裂或历史残余区模式（见 7.2）等，两个区域之间的重要方言差异通常也会在其他方面的文化差异上反映出来（见 7.5）。

从现在开始，我们在讨论方言特征的地理分布时，也将对隐藏在同言线的抽象性之下的各种现象进行深入的探讨，这么做是为了发现跟方言分界线有关的语言和社会的因素。

扩展阅读

　　有关同言线和构成方言分界线的其他语言现象的研究，至今还没有一部专门的著作。但是，对于同言线的某些方面，大多数介绍性的著作几乎都有所涉及。这里我们特别推荐以下几种：Bloomfield（1933：第十九章）；Kurath（1972），特别是其中的第二章；Palmer（1936：第七章）。尽管这些资料没有一个是对同言线问题进行全面探讨的，但是它们都对这个问题提出了各自强调的重点和各自不同的角度，正因为如此，这些介绍性的著作很有参考价值。

　　Bloomfield（1933）的有关章节为莱茵河扇（地图 7-3）提供了很好的参考资料，它也是我们了解 Bubsheim，Denkingen 及 Böttingen 这几个村子（地图7-4)语言情况的最好资料。有关英国的卷舌音和非卷舌音方言（地图 7-5）的讨论，见 Trudgill（1974b）。Jochnowitz（1973）讨论了那组将法国方言分成 langue d'oil（北部方言）和 langue d'oc（南方方言）的同言线束（地图7-6）。

　　说明同言线结构类别的各种语言特征来自很多资料，它们当中的大多数至少可以在以下文献中找到：有关美国英语特征的，可参考 Kurath（1972）；有关英国英语特征的，可参看 Wakelin（1972）；有关加拿大英语特征的，可参看 Chambers（1973）。新英格兰方言和地名之间的对应（地图 7-7），见 Green 和 Green（1971）的相关研究。Jochnowitz（1973）讨论了法兰克-普罗旺斯方言同言线束与几个非语言分界线之间的关联。Chambers（1993）对同言线和方言变体之间的关联作了理论上的探讨。Kretzschmar（1992）为同言线的使用进行了积极的辩论。

第八章
方言过渡区

　　从上一章的讨论中我们已经看到，同言线在方言学中具有若干描写用途。有时候它们所形成的模式是可以识别的，如那些出现在定居历史悠久的地区中的纵横交叉模式，还有那些出现在方言残余区的孤岛模式。有时候它们结合在一起形成同言线束，构成更具意义的方言分界，有时候它们还跟可以在地理分布上标示出来的区域文化的其他方面（如地名、立法体系、农耕方式等）相关联。

　　但是，正如今天所有的方言地理学家们都会同意的，同言线表示的只是有关方言区域连接方式的一种非常抽象的概念。一般说来，住在相邻地区、说同一种语言的人们通常都会在语言上有某种程度的互动，不管他们居住的地方有多么闭塞，区域之间的地形有多么不便利。人与人在语言上的互动，即使是对最孤僻的人，也会激发出各种各样的交道和关系。比如说，分享家禽生蛋方面的秘诀，炫耀一顶崭新的太阳帽，或者用地方土语聊聊当地的一些新闻事件等等。邻居们在语言上，不管哪个方面，绝对不同的地方是很少的。但是，为了使方言区的毗连方式像同言线所表明的那样——它们之间是截然分开的，所以我们不得不用一条无法逾越的鸿沟把它们分开。

　　我们是否维持这种鸿沟般的同言线，完全取决于我们是否只调查一个问题、并且只采纳这个问题的一个答案。如果我们对多个问题征求多种回答，或者采纳不止一个答案的话，就会带来变异性方面的问题，而考虑变异性的问题就会导致同言线的消失。

在本章中，我们将探讨隐藏于同言线之下、并几乎被它遮蔽了的语言变异性。

8.1 渐变和突变

面对从一个地方到另一个地方那似乎没完没了的各种话语变体，方言学家们自然而然地把眼光从数据的细枝末节上移开，并提出一些更具有普遍性的问题。其中一个关键问题就是，各个方言区是以怎样的方式彼此连接在一起的。某个说话人和他的邻居之间可能存在着的那些变异是有限度的吗？如果有，这个限度是什么？处于某个语言的边界附近的近邻们是如何调节和适应彼此之间的话语的？这样一个边界有多么真实？或者说，语言的边界是在何种程度上（如果有任何影响的话）影响了该地区的日常生活，或有意识地（或者更可能是无意识地）影响了该语言社区的人们的行为？

我们在地图上清晰地画出一条同言线，实际上就是暗示在空间的某个特定的点，某一个变项让位给了另外一个变项。这种含义不会改变，不管这条同言线是用单线还是双线表示（如上一章中的地图 7-1 和 7-2），也不管描述这条同言线时是把它两侧的变项都列出来，还是只引用一个变项（如那种很常见的做法，即指出某条同言线表示的是某个变项的"南方界线"，而不提及该同言线的另一边是什么）。

（语言变异的）地理突变性的假设看起来明显站不住脚，因此它很少（或许从来都没有）成为专业人士仔细考察或辩论的话题。的确，这是一个经不起多少检验的假设。语文学上一个被人们普遍认同的看法是，语言变异不是突变的（见 1.3）。语言变异是沿着一个连续体排列分布的，而不是截然对立地出现在连续体的两级。这一点，我们通过对克里奥尔语社区的语言变异（见 1.4）以及对城市中不同社会经济状况人群的语言变异（见 5.1）的详细研究后已经得到证实和巩固。大多数的方言学家都同意"话语的变异是渐次的，不是突然的"这种观点。尽管我们偶尔还会听到这个古老奇闻的不同版本：有个方言学家在田野调查时被一个农夫的妻子告知："噢不，先生，如果您想听到有人那样说话，您必须到那头的那个农庄去。"事实上，大多数方言学教科书都是双管齐下地讨论同言线和方言连续体的问题，从来不提它们之间的不相容性。

但就事论事，我们必须指出，在某种意义上，同言线和连续体并不是绝对互不相容的。同言线束，如我们在上一章所见到的，是由出现在同一个地区、但几乎从不紧紧地重合在一起的若干线组成的。因此，当我们从同言线束的某一边地区走到线的另一边的某个地区时，就会有一个连续体的效果。因为从一个调查点到另一个调查点，我们会看到一个接一个不同的语言特征的依次出现。因此，建立在同言线概念之上的同言线束是可以跟变异的地理渐次性调和的。

本章余下的篇幅将用于对英格兰的两条同言线作批判性分析，该分析将揭示同言线（包含同言线束在内）是建立在语言变异性之上的。我们也将看到，存在于过渡区域里的变异是规则的、有系统的。为便于讨论，我们将先介绍几个变项的概况，正是这些变项为我们的结论奠定了基础。

8.2 几个变项的概况

英格兰南部的英语跟英格兰中部及北部的英语之间存在着两个最著名的差别，① 其涉及我们称之为（u）和（a）的两个变项。这些符号采自中世纪英语（Middle English）的规范表示法，在那里这些特征又表示为"ŭ"和"ă"，或者"短 u"和"短 a"。在 17 世纪，这两个音位在伦敦地区都经历过一个语言变化。即中世纪英语的 ŭ，其实际发音为 [ʊ]，但在某些词语中，却发展出一个非圆唇的变体 [ʌ] 来。1580 年，这个变异首次被一个正音专家（orthoepist）指出，可到了 1640 年，就成了一个司空见惯的现象了。虽然表面上看，这个变异从来都没受到什么规则的限制，但实际上它还是受某些语音环境所限制，即圆唇的 [ʊ] 通常出现在唇音

---

① 英格兰中部地区，原文作 the midlands，，或译为米德兰兹。——译者

之后（/m/除外）以及/ʃ, l/之前，如 push, pull, bush, bull, full 和 wool 等。但是现在，这两个变体中的任何一个，不管是 [ʊ] 还是 [ʌ]，其出现的环境都是不可预测的。在英语的所有标准口音里都有以下这些对子：*put*:*putt*；*butcher*:*butter*；*cushion*:*cousin*。①

同样，中世纪英语的短元音 ă 在某些词语中变成了一个长元音，这个变化大概比中世纪英语的圆唇元音 ŭ 的变化晚几十年。这个变化似乎是有规则可循的，即它影响到凡是 [a] 出现在 /f, θ, s/ 等龈前擦音（anterior fricatives）之前的所有词，如 laugh, path 和 glass 等。也就是说，在这种环境中，其中的 [a] 都变成了长元音。而且在稍晚的时候，又影响到许多别的词语，如 advantage, demand, dance 和 branch 等，其中 [a] 出现在一个由鼻音加阻塞音构成的辅音丛之前。但是，如果说这些变化曾经是有规则的，那么这个规则并没有持续下来，因为有些新产生的词，比如说像 cafeteria（自助餐厅）这个词，其中 /f/ 之前的 [a] 依然是个短音。

这两个变化都是三百多年前从伦敦地区开始，然后逐渐向周围扩散出去的，如今它们几乎覆盖了英格兰的南部。但是它们在北部的扩散却明显缓慢。地图 8-1 通过 some 和 chaff 这两个词的同言线，呈现了这两个词在北方发音的分布，它们分别代表了（u）和（a）这两个变项。这张地图记录的发音来自那些语言上最保守的人群，即《英国方言地图集》(SED) 项目所调查的那些非流动的、年长的、乡村的、男性的发音人（NORMs，见 2.3.3）。在以下讨论中，我们将沿着这两个变化发生的前沿地展开，最后集中在最东端一个很小的地区，在那儿同言线的东端起自沃什湾（The Wash），然后往西切入东安格利亚（East Anglia）。

---

① 在这三对词中，第一对词的元音是 [ʊ]，第二对词的元音是 [ʌ]，但它们出现的语音环境是一样的。——译者

第八章 方言过渡区

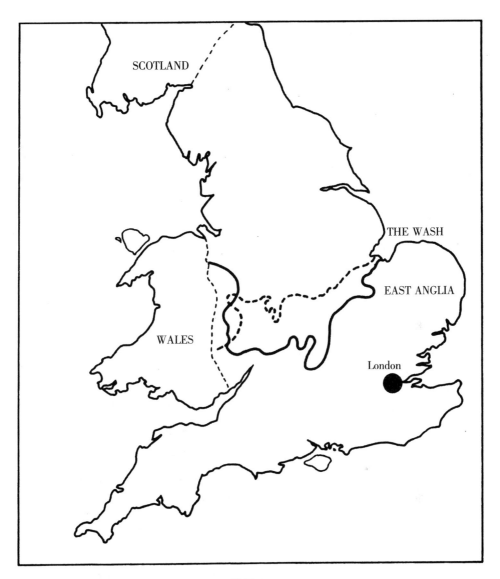

地图 8-1

说明：英格兰，实线是 some 的圆唇 [ʊ] 发音的南端界线（即此线以北的地区，some 的元音是圆唇元音 [ʊ]），虚线是 chaff 的短 [a] 发音的南端界线（即此线以北，chaff 的元音是短元音 [a]）。（引自 Wakelin, 1972:87）

8.3 变项（u）的过渡区

在《英国方言地图集》项目的调查材料中，我们看到不少这样的词语（如下），它们在英格兰南部（以及世界其他英语使用地区）都是一个非圆唇的［ʌ］，但在英格兰北部却保持着圆唇元音。以下单词是从该项目数据库的记录和表格中挑选出来的：

brother, brush（3）, bump, bunch, butter clump, come, cousins, cud, cutter, cutting（2）, does, done, dove（2）, dozen, drunk, duck（2）, dull, dung（2）, dust, dustpan, enough, funnel, gull, gums, gutter（2）, hub, hundred, hungry, lump, mongrel, muck, mud, mushroom, must, other/tother, pluck（2）, puddles, puppies/pups, rubbish（2）, sawdust, shovel, shut, slugs, stubble, stump, sun, thumb, thunder, tuft, tup（hog）, truss, tussock, uncle, up, us.[①]

在调查采访中，尽管没有一个发音人主动读出全部这些词语，但所有的发音人都主动读出了其中的三分之二或者更多的词，这为我们提供了足够多的示例，方便我们进行分析。为了确定调查的区域，我们先把对以上所有词都发［ʊ］音的说话人识别出来，以他们作为调查区域的北部边缘，接下来再把第二组，也就是对以上所有词都发［ʌ］音的说话人识别出来，以他们作为该调查区域的南部边缘。在地图 8-2 中，第一组说话人用指数 100 来标识（即 100% 的词都发［ʊ］音），第二组用指数 0 来标识（即 100% 的词都发［ʌ］音）。当然，我们主要感兴趣的是那些处于这两个组之间的说话人。按照对同言线的字面解释，[②] 有人或许会推测，处于这两个组之间的说话人一个也没有。但这个推测显然不合实际。事实上，如地

---

① 括号中的数字是该词出现的次数。——译者
② 同言线的定义：在地图上画出的一条线，标记某个语言特征的使用范围（参看 7.1 节地图 7-1 和 7-2）。——译者

图 8-2 显示，在这两组之间的地带，有许多说话人，[ʊ] 音出现的指数范围在 97% 到 2% 之间。

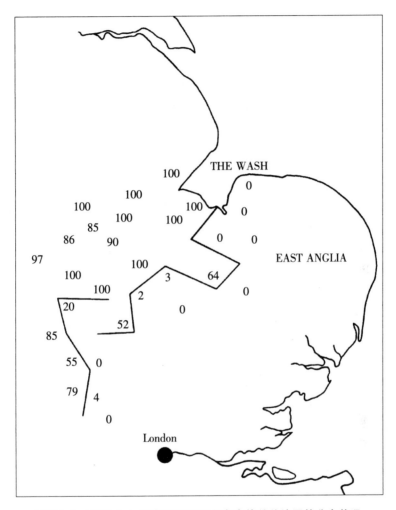

地图 8-2 变项（u）在东安格利亚和东米德兰兹地区的分布状况

说明：图中的数字是《英国方言地图集》项目采访的发音人的发音指数，其中一个数字对应一个发音人，该指数代表的是在一个总数为 65（包括了 brother, gutter, rubbish 和 us 等词）的词表中 [ʊ] 音出现的百分比。图中实线是试图通过简化变异性而画的一条同言线。

从语言结构上来说，处在得分最高级别（得分为 100）的说话人和处在得分最低级别（得分为 0）的说话人之间的差异在于：后者有一个元音音位/ʌ/，而前者没有这个元音音位。那些处于这两者之间的说话人是什么状况呢？显然，他们的元音系统不能简单地从音位角度来描述。对此，我们应该说的是，他们的元音系统里有一个变项（u）。在这个例子中，具有这个变项的说话人和没有这个变项的说话人是混居在一起的（如地图 8-2 所示），因此，很有可能这个变项正处在一个过渡性的发展中，它标志着元音系统的重新调整。根据说话人的指数得分，我们可以沿着一个连续体把他们的次序排列出来。另外，以下这种情况绝对不是巧合的：如地图 8-2 所示，任何一条从某个指数为 100 的点到某个指数为 0 的点的线，都大致会经过那些地区，在当中各个点的指数由北往南逐渐减小（除了最东边的区域，那里似乎没有过渡性的方言变体；详细情况见下一节）。这些指数，尽管是静态的，但还是描绘出了这个语音变化的发展过程。

这里，从每个说话人那里所获得的实际数据给我们提供了一次难得的机会，着重指出一下同言线所具有的含混、不可操作的特性。正如前面曾几次指出的，一条同言线描述的只是某个单独的语言特征的使用界线。就变项（u）来说，如果要用同言线来描述它的具体发音状况的话，我们大约需要画 65 条线（即以上所列数据中的每个词每出现一次就画一条线）。①然而，很明显，这是一组涉及到语言变化的数据，而且这是一个正在进行中的变化。因此，任何想要画出它们同言线的尝试，哪怕做一个最小的调整（即使只对词表中的每个词而不是每个词的每次出现画同言线），都一定会失败。因为这套数据显示，对于大多数在调查时多次被诱导说出的词，过渡地区内的每一个发音人都会有变化不定的发音，比如说，duck 在某个场合的发音是 [dʊk]，而在另一个场合则是 [dʌk]。

比方说，我们可以做这样一个任意的但不无道理的假设：即，任何两个相邻的说话人，只要他们之间的指数差为 50 或者更多，他们就分属于某条同言线的两侧，即使是在有语言变项的情况下，那么我们也可以建立起一条同言线。但是，事实证明，这种探索是失败的，正如地图 8-2 所揭

---

① 即本节刚开始所列举的那个来自 SED 项目的词表（地图 8-2 的说明也提及列此表）。——译者

示的。这样的做法产生的不是单独的一条线，而是一系列不连贯的线。在地图 8-2 中，我们看见，线条断开的地方，相邻说话人的指数分别是 100、52 和 20，在这里，我们不能够沿着这条同言线把中间那个数字（即 52）跟另外两个数字中的任何一个归在同一侧。① 如果我们对此作一番调整，即以指数值相差 30 而不是 50 为分界点，这么一来，那个缺口是可以填补了，但总的局面却混乱了，因为原来那条线上的许多以前很规则的部分现在却变成了封闭的盒子形状了。所以，无论如何，只要我们承认有过渡性的方言（transitional dialects）存在，就等于宣布同言线的无效。因为它们不能被指定到某条同言线某一侧的一个确切的地方，正如一个对某个词有变动不定的发音的说话人不能被强迫对这个词的发音固定不变一样。因此，与其试图使这些变异性"规则化"，我们认为解决过渡问题的更富有成效的一个途径是寻找变异性本身的一般性（generalisation）和系统性（systematicity）。

8.4 混合型和混造型方言变体②

更加仔细地观察过渡区的方言变体之后③，我们发现说话人所使用的语音范围是有差异的。在地图 8-2 中，指数值代表的是"北方"发音的百

---

① 因为 100 和 52 相差 48，不到 50，所以它们应该在同言线的同一侧；而 52 和 20 相差 32，也不到 50，它们也应该属于同言线的同侧。——译者

② 前面作者介绍了中世纪英语的两个元音音位/u/和/a/在某些单词中的读音从南到北有所不同，并把它们分别叫作变项（u）和变项（a），前者最典型的北方发音是圆唇音的 [ʊ]，最典型的南方发音是非圆唇音的 [ʌ]，同时还有介于这两者之间的其他发音。变项（a）最典型的北方发音是短元音 [a]，最典型的南方发音是长元音的 [aː]，同时还存在着介于这两者之间的其他发音。从本小节起，作者着重考察这两个变项在过渡区（即英国东安格利亚和米德兰兹地区）的详细情况。作者指出，在这个过渡区里，根据以上两个变项的具体发音状况，大致分出以下几种不同的方言变体类型：(1) 混合型（mixed lects），在这种变体中，说话人在某些词中使用典型的北方发音，而在某些词中使用典型的南方发音；(2) 混造型（fudged lects），在这种变体中，说话人使用的既不是典型的北方音，也不是典型的南方音，也不是像混合型中部分词使用北方音，部分词使用南方音，而是使用一种南北发音混合生成的新的发音——混造音；(3) 杂烩型（scrambled lects），在这种变体中，说话人使用从南到北所有的不同发音形式。——译者

③ 此处的"方言变体"原文作"LECTS"，又括号注"or varieties"。LECTS 是一个社会语言学中的常用术语，指某个语言中任何一种可以区别得开的变体形式。至于 varieties 的定义，参看本书第一章 1.2 节。——译者

分比，这些量化数据不是仅仅根据［ʊ］这个高-前-圆-松弛元音的出现次数得出的，也是根据［ʊ̞］和［ʊ̝］出现的次数得出的，后面这两个元音分别是［ʊ］的更开口和更合口的实现形式。在这个量化分析中，我们把这三个元音归到一起，这种做法似乎无可厚非，因为它们属于差别甚微的音子（phones）。那些不被包括在这个量化数据中的语音区别（即那些不用来决定说话人的发音百分比的音子类型）可以分为两组：很明显，其中一组是［ʌ］，一个中-央-非圆唇元音，以及它的开口和合口的实现形式［ʌ̞］和［ʌ̝］；另外一组是［ɤ］，一个较高的中-央-非圆唇元音，它也有一个更合口的实现形式［ɤ̝］。把它们都归为"非-ʊ"形式（打个比方说）显然是合理的，但是把它们分开却有助于展现过渡类型的方言变体的区别。

我们会在某种程度上预见到同时混有［ʊ］和［ʌ］这两个元音的方言变体的存在，甚至也能够预见到，这样的方言变体会出现在几乎一致使用［ʊ］和［ʌ］的一个中间地带。这样的方言变体完全吻合方言连续体的概念。如果我们从"更加北方"或"不太北方"的角度对它们进行区分的话，在连续体正中间的地方选择一个点，即以 50 为分界线（同样，这样做虽然有点任意但不无道理），那么我们就可以把这种混合型方言变体在该地区的分布标示出来，如地图 8-3 所示。从结构上说，北方混合型方言变体（mixed northern lects）有一个/ʊ/音位，其音位变体相当复杂，其中包括了［ʊ］［ʌ］以及变项（u）。南方混合型方言变体（mixed southern lects）有/ʊ/和/ʌ/两个音位，但它们却被变项（u）在音位变体中的出现给中和（neutralised）了。① 比较地图 8-3 和实际指数被记录下来的地图 8-2，我们看到，混合型方言在两个不该出现的地方出现，在那里两个混合型北方方言变体（mixed northern lects）中断了本该广泛分布的混合型"非-ʊ"方言变体（mixed 'non-ʊ' lects），这种情形是因为那两处有两个说话人的指数值接近连续体的中间点（即 52 和 64）所导致的。

---

① 这句话的意思不是很清楚，参看下文表 8-1，其中的南方混合型只列出/ʌ/这一个音位，作者这里是不是说南方混合变体本该有/ʊ/和/ʌ/这两个音位，但因为有变项（u）的出现，所以只剩/ʌ/这一个音位了？——译者

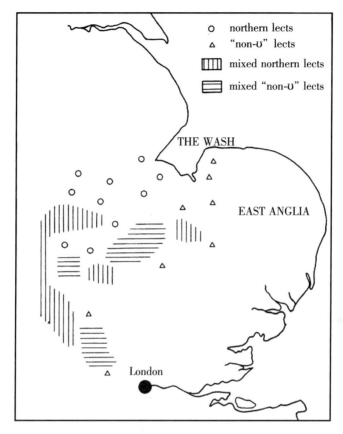

地图 8-3　混合型方言变体在过渡区的分布

现在我们来看看那组具有 [ɤ] 的方言变体，或许我们首先应该究问这样一个语音实现是怎么出现的，既然它在方言连续体的两端都不存在。然而，它却跟两端的其他音子都有密切关系，即 [ɤ] 作为一个央–非圆唇元音，跟 [ʌ] 很相似，只是舌位高了一点，正好处在 [ʌ] 和 [ʊ] 的位置之间。从印象上看，它似乎是变项（u）近乎完美的语音实现，因为它结合了两端的其他语音实现形式的一些性质。换言之，它是一个混造型变体（fudge），处在那些在这个变化过程中相互竞争的音子的中间，其方式，可以说是既不出现在连续体两极的任何一端，也不同时互相矛盾地出现在连续体的两极。地图 8-4 呈现了这些混造型变体的分布。在这张图上，我们看到混造型变体的聚集处一共有两个：一个在地图西部边缘处，那儿有两个点,按理它们是属于北方方言的范围的(地图 8-2 中指数为 86 和 90 之处),却出现了几个混造变体;更有意思的是,在第二个聚集处,即位于诺福克郡(Norfolk)的那四个点,其说话人的指数值都是 0,按理它们应该属于南方方言区,但却显示出一个向着混造型变体发展的明显趋势,确切地说,就是其中有两个点的说话人,以微小的差距更倾向于使用混造型变体[ɤ]而不是[ʌ]。从结构上说,决定混造型变体应该被放置在方言连续体中的什么位置是件更困难的事,但是就混造型变体的性质来说,把它看成一个比较中立的语音实现而不是诸多音子中的一个似乎是合理的,因此可以把混造型变体放在比混合型变体更靠中间线的地方。表 8-1 用图表的方式按地理次序安排整理了这个方言连续体,归纳了出现在这个地区中的各种变体。

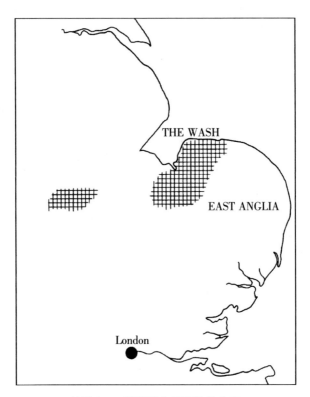

地图 8-4　混造型方言变体的分布

　　说明:它们主要集中在莱斯特郡(Leicestershire)以西和诺福克郡(Norfolk)以东。

表 8-1 变项（u）的变体类型在某个方言连续体中的排列

指数	类型	音位结构	语音实现形式
100	北方单纯型	/ʊ/	[ʊ]
	北方混合型	/ʊ/	[ʊ, ʌ]
	混造型	/ʊ/	[ʊ, ɤ]
— 50 —			
	混造型	/ʌ/	[ʌ, ɤ]
	南方混合型	/ʌ/	[ʌ, ʊ]
0	南方单纯型	/ʌ/	[ʌ]

说明：表中的"音位结构"指的是本小节中作为数据考虑的那组单词的音位结构。

地图 8-5 展示的是表 8-1 所列的变体类型的地理分布。由于我们知道这个例子涉及到一个正在进行中的、由南向北进展的变化，所以我们可以把北边的那条线看作这个语言创新的滩头阵地（Beach Head），而把南边那条线看作这个创新的基地。两线之间的地区是过渡区，即一个语言学上的无人问津之地（no-man's land），① 在那里变项（u）无处不在，至少目前的情况如此。

地图 8-5 引出了许多问题。首先，我们想知道，对于一个方言连续体来说，这些变体类型的地理分布是偶然现象还是一个连续体必不可缺的部分？混造型变体总是出现在滩头阵地处，就像它们在这个例子中的情形一样吗？混造型变体和混合型变体总是彼此有别，就像它们在这个例子中的情况吗？这两个类型的变体总能在过渡区域中找到吗？以下通过考察和分析第二个例子——变项（a），我们将找到一些对以上问题的答案——至少是试探性的答案。

---

① "No-man's land"，本义是"三不管地带、无人管辖地带"，多指那些由于各种原因尚未被人占领的土地，或是因为同时不只一国在那里争夺所有权而只好留待日后裁决的争议地带。

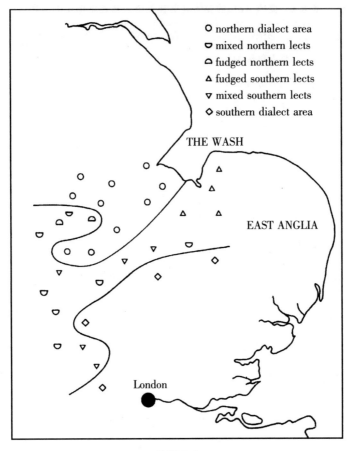

地图 8-5

说明：变项（u）在过渡区中的各种成分，它们显示了不同变体类型的分布，位于北方的线标示的是这个创新音变向北推进的滩头阵地；在南边的线是这个创新的基地。

8.5 变项（a）

由于在某些地区发生了一些附属变化，因此，从语音关系上说，变项（a）要比变项（u）复杂。它最初的变化涉及到元音的长度，即中世纪英语 ă 的发音为短元音［a］，但在龈前擦音（anterior fricatives）之前，则以长元音［a:］的形式出现。下面我们将看到，这依然是这个创新的音变最常见的语音实现形式（phonetic realization）。不过，在某些方言中，从中世纪英语的 ă 发展出来的两个音子当中的一个（或者两个）还发生了一个音质上的变化。这就是，长元音 [aː] 有时候会靠后一点变成 [ɑː]，而短元音 [a] 有时会靠前一点变成 [æ]。这两个变化在标准英语（RP）和其他方言里都出现了。不管在什么地方，只要这两个音变中的任何一个发生，该音变的特点就由长度的不同变成了音质的不同，元音的长度是可以由一个原先存在的规则推测出来的。①

在《英国方言地图集》（SED）项目的记录中，涉及这个变化的单词不多，比涉及变项（u）的单词少，这主要是因为这个变化发生的环境受到更多的限制，因而也就只包括了比较少的数据。尽管如此，我们还是有足够的例子得出一个比较可靠的分析结果。以下是涉及这个变化的单词：

after (birth), after (noon), ask, basket, chaff, grass（出现 3 次）, half, last, laugh/laughing（出现 2 次）, master, past, pasture, path, shaft（出现 4 次）, shaft (horse) /shafter.

我们把这个词表叫作数据 1，以区别第二个词表——数据 2，数据 2 中通常为那些不发生这个变化的单词。由于这个语音创新的复杂性，建立第二个词表是必要的，有了它我们才能够确定这个变化在一个特定的方言里是表现为音长方面还是音质方面。数据 2 包括以下这些单词：

ant, ant (hill), axle, bag, bat, panting, sack, scratch(ing), stacks.

据我们所知，数据 2 中的这些词语，一个也没有因为这个音变或其他音变而在任何地区发生过音长方面的变化。

变项（a）跟前面讨论的变项（u）的出现区域大致相同。我们通过对数据 1 进行简单的定量分析，计算每个说话人对词表 1 中的词发短元音

---

① "一个原先存在的规则"，原文作 a late rule。这里作者大概是指中世纪英语的短元音 ă，在龈前擦音（anterior fricatives）之前，即 /f, θ, s/ 之前变成了长元音 [aː] 这个规则。之所以说这是 a late rule（原先存在的规则），是因为这条规则后来不再起作用了，如后来新造的词 cafeteria（自助餐厅），在 f 之前的 a 就是个短元音（见 8.2 节）。——译者

[a] 的例子以及计算每个说话人发短元音 [a] 的百分比，就能够揭示出变项（a）在这个区域内的过渡性质。也就是说，如果一个说话人对于数据 1 中的词，他只发 [a] 这个元音（跟对数据 2 中的词的发音一样），那么他的指数得分就是 100；而如果一个发音人，他对数据 1 中的词的发音是 [a] 以外的任何一个元音（跟对数据 2 中的词的发音形成对立），那么他的指数得分就是 0。跟前面一样，我们以指数为 0 的方言变体（lects）为南部边界线，建立这个音变的基地。如地图 8-6 所示，这个音变的滩头阵地就可以很容易地找出来，就像我们前面对变项（u）所做的一样。不过在这里基地的情况要复杂一点。虽然有好几个变体的指数都是 0，但它们当中却有三种不同的类型。第一种类型是符合期望的音长对立，即数据 1 中的长元音 [aː] 对立于数据 2 中的短元音 [a]。在地图 8-6 中，以那些往北推进东米德兰兹的方言变体为代表。另外两种类型也在两组数据的元音中显示出一致的对立。第二种类型位于东安格利亚的萨福克郡（Suffolk），在该变体中，数据 1 中的元音也是发 [aː]，不过，数据 2 中的元音却是 [æ]，这说明两组数据中元音的对立是音质上的。而第三种类型则紧挨着东安吉利亚的北部，通常的情况是数据 1 中的元音发 [ɑː]，数据 2 中的元音发 [æ]，两者之间的对立既是音长上的也是音质上的。另外还有一些例子，其中数据 1 的元音是 [aː] 及其他各种延续体（reflexes），[①] 我们下面将会看到。这里最重要的事实是，在这两个地区，表现在这两组数据中的元音对立都是音质上的（但这里有一个很大的疑点，对于这个疑点，我们一方面是根据早年在 Norfolk 所做的记录，二是根据对这个地区非正式的观察看出的，即数据 1 中的典型元音应该是 [aː]，而不是 [ɑː]。所以，这里看到的东安格利亚这两个地区的元音对立的细节并不真实。但是，这些语音细节对我们想要说明的问题并不造成重大的影响，因此不作赘述）。因此，从结构上说，位于东安格利亚的这两个方言变体的共同点是：它们都在数据 1 和数据 2 的元音之间构成音质

[①] 关于"延续体"（reflexes），见 7.2 节注（125 页）。这里指中世纪英语的短元音，除了发展成长元音 [aː] 以外，还有其他的形式。——译者

上的对立。

在这个过渡区域中，我们看到各种类型的方言变体，包括混合型变体，它们确实具有我们所预期的那些特性。同样地，以指数值 50 为分界点，我们就能把属于北方方言区的方言变体划分出来，这主要是根据元音 [a] 在数据 1 中的优势（当然也看 [a] 在数据 2 中的优势），当中也有一些 [ɑː] 或者少量 [aː] 的出现。在地图 8-7 中，我们看到这些变体（即北方混合型变体）在音变滩头阵地形成了一种语言的边缘（linguistic fringe）。跟这些变体互补的是那些南方混合型方言变体，它们绝大多数都会在数据 1 中有 [aː]，跟数据 2 中的 [a] 形成对立。但偶尔也会有对立互相抵消的情况，即在数据 1 中也有短元音出现。在地图 8-7 中，这些南方混合型方言变体出现在音变基地的顶端。

有证据显示混造型变体（fudged lects）也存在。在这种情况下，我们认为它体现为"半长"元音，通常不是 [ɑ'] 就是 [a']。东安格利亚的最北端是一个有混造元音出现的地区，如前面我们已经看到的，这里的发音人的指数值都是 0。由于在这个地区，该音变是体现在元音的音质上的，因此半长元音的例子相对来说不太重要。

还有几个变体解释不了。这些变体聚集在一个像走廊似的地带，夹在两个已被识别出来的基地之间，而且在北端跟南北两种混合型的变体相遇（见地图 8-7 中代表 scrambled lects 的那部分）。它们被各种各样的变体包围着，我们很难猜测它们的属性是什么。实际上，它们以一种很有意思的方式反映了变体的多样性。尽管它们被划归到南方方言里（因为它们的指数值小于 50），但它们是混合型变体，数据 1 中的元音既有 [a] 又有 [aː]，同时它们也是混造型变体，因为 [a'] 也出现在数据 1 中。这样的大杂烩（scrambling）情形也发生在数据 2 的元音中。数据 2 中的元音在其他地方的情况是非常简单明了的，然而在这个区域，它通常是一个 [æ]，就像在东部地区的那些变体一样，但也有以 [a] 的形式出现的情况，就像处在其他三方（北部、西部、南部）的那些变体一样。

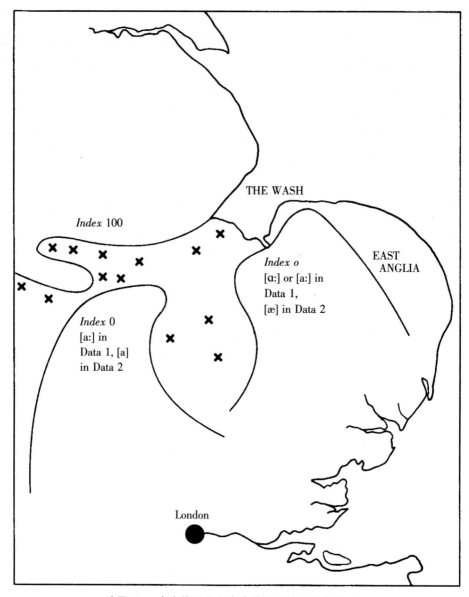

地图 8-6 东安格利亚和东米德兰兹地区的变项 (a)

说明:北边的线是音变的滩头阵地(这条线上的指数值为 100),而南边的两条线(这两条线上的指数值都是 0)是这个音变的基地,在这些线之间的区域,由×标志的是过渡性变体的出现处。

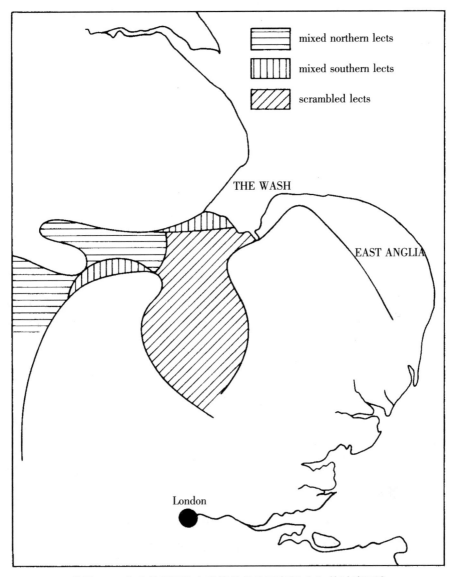

地图 8-7　东安格利亚和东米德兰兹地区变项（a）的过渡区域

因此，变项（a）的过渡区情况比变项（u）的过渡区情况显得更加多样化一些。表 8-2 总结了该地区中变项（a）的变体类型连续体（lectal continuum）。

表 8-2　东安格利亚和东米德兰兹地区变项（a）的变体类型连续体

指数	类型	音位结构	语音实现形式	
			数据1	数据2
100	北方单纯型	/a/	[a]	[a]
	北方混合型	/a/	[a, aː, ɑː]	[a]
50	南方混合型	/aː/;/a/	[aː, aː, a]	[a]
	杂烩型	/aː/;/æ/	[aː, ä ː, a', æ, a]	[æ, æ, a]
	混造型	/ɑː/;/æ/	[ɑː, ɑ', ɑ, aː, a']	[æ]
0	南方单纯型	/aː/;/æ/	[aː]	[æ]
	南方单纯型	/aː/;/a/	[aː]	[a]

尽管存在着多样性，但很有意思并值得注意的是，变项（a）的过渡区域和变项（u）的过渡区域有着完全相同的组成部分。跟变项（u）的过渡区一样，在这里，我们看到混合型变体和混造型变体夹在那些没有变项的地区之间（即单纯北方型和单纯南方型方言之间）。就变项（a）来说，所谓杂烩型变体（scrambled lects）并不是真正在种类上有别于我们曾碰到过的那些类型，它们不过是混合型和混造型结合在一起而已。它们的出现回答了上一节末尾提出的一个问题，证明了混合型和混造型确实可以同时出现在同一个方言变体中。语音混造也是方言变体的一种属性，它们在变项（a）的过渡区中远离滩头阵地而存在（即出现在东安格利亚的最北端）。这个事实也回答了上节末尾的另外一个问题，即混造型变体可以出现在过渡区中的任何地方，而不只是局限于滩头阵地。在这里我们又一次看到，同言线完全不能被运用到这个语言实例中来。

8.6　过渡区的一般状况

前面对过渡区所作的分析，只是对这个话题的肤浅触及而已。光凭这两个被用作个案分析的变项具有如此多的相似性这一事实，我们就能明白这个分析的局限性。这两个变项都出现于同一个地区，都涉及到正在进行的明显缓慢的变化，又都局限在那些"NORMs"人群的言语行为中。对方言过渡区的深入研究将从跨语言的研究中得到益处，因为它涉及到一定规模的变项，包括稳定的、不发生变化的、还有覆盖整个地区的最有活力的变项，当然，也会涉及更为广泛的人口抽样调查。

我们相信，过渡区理论为我们更深刻地理解语言的地理变异性指出了一条途径，这是以往提出过的任何理论模式做不到的。混合型和混造型变体的发现，提供了一个合理可行的途径，让我们最终能够搞清楚，在一个充满变异的地区，邻里之间是怎样在语言上彼此适应的；而方言变体在一个连续体内合理地连贯相接在一起的空间格局，也再次向我们预示了这样的前景：语言学和地理学有望找到可以结出丰富硕果的交集点。

8.7　方言变异和制图

同言线的抽象性具有一个明显的优势，即它有利于制图。地图是二维的，同言线也是二维的。在一张地图上画出一条单线标记方言区中各个方言之间的界线，不仅在概念上简单，而且在制图上也是直截了当的事。

方言变异是多维的，这个发现使在地图上呈现方言分布这件事变得困难起来。为了捕捉语言变化和扩散的动态，方言学家必须面对这样的事实：地图在本质上并不适合充当呈现语言动态的图形设置。

在前面几个小节有关变项（u）和（a）的分析中，我们看到，纯粹北方方言变体的说话人和纯粹南方方言变体的说话人是被方言过渡区的说话人隔开的。没有同言线能够对这些过渡区的说话人作实质性的切分，或者从另一个角度看，也就是说，还有一些说话人被那些断开成两段或者更多段的同言线落下了，他们被留在这些线之间，不被这些线所界定。因此，为了在地图上把方言的分布状况呈现出来，我们不得不加进了更多的信息。如在地图 8-2 中，在那些不连续的线的周围，有一些范围从 0 到 100 的数字，这些数字代表了每个说话人在读词表时的北方元音的百分比。为了推断方言的渐变次序（dialect gradation），我们得弄明白这张地图的意思，这便需要我们对那些数字的意义作出解释。

进一步的分析则表明，这些数字本身并没有多大的意义，因为过渡区的方言变体是由混合型和混造型这两种类型的变体组成的。所以，在地图8-5中，这些数字被一些符号所代替，这些符号分别代表了各种被识别出来的方言变体类型（见地图右上角处每个符号所对应的变体类型）。同样，对于方言的分布状况，我们不得不通过以下方法来推断：解释这些符号以及观察它们的连贯性，即相同的符号是怎么倾向于聚集在一起的。

当维度因素加进来的时候，从方言地图来进行推测方言的分布状况就会变得更加复杂。当然，我们最终将会找到立体观测技术或者全息摄影术的手段来多维地显示方言的分布状况。但就目前的情况来说，我们最多能做的就是把视觉设置（visual devices）叠加在扁平的图面上而已，而且我们必须调整那些视觉设置，使它们适合每一个具体的例子。下面的例子，在把另外一些情形下的方言变异呈现在地图上方面，为我们提供了一些很有意思且很有指导性的做法。

8.7.1 西米德兰兹的一个遗迹特征

如7.2节中讨论过的，遗迹特征/残余区特征（relic feature），是指一些在语言社区中不再普遍使用、正在消退的方音或方言特征，它们只是出现在某些孤立的飞地（enclaves）里。Macaulay（1985）从动态的角度对一个遗迹特征进行了考察。他采用的分析和呈现方法跟我们研究变项（u）和（a）时所采用的分析、呈现方法一样，但他却发现了一种"反过渡区模式"（anti-transitional pattern）。

Macaulay就一些词的末尾软腭鼻音（final velar nasals）在西米德兰兹（West Midlands）的发音进行了一番整理研究，[1]他发现，在西米德兰兹，有些说话人会在among, string, tongue和wrong等词的末尾软腭鼻音之后发一个软腭塞音（velar stop），这就是［ŋg］。如地图8-8所示，Macaulay的研究结果揭示的不是一个指数从100%到0%逐渐发展的、有

---

[1] 西米德兰兹郡（West Midlands），是英国英格兰下辖的9个次级行政区之一，位于中部以西一带，1974年前原属沃里克郡、伍斯特郡、斯塔福德郡范围，1974年升格为新设的都市郡。

变异存在的过渡区的那种状况，而是一个按使用频率构成的嵌套式鸟巢格局，即该特征的绝对使用者（[ŋg] 的发音指数为100%者）在最里面一圈，他们被另一个地区包围着。这个地区的说话人对这个特征的使用频率颇高（[ŋg] 音指数为70%者），而这些人又被另外一圈使用频率稍低者（[ŋg] 的发音指数为25%—60%者）包围着。

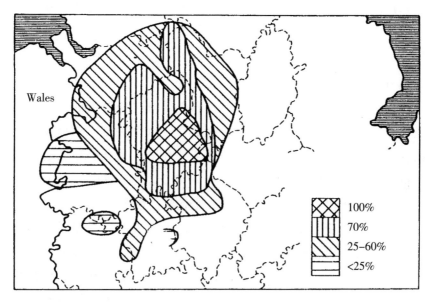

地图 8-8　英格兰西米德兰兹末尾软腭塞音分布图（Macaulay，1985:184）

地图 8-8 中的模式就像是对遗迹地区的一个制图快照（cartographic snapshot），在那里，一个先前分布很广的特征现在只残留在一个孤立的区域中。[ŋg] 曾经是遍布整个西米德兰兹地区的显著发音特征，但它现在却被标准发音的 [ŋ] 排挤和替代。Macaulay 的地图提供了一个视图的方式，让我们看到这个古老发音特征消失的方式。推测起来，这个发音特征可能会这样发展：随着时间的推移，保留古老发音特征的说话人会变得更少，这个特征的使用百分比会从核心区开始，由内向外逐渐地减小，接下来遗迹区域的面积也会逐渐缩小，直到最后彻底消失。

如果把地图 8-8 跟那些我们更为熟悉的传统方言学中采用的静态图（比如地图 7-5）作比较的话，我们就会得到某种启发，即在地图 8-8 中，通过软腭塞音（velar stop）发音的递减频率层次，我们看到了标准发音的侵占过程。可以说，Macaulay 的地图捕捉到了西米德兰兹地区的语言变化动态。

8.7.2　社会变异和地理变异的相互作用

变异性的维度不光是语言结构自身的因素，如前面讨论的例子中已经看到的，它们也可以是社会因素方面的，如在语言的使用上，年轻一代有别于年长一代，女人有别于男人，中产阶级有别于工人阶级。

在既有区域维度又有社会维度的情况下，要把语言变异性呈现出来，显然是目前的绘图资源无法胜任的。我们必须对这些维度的一个或者两个方面进行程式化或变形才行。当然，这里有一点很关键，这就是：为了保证可读性，这个程式化或者变形必须在某种程度上是合理和清晰的。

我们在本书稍后的章节——第十一章的 11.6.1 节中，示范了一个绘图的处理方法，其出自变项（sj）在挪威南部扩散的一项研究。这个变项正在经历着快速的变化。从社会的角度看，说话人的年龄是关键的决定因素：年轻人经常使用一个卷舌擦音（retroflex fricative），他们的父母使用一个腭音擦音（palatal fricative），而他们的祖父母则使用一个腭化擦音（palatalised fricative）。① 从地理上看，这个语言变化不是在整个地区一致性地发生的，而是从西部的城市向外辐射式地发散出去的。因此，这个变化既涉及社会的维度，又涉及地理的维度。这里我们所遇到的制图问题是，如何把年龄的不同和扩散的格局同时都呈现出来。

在这个例子中，我们选择了保持地理方面原封不动的方式，间接地呈现年龄的差异。要呈现这个语言变异扩散的社会维度，我们需要三张图：一张是最年长的说话人的情况（地图 11-9），一张是中年说话人的情况（地图 11-10），还有一张是最年轻的说话人的情况（地图 11-11）。当然，直接被呈现在这三张地图中的是挪威南部的陆地样貌，以及它的城市区域和细碎曲折的海岸线。在这三张地图中，叠加在地理样貌上的是三个不同

---

① 换句话说，即在变项（sj）的语音实现上，年龄越小，舌前接触上腭的部位就越靠后。——译者

年龄组在这个语言变异上的范围。为了捕捉到这个语言变化扩散的快速性，读者必须要用频闪式的方法来观察这三张地图，想象它是一个不断变化的景观的连续图像。观察时最好眼睛集中在某个特定的影线图案所在的地点和密度，从第一张到第二张再到第三张依次地翻看。然而，这只是我们进行的一种大概的推测，因为年龄的渐进层次并没有直接地在图中呈现出来。实际上，我们在为这个研究绘制图示时，是做了一个选择的，即我们需要决定应该对哪个维度进行直接呈现，应该对哪个维度进行推测式呈现。在那个小节中，我们更感兴趣的是这个语言变化在地理上的扩散，而不是它在不同年龄组的说话人中的差异，所以我们的选择也就自然清楚了（换言之，我们直接呈现的是这个语言变化在地理上的扩散）。

8.7.3 直接呈现语言的社会变异的绘图

有时候，语言变异的社会维度更重要，也更有意思，在这种情况下我们就需要做一个不同的选择。地图 8-9 提供了这方面的一个例子。地图中所示的调查区域是尼亚加拉（Niagara）瀑布一带的加拿大-美国边境地区，左边的框格标示的是加拿大安大略省的尼亚加拉大瀑布城（The City of Niagara），右边的方框标示的是位于纽约州北部的集合城市水牛城（Buffalo）。① 将这两个城市隔开的是尼亚加拉峡谷，著名的尼亚加拉大瀑布就在其中。尽管这个峡谷的宽度最多才有几百米，但它却是加拿大和美国之间的国境线。边境线两边的方言差异非常鲜明，这一点并不出人预料，因为边境线两边的情况都是如此。

但是，那些差异并不总是那么直截了当、一目了然的。美国英语和加拿大英语的特征都处在不断变化中，因此边境两边的年轻人所具有的共同语言特征要比他们的父辈或祖父辈们所具有的要多。有时候是美国的用法朝着加拿大用法的方向发生改变，但更经常的情况是加拿大的用法朝着美国的方向改变。地图 8-9 所示的是后一种情况。

---

① 城市群（conurbation）指具有许多卫星城的大城市。——译者

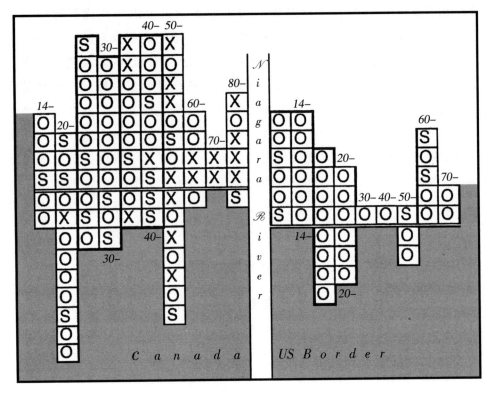

地图 8-9

说明：尼亚加拉地区加－美边境的用词选择：O＝couch，X＝chesterfield，S＝sofa（摘自 Chambers，1995a：122 局部图）

在美国北部，那种可坐三到四个人的软垫长沙发椅最通常的叫法是 couch。而在加拿大，过去最常用的叫法是 chesterfield，这个词具有这种意思是加拿大英语的一大特征。但自 50 年代以来，加拿大人跟美国人一样，也开始使用 couch 了。如今，在 50 岁以下的加拿大人当中，couch 已是最常使用的词了（有关这个变项的更详细的情况，参看 10.2.3 节）。

这个变化的社会维度在地图 8-9 中较直接地呈现了出来。其实，准确地说，地图 8-9 应该叫作示意地图（cartogram），而不是地图（map），也就是说，它是这个地理空间的程式化图示。很明显，它完全忽略了地理的自然细节，比如说尼亚加拉河的宽度、瀑布的具体方位以及河两边的城市之间的里程数等等，最后剩下来的地理信息就只是这两个地区彼此相邻而已,在图中仅表示为两个大方块以及它们的东西方向(地图 8-9 实际上只是示意地图的局部,原图比这张图大,而且有十个类似的方框,分别代表十个不同的彼此邻接的区域)。

可以说,这张图忽略了地理的维度,强调和突出了社会的维度。图中的一个小方格代表的是对问卷相关问题作出回答的一个发音人。图中的双线表示的是男性发音人和女性发音人的区分,双线之上的方格是女发音人的答案,双线之下的方格是男发音人的答案。这些方格按发音人的年龄从左到右依次递加排列,最年轻的一组(14—19 岁)排在最左边,最年长的一组(80 岁以上)排在最右边。

当我们理解了这些格子的构造和布局后,这个示意地图就变得容易解释了。我们只需瞥一眼就能看到,对于那种软坐垫的长沙发,在美国 couch 这一叫法占绝对优势(在图中以 O 表示):在代表 Baffalo 的区域方框里,除了五个人说 sofa(以 S 表示)以外,几乎人人都说 couch;而没有一个人说 chesterfield(以 X 表示)。要找说 chesterfield 的人,你必须到代表加拿大的那个方框里找,而在加拿大也主要是年长者在使用这个词,它主要出现在靠右边的方格中:70 岁以上的人多数使用它,中年人(40—60 岁)中有一小部分人使用它,但 30 岁以下的人几乎不用它。尽管有不少人用 sofa(很凑巧,比起加拿大其他地区来说,这个地区有更多的人使用 sofa),但是年轻人还是更喜欢用 couch,这一点跟美国是一样的。

显然,这项个案研究的主要语言学意义在于其显示了词汇变体在使用上的社会变异。年轻的加拿大人倾向于使用他们的美国邻居所使用的 couch,而不再使用自己父辈们使用的 chesterfield。在进行这种词汇改变的时候,他们丢掉了自己方言中的"加拿大独特性"了。

这个示意地图强调的是这个变化的社会维度,使之成为一个焦点。地理细节在这里只是次要的。跟挪威南部的那个语音扩散的情况一样,这个例子也涉及到太多的变项,我们无法把它们全都呈现在地图上,但在这里我们选择把重点放在呈现变化的社会维度方面,而不是地理方面。在我们获得多维度媒介数据的处理技术资源之前,绘制反映语言变项的地理和社会的维度地图时,我们依然需要在方言地图上做出相应的选择。

扩展阅读

本章中有关变项（u）和（a）的研究是 J. K. Chambers 为本书第一版所做的一个专门研究。其中的数据来自 Orton 和 Tilling（1969—1971）所编的《英国方言调查项目》(SED) 记录。地图 8-1 也是根据 SED 的记录，采纳 Wakelin（1972）中的地图。地图 8-8 及东米德兰兹的 [ng] 的分析出自 Macaulay（1985），其研究也是基于 SED 的记录。Chambers（1995a）对 chesterfield 一词有详细的分析，地图 8-9 的示意地图是 Chambers（1994）方法论讨论的一部分。Kretzschmar（1996a）从历史的角度探讨了方言过渡区以及定量分析过渡区特征的方法，是本章内容的一个很好的补充材料。

第四部分：变异的机制

第九章
语言变异性

早在1921年爱德华·萨丕尔（Edward Sapir）就指出："人人皆知，语言是变化无常的。"可是，在整个研究语言的历史上，语言学家们却一直倾向于把语言当作恒定不变的事物来对待。大多数语言学理论的起点都是假设语言的变异性要么不可驾驭，要么没什么意思，或者两者兼而有之。因此，为了使自己的分析能在一种更加同质的平面上进行，语言学家们一直有这种倾向，使自己从那些无法避免又总会遇上的变量数据中脱离出来。对语言变异的分析是新近才出现的，越来越多的语言学家逐渐意识到，语言变异性不仅有趣，而且也是可以把握和整合到语言学理论框架中来的。这方面的主要推动力最初来自城市方言学家，但逐渐地，不同领域的语言学家们也参与到这个行列中来了：数理语言学家，他们把语言变异性视为概率理论（probability theory）的试验基地；语言社会学家，他们在制订语言计划和多语言读写能力项目中遇到了各种复杂的变异性情况；语言哲学家，他们一直在探索用多值逻辑（many-valued logics）和模糊分类（fuzzy categories）为变异性建立模型；方言地理学家，尽管他们迟迟才意识到自己长期以来都在跟语言变异性对峙着。本章概述和总结了语言学家在尝试把变异性分析纳入到语言学理论时的一些主要思想和做法。

9.1 变项作为一种结构单位

Uriel Weinreich 以问题的形式把语言学理论的一个基本悖论总结在他那篇著名文章的标题里："结构方言学是可能的吗？"从常识上来说，这似乎是一个完全没有必要问的问题。既然"结构语言学"是一种有关语言的理论，它怎么可能不包括"结构方言学"呢？然而，正如我们在第三章中看到的，对 Weinreich 这个问题的答案，并不是这么直截了当的，而且还几乎没有语言学家对于 Weinreich 在那篇论文中所描述的理论框架感到满意，或者就此事而言，还几乎没有语言学家对于任何被描述为"结构主义"的框架感到满意。

9.1.1 作为偶发现象的变异

让方言学家对这些理论感到不满的一个原因（可能也是主要的原因）是变异性在这些理论中的边缘地位（最好也不过如此）。当它总算被考虑时，变异性也顶多被看成是方言混合（dialect mixture）或自由变异（free variation）的产物而已。在方言混合论者看来，某个说话人言语中的变项成分（variable elements），往往是因为说话人并存使用其所掌握的两个或更多个方言而导致的。当然，这种现象并不少见，即在某个地方或者某个社会阶层长大的人，离开那个地方很久以后，或者早已不再属于那个社会阶层了，但依然会在某些情况下保留着"故乡"的方言和"故乡"的口音。但是，这种方言的混合状态跟那些言语中的变项特征之间并没有什么明显的关系。将变项的产生归结于诸如此类的方言混合，这种观点会遭遇一个明显的障碍，那就是：实际上双重方言的使用者对自己会说的两种方言是有掌控的，他们会根据不同的情形决定使用其中的某一种。比如在拜访有同样"家乡"背景的说话人时，他们会使用家乡方言；而在处理日常社交和工作事务时，他们则使用另一种方言。在两种方言之间，或许会存在着某种干扰。比如说，某人在所习得的方言中可能会使用家乡方言中的一个特别的元音，而这个特别的语音特征可算作一个真正的变项,因为这个元音的音质既不同于家乡方言中的那个元音,也有别于所习得的方言中的那个元音。即便如此,若仅仅把这个特征归因于两种方言混合的结果,就像对待其他任何类似的特征一样,而非看成是个人习得方言的特征,①这只能称作是一种很武断的处理方式。

自由变异理论则认为,话语中的变项成分是某个语言特征的不可预知的出现,由于这样或那样的原因,它会有两到三个实现形式。而当我们提到某个出现的原因时,也总是同时包含了这样一种认识:这个变动不定的特征正处在一个变化中,因而它在语法中的表达式(representation)还没有确定下来。事实上,就目前为止得到研究的那些变项来看,根本就不存在自由变异这样的事情,那些有变异的特征实际上是有条件的,有时候它们是语言和社会因素综合作用的结果。在这个问题上,现在大多数语言学家都同意心理学家 Fischer 的看法:"当然,自由变异只是一个标签,不是一个解释。它并没有告诉我们那些变体是从哪儿来的,也没有告诉我们为什么说话人会按不同的比例来使用它们,它不过更像是一种借口,可以把这类问题排除在直接探究的范围之外而已。"(Fischer,1958:47-8)

9.1.2 作为本质特征的变异

当然,跟这种忽略语言的变异性或是把它放在边缘位置和当作偶发现象的不同做法是,把它纳入到语言学理论中来。如此,变项就成了一种结构单位,跟语言学家们所提出的音素、音位、语素之类的结构单位一样。

方言学可以合乎情理地认为,方言之间的区别会表现在任何有意义的语言分析层面上,换句话说,方言之间的区别会表现在任何层次的结构单位上。显然,就这点来说,变项的确应该被处理为一种结构单位。我们前面已经看到了几个结构层面上的方言差异,包括(第八章)那几组方言变

---

① 这里所说的个人习得方言(adopted dialect)的特征,是指某人在学习和使用第二语言时所具有的个人特征,也叫二语习得变异,即某个二语学习者在使用二语时,会在语音、句法和形态等方面具有某些既不完全属于第一语言也不完全属于第二语言的特征。——译者

体，它们之间的不同是表现在/ʊ/和/ʌ/这两个音位的有无上，其中一个具有/ʊ/和/ʌ/，另一个只有/ʊ/一个音位，而这两组又跟具有变项（u）的第三组（即过渡区的方言）构成对立。在音位层面上，具有变项（u）的那组方言变体，可以跟不含变项的那两组中的某一组归为一类，但这只能通过以下方式才能做到：将变项（u）在某些话语事件中的出现次数数量化，并设定一个人为的定量阈值（quantitative threshold）来确定不同类别。这样的一个程序似乎非常肤浅或者非常抽象，但是从另一方面来讲，音位化（phonemicisation）本来就是一个比较抽象的分析层面，而把一个音位落实为一个变项，相较于把一个变项落实为一个、两个或更多个可预测的音位变体而言，并没有更抽象（或更不抽象）。

实际上，这种处理方法跟传统结构主义理论的最大分歧不在于其抽象性，而在于这样的事实：只有通过量化（quantification），才能把变项跟其他结构单位整合在一起，然而几乎所有那些令人尊敬的语言学理论的假设都认为结构单位的不同都是质的不同。其实，当涉及到变项时，方言变体之间的不同也可以是量的不同。换言之，方言变体之间的不同，不仅反映在某一个变项的有无，而且也反映在该变项的某一个变体出现频率的多少。

就一个变项的变体出现频率而言，有一个突出的跟变异有关的例子，即几乎所有的英语方言，包括标准语，都存在着末尾辅音丛简化的倾向。这个变项，这里以（CC）表示。在实际说话中，它被实现为不同变体，比如像 post 和 hand 这样的词，你会听到有人把它们发成［pos'］和［han'］（即末尾的 *t* 和 *d* 不发音）。在英国、美国、加拿大和澳大利亚等国家的标准英语中，末尾的辅音只是在随意谈话的语境中才被省掉，并且，即使在这样的语境中，也必须是在后面紧跟着一个辅音的情况下，末尾辅音丛才被简化，也就是说，只有在 post card 和 handful 这样的语音条件下，才会出现［pos'card］和［han'ful］这样的发音。总之，在这些方言里，变项（CC）是有严格限制的。

然而，在该变项都得到细致研究的方言中，如纽约和底特律的黑人土语以及英格兰北部的乡村方言，这个变项就几乎看不到这么严格的限制。

拿英格兰北部来说，在《英格兰方言地图集》SED调查项目所采访的75个发音人中，只有13个人对这个变项是有严格限制的，他们跟标准英语的说话人一样，(CC)也只限于发生在有辅音紧跟的情况下。但是，如果说英格兰北部方言的变项（CC）的实现跟标准英语中的变项（CC）的实现有任何相似性的话，其相似性也就仅此而已。因为在英格兰北部方言中，它的出现频率即使有这个受限制的条件，也是标准语在同样条件下的好几倍。事实上，在所有发音人的说话时间中，它的平均实现频率是62％以上，而且其中大多数说话人的实现率更是80％左右。因此，我们可以说，跟标准英语的说话人一样，英格兰北部乡村的说话人也有变项(CC)，而且对他们当中的一些人来说，这个变项的实现也受到同样的限制，即只出现在一个有第三个辅音紧随的环境下。但就出现频率来说，它在英格兰北部方言中的出现频率无疑要大得多，这是英格兰北部方言的一个突出特征。

9.1.3 变项制约

前面讨论的那些作用在变项上的条件因素跟传统所说的那种音位变异（allophonic variation）的语言条件没有什么截然的不同。当然，这两种情况的区别是基于这样的事实：变项条件界定的是不止一个变体出现的环境，而音位变体界定的则是某一个单独变体（一个音位变体）出现的环境。此外，在那些有变项存在的方言变体里，重要的事实不光在于其有变体的出现，而且还在于其变体的出现频率，正如我们前面所看到的变项（CC）在英格兰北部乡村土话和英语标准方言中的差别一样。某个变项具有一个以上的条件因素这种情况并不罕见，我们把这些条件因素叫作变项制约（variable constrains）。当变项制约不止一个时，我们就可以对它们当中的每一个进行等级划分，如"较强的"（允许一些变体有较高的出现频率）和"较弱的"等等级。有关纽约、底特律黑人土语以及英格兰北部乡村土话的研究都显示出，当一个辅音丛之后紧随一个元音时，元音前的辅音往往会被删除，如 firs(t) answer 和 poun(d) of tea。但是这种删除出现的频率比起之后紧随一个辅音时的删除频率要小得多。① 其他那些涉及到决定这个变异出现频率的制约条件跟这两个制约条件之间的关系也可以进行等级排序（详见后文 9.2.2）。这里的要点是，这样的变项制约在语言变异上是起着决定性作用的，这也就驳斥了"变异是自由的"这种假说。

  其他两种对语言的变异有影响的因素在第五章中我们已经介绍过，它们是语体和阶级因素。把这样的非语言因素包括进来，构成了我们跟大多数结构主义理论者之间的最大分歧，尽管他们一直都认识到（至少相信）这些因素对语言行为是有一定的作用的。语体和阶级都是以连续体的状况存在的，为了从语言学的角度研究它们，我们必须对它们进行划分，尽管这种划分多少有点儿人为。不过，在许多城市方言的研究中，这种划分的内在困难已经被令人满意地克服了，而对于我们把它们纳入到理论讨论中，现在已经几乎没有人会提出异议了。

  如果把变项也看作是一种结构单位的话，这样的因素就不仅可以被纳入语言学理论中，而且也必须被纳入语言学理论中。这样一来，对语言变异性的研究也就把语言的和非语言的因素结合起来了。理论上，我们可以把语言变项本身和语体、阶级这样的社会因素区分开，前者在语言上实现为各种变项制约环境下的具体变体，后者界定了言语事件发生的社会环境。但实际上，必须有后者的出现，语言变项才变得有意义，因为语言变项总是依赖于社会变项而存在，并跟它们紧密地关联着。在实际分析中，语言的和非语言的变异是无法分开的，语言变项之所以是一种结构单位，最令人信服的证据就在于：当一个或更多个社会变项发生变化时，语言变项本身也以一种有序的方式发生变化。

---

 ① 即在 pos(t) card，han(d)ful 这样的环境中，辅音删除的频率更高。——译者

表 9-1 在一个变项（Y）蕴涵变项（X）的言语社区中，可能存在的方言变体

方言变体	变项	
	(X)	(Y)
1	ø	ø
2	＋	ø
3	＋	＋

说明：（＋）表示该变项的出现，（ø）表示该变项的不出现。[①]

9.2 蕴涵量表（Implicational scales）

一种呈现变异的方法是把变项成分安排在一个量表图（scalogram）里，这个量表图是一个呈现蕴涵关系的矩阵。是否使用量表图取决于变项之间是否存在一种特定关系。变项之间必须是以蕴涵的关系相互关联着才能够被排列在一个量表图里。如，在某个言语社区中有两个变项（X）和（Y），它们之间一定遵循这样的关系：（Y）蕴涵（X），而不是相反的情况。也就是说，在这个言语社区中，有些说话人有变项（X），有些说话人有（X）和（Y），但没有说话人是只有（Y）的，这样，（X）和（Y）之间就构成了一种蕴涵关系。

表 9-1 是一个简单的量表图，它就以上（X）和（Y）之间的蕴涵关系列出了这个语言社区中可能存在的方言变体。假设一个说话人可以有（用符号"＋"表示）或者没有（用符号"ø"表示）一个变项，那么就有三种可能的方言变体存在（即表中的 1、2、3）。当然，从逻辑上说还存在第四种可能性，即只有（Y）而无（X）的方言变体。但这种可能性之所以不存在，是因为两个变项之间的蕴涵关系（即（Y）蕴涵（X））所决

[①] 对于变项（X）和（Y）之间的蕴涵关系，原文此表的说明"（X）implies（Y）"（X 蕴涵 Y）有误，应作"（Y）implies（X）"（Y 蕴涵 X）。因为从逻辑上看，如果（X）蕴涵（Y），那么（X）和（Y）就应该有一些可能的组合：无（X）无（Y）；有（X）也有（Y）；有（Y）无（X）。而此表格中所列的变体 2 "有（X）无（Y）"这种组合就不会存在。而且从 9.2 节第一、二段看，（X）和（Y）的蕴涵关系也应该是（Y）蕴涵（X）。——译者

定的。

  蕴涵关系的理论意义在于其捕捉系统制约的简洁方式（即蕴涵关系以简洁的方式描绘了系统的制约）。如果一些特征是系统地组织在一起的，那么它们的出现就不可能是随机的或是任意的。而不同的方言固然就是一个个的系统，因此，它们的特征应该是伴随着制约条件一起出现的——也就是说，这些特征应该会受到规则的管辖，或者依赖于规则，或者在出现的优先顺序上受到某种限制。在上面表9-1中，那两个假设的变项（X）和（Y），如果按逻辑关系，这两个变项单独出现或者分别跟其中的一个共现，应有四种可能性。但由于这两个变项不是独立的，它们之间有蕴涵关系，因此在四种可能的变体中，就只有三种情况是实际存在的。

  显然，变项的蕴涵关系越多，系统的制约也就越严格。一个来自人类语言学领域的著名研究——Berlin 和 Kay（1969）关于"基本颜色词的普遍性与演化"的研究，向我们揭示了这样的事实：世界上各种语言中的颜色词是以蕴涵关系存在着的。有些语言的颜色词可以少到只有两个最基本的词，而有的语言的颜色词则可以多达 11 个。如果那些颜色词的出现是随机和任意的，那么就会有 2048 种可能的组合。[①] 但是颜色词的出现不是随机的，相反，它们是互相蕴涵的。例如，一个语言如果有一个表示红色的词的话，它首先必须有一个表示白色和一个表示黑色的词。[②] 在世界语言中，基本颜色词的组合只有 22 种。

 [①] 作者没有清楚地指出这 2048 种可能的组合是那 11 个颜色词的可能组合，而只是说"those colour terms"（那些颜色词），从上下文来看，those colour terms 应该是指那 11 个颜色词的可能组合。——译者

 [②] Berlin 和 Kay 在 1969 年出版了具有深远影响的著作《基本颜色词：其普遍性与演化》(*Basic Color Terms: Their Universality and Evolution*)。他们证明不同语言中的颜色词的发展是有规律的，是遵循一套演化序列的，即颜色词的发展是有一定的顺序的。在颜色序列中，黑色和白色是最基本的，任何语言都有；如果某个语言有三种颜色词，那第三个一定是表示红色的词；也就是说，一个语言如果有表红色的词，它一定会有表白色和黑色的词，因为红色蕴涵了白色和黑色。但反之不成立（即只有表白色和黑色的词的语言，不会有表红色的词）。在红色之后出现的是绿色和黄色（它们或者合在一起，或者各自分开），然后是蓝色和棕色，最后是粉红色、紫色、橙色、灰色。这 11 个基本颜色词（黑白红绿黄蓝棕粉紫橙灰）构成了自然语言颜色系统中最为基本的部分，并按照严格有序的进化过程出现在不同的语言系统之中。

9.2.1 美国阿拉巴马州的默认动词单数形式

方言数据可以按蕴涵关系排序这个事实已经显示在许多不同的研究中。如，Feagin（1972）发现了几例句法变项制约之间的蕴涵关系，这个发现是她在仔细研究美国南方阿拉巴马州的小镇安妮斯顿（Anniston）的方言语法之后得到的。

她所分析的结构涉及到下面这样的句子，其中主语和动词之间在单数和复数形式上不一致。如：

I seen three rats, but they was all too far off to shoot.（我看到三只耗子，但是它们都离我太远，所以没射中。）

这里，主语代词 they（它们）是第三人称复数，但系动词却是 was，我们知道，was 在标准英语中只能和单数主语一起使用。像这样主谓之间单复数形式不一致的结构存在于世界各地的英语土语中。它们有时候被叫作"主语-动词不协调"（subject/verb nonconcord）或"不变化的 was"（invariant was），但我们更喜欢"默认动词单数形式"（default singulars）这个术语，因为它捕捉到了这个结构的本质，即当主谓一致这个特征不突出时，出现在动词上的位置是单数形式。①

尽管这样的结构出现在很多土语方言中是众所周知的事实，但很少有方言学家能做到像 Feagin 那样，尽可能多地在说话人中收集有关这种结构的鲜活地道的例子。在分析收集到的语料时，她不仅发现了工人阶层的说话人比其他社会阶层的说话人更倾向于使用这个默认动词单数形式，而且还发现了一个非常有意思的语言制约条件现象，这就是，默认动词单数形式在某些主语成分之后更经常出现。具体地说，在以下（A）到（E）这些类型的主语之后，默认动词单数形式的出现是依次增多的（这些例子

---

① 根据作者的解释，这里我们把 default singulars 这个短语译为"默认动词单数形式"，但作者下文所引用的主谓之间复数形式不一致的句子（即含有默认动词单数形式的句子）所涉及的动词都是系动词（copula varbs）。至于这类"默认动词单数形式"是否只发生在系动词句中，有待查考（Feagin，1979）。——译者

引自 Feagin，1972），但这里对原句稍作了简化）。

(A) They was born in Georgia, mama and my daddy both. （他们是在佐治亚州出生的，妈妈和我爸爸都是。）

(B) All the student teachers was comin' out to Wellborn. （所有的学生和老师都到威尔本来了/所有学生的老师都到威尔本来了。）

(C) We was in an ideal place for it. （对于它，我们所在之处是个理想的位置。）

(D) You was a majorette? （你是乐队女指挥？）

(E) There was about twenty-somethin' boys and just four girls. （大约有20来个男孩，但只有4个女孩。）

当主语名词短语（subject NP）是（E）中那样的虚位代词 there 时，默认动词单数形式的出现很常见，实际上，这几乎是绝对的情况。在第二人称代词 you 之后，如（D）的情况，默认动词单数形式也很常见。但是当主语是第一人称复数代词 we 时（如（C）中的情形），以及主语是复数名词短语时（如（B）），默认动词单数形式的出现就会少一些。而当主语是第三人称代词复数时，如（A），默认动词单数形式的出现是最少的。

对于默认动词单数形式的出现频率来说，这些制约条件构成了一个连续体，从（A）到（E），每进一步，默认动词单数形式的出现频率就增多一些。除此以外，更值得一提的是，这个连续体还是一个含有蕴涵关系的连续体。这就是，如果一个说话人在第一人称主语的复数形式之后使用默认动词单数形式，如（C）的情形，那么我们就可以预见他也会在（C）后面的情况下（即D、E的语境中）使用默认动词单数形式，但反过来不成立（即他不会在B和A的语境下用默认动词单数形式）。虽然不同的人在不同的点开始使用默认的动词单数形式，但是每个人的使用都会跟表9-2中那些可能存在的方言变体中的一个契合。

表 9-2　阿拉巴马州安尼斯顿方言中的默认动词单数形式（基于 Feagin，1972：201）

	默认动词单数形式跟主语的搭配				
	there	They	NPpl	we	you
方言变体 1	ø	ø	ø	＋	ø
2	ø	ø	＋	＋	ø
3	ø	＋	＋	＋	ø
4	＋	＋	＋	＋	ø
5	＋	＋	＋	＋	＋

说明：这里以量表图的形式展示，"＋"表示默认动词单数跟对应的主语共现，"ø"表示默认动词单数不跟对应的主语共现。

在某种程度上，表 9-2 中的量表图是可以解释的。虚位代词 there 之所以最能容纳主谓之间单复数形式上的不一致，是因为它没有被明确地编码为是单数还是复数，它是一个形式上不会因为数而改变的词；在标准方言中，主谓之间的单复数形式一致是由出现在它之后的那个名词短语（NP）决定的（如在 there was one 中用单数形式，但在 there were many 中则用复数形式），所有的标准方言都容忍在非正式场合说话中在 there 之后使用默认动词单数形式。第二人称代词 you 跟单数的 was 共现，可能是因为 you were 跟标准形式的 I was 和 it was 类推的结果（在标准方言中，不管 you 是单数还是复数，都说 you were，因此把它跟 I was 和 it was 类推时，就可能变成 you was）。至于其他三种情况，我们还没有什么现成的解释，但明显感觉到的是，从 we 到复数名词，到 they，复数的显著性在依次增加。

这里值得强调的一点是，像这种作用于方言变异之上的蕴涵关系是具有相对的次序的。如果人们对默认动词单数形式的使用是随意的，不受主语类型牵制，那么方言变体的数目就会翻倍。但正如事实上发生的，在默认动词单数形式的使用上，只是存在五个方言变体而已，而且它们全都有序地排列在一个连续体之中。

9.2.2 英格兰北部辅音丛简化（CC）

第二个跟蕴涵关系有关的例子是音系层面上的，这就是作用于音节末尾辅音丛简化（CC）这个变项之上的那些制约条件之间的次序排列，有关这个变项的概况，我们在前一小节里介绍过。前面曾指出，在许多方言中，音节末尾辅音丛简化的趋势（如 post 读作 pos'，hand 读作 han'）经常能看到，如果该辅音丛出现在另一个辅音之前（如 pos'card 和 han'ful）的话，而当辅音丛之后紧随一个元音时（如 post office 和 handout），简化则比较少见。在这个变项研究得最充分的那些方言中，我们看到，这两个语言环境之间实际上存在着一种蕴涵关系，即，任何一个说话人，如果他在一个紧随的元音之前简化前面的辅音丛（如 post office 读 pos'office），那么他也一定会简化出现在一个辅音之前的辅音丛，但反之不成立。

表 9-3 英格兰北部变项（CC）的制约条件量表图

方言变体	变项制约		停顿前	
	辅音前	元音前	前置响音	前置阻塞音
1	＋	＋	＋	＋
2	＋	＋	＋	∅
3	＋	＋	∅	∅
4	＋	∅	∅	∅

说明：该表展示了该地区可能存在的方言变体（引自 Chambers, 1982）[①]

如果我们把第三种可能的环境在一个紧随的停顿之前（也就是一个语

---

① 这个表中的制约条件如"辅音之前"，表示某个音节末辅音丛出现在有一个辅音紧随的环境下，如 post card，其中的末尾辅音丛"-st"出现在另一个辅音"c-"之前；"元音之前"表示某个音节末辅音丛出现在有一个元音紧随的环境下，如 post office，其中的末尾辅音丛"-st"出现在另一个辅音"o-"之前。"停顿前"是指某个末尾辅音丛出现在一个停顿之前，比如单独说 hand 这个词时，后面不跟任何成分，这里的末尾辅音丛"-nd"就是出现在一个停顿之前。"前置响音"表示辅音丛的第二个辅音之前有一个响音，如 hand 中的 n，这里的辅音丛是"-nd"，"-d"是该辅音丛的第二个辅音，它之前的-n 是一个响音（sonorant）。"前置阻塞音"就是指单独说 post 时的情况，这里末尾辅音丛"-st"中的第二个辅音"-t"之前是"-s"，即一个阻塞音（obstruent）。作者认为，在这种停顿的环境下，"前置响音"比"前置阻塞音"的环境更有利于辅音丛简化。——译者

句的边界）考虑进来的话，这种蕴涵关系就变得更有意思。在有关英格兰北部乡村土话的研究中，凭借《英国方言地图集》（SED）项目的有关记录，我们看到，出现在一个停顿之前的词语相当多，它们都是由一套调查问卷引出的，那些问题的设计，很容易会让发音人给出单词式的、简短的、而不是一长串语句式的答案。的确，出现在一个停顿前的回答是大量的，根据那个可删除的辅音（即辅音丛中的第二个辅音）之前是一个响音（如 hand 中的 n）还是一个阻塞音（如 post 中的 s）的情况（它们在底特律黑人土话中也是该变项的重要制约因素），我们可以将这些作为答案的单词作进一步的划分。跟底特律黑人方言的情况一样，在英格兰北部方言中，这两个语音环境对辅音丛简化的制约作用也是如此：有前置响音的环境比有前置阻塞音的环境更有利于删除（即 hand 中的 d 比 post 中的 t 更容易被删除，因为 hand 中的 d 之前是响音 n，post 中的 t 之前是阻塞音 s）。而且，在英格兰北部，有一些说话人偶尔会在一个响音之后、一个停顿之前把音节末尾的辅音删去，但在同样的环境中，从来不会在一个阻塞音之后把末尾辅音删除。换句话说，这两个变项制约条件也构成蕴涵关系，即任何一个说话人，如果他允许在一个阻塞音之后删除一个辅音，那么他也一定会在一个响音之后删除辅音，反之则不成立。

这样一来，这两个环境（前置响音和前置阻塞音）就构成了一个等级系统内的等级系统。因为从现有数据的情况看，它们只有在其后紧随一个停顿的条件下才可生效，而这个停顿本身也是一种环境。比起紧随其后是一个元音的情况来说，该环境不太容易造成辅音删除；而紧随其后是一个元音的情形又不如随后是辅音的情形容易造成辅音删除。表 9-3 展示的是英格兰北部变项（CC）的方言变体的蕴涵阵列（implicational array）。符号"＋"指的是某个变项制约在某个方言变体中起作用，"ø"表示某个变项制约不起作用。这个阵列表明，该地区说话人之间的不同是可以明确界定的，即任何一个说话人，只要他允许在某一个环境下的一个变异，那么他也一定允许出现在这个变异左边的任何环境下的一个变异。

同样，对于作用于变项（CC）上的制约条件的等级次序，我们也可以作部分解释。不用说，理解（CC）的关键显然在于第一个变项制约，即辅音之前这个环境。正如我们所看到的，这是一个普遍存在于英语中的、在某些标准及非标准方言中都存在（但不是经常）的辅音丛简化环境。相比之下，其他的制约条件就只是存在于某些非标准方言中。辅音之前的这个环境之所以更有利于辅音丛简化，是因为末尾辅音丛在另一个辅音之前，这种环境造成了一个前后三个辅音相连在一起的序列，这种序列在任何一种语言里都倾向于通过其所具有的各种语音设置进行简化（但也有许多语言，如日语和美国达科他语（Dakota），压根儿不存在这样的辅音丛）。

也就是说，这种辅音序列的简化是一种普遍的趋势。因此，我们并不奇怪这种趋势同时存在于英语的标准方言和非标准方言中，标准方言和非标准方言最大的区别只是在于，后者显然已把这种简化从三辅音丛序列扩展到了双辅音丛序列。而其他的变项制约所描述的就是那些双辅音序列发生简化的各种可能的环境，也就是那些双辅音丛序列发生简化的扩展规则。至于为什么这些扩展环境会呈现表 9-3 中那样的排列次序，是一个更不容易解释的问题。事实上，就这些制约条件来说，有证据表明，在许多方言变体中，辅音丛简化并不是完全按照这里的次序来进行的，即存在所谓泛方言变体混乱（panlectal disorder）的情况。① 如在纽约黑人土语中，停顿前的环境比元音前的环境更有利于辅音丛简化，尽管在底特律土语中这些制约的次序跟英格兰北部方言是一致的。而与此形成对照的是，不管在哪个方言里，辅音前这个简化环境都没有出现混乱的情况，这是普遍趋势的一部分，也是英语辅音丛简化趋势的启动条件。

同样，我们在这里再一次看到，正如前面讨论过的默认动词单数变项的例子一样，变项（CC）的制约条件之间的蕴涵关系给该言语社区的语言变异附加了一个相对的有序性。假如人们在语言上的不同是不受一定制约的限制，那么那种混乱无序的状况就会发生。但现实中我们看到的完全

---

① 泛方言变体（panlectal）指一个语言所有变体（varieties 或 lects）的使用者所共同具有的有关于这个语言的意识或知识。如英语在世界各地有各种各样的变体：英国英语、美国英语、加拿大英语、澳大利亚英语、新西兰英语等等。尽管每一个变体在语言的各个层面都会存在一些不同之处，但作为每个变体的使用者，都会具有对英语这个语言的某种共同的知识。这里的泛方言变体混乱（panlectal disorder）指的是，就音节末尾辅音丛简化这个变异的制约条件来说，尽管在不同的英语变体中具有差不多一样的制约条件，但在不同的英语方言变体中，那些制约条件之间的蕴含关系是不一样的。——译者

不是这种状况，而是相反的情况，即排列在一个方言连续体中的方言变体，彼此之间的不同是以一种明确界定的方式存在着的。发现这样一种有序性是令人愉快的，但并不出人预料。也许，语言存在的部分方式或者说其主要方式就是这样的。也正因为如此，人们才可以彼此交流，而方言之间的交流功能会明显地被语言变异的有序关系所强化，这种变异的有序关系在任何言语社区中都可以看到。

9.3 定量处理数据

把变项看作一种结构单位的基本含义之一在于语言数据定量处理的必要性，不仅如此，定量处理数据还引出了几个有趣的问题。

质的差别（qualitative differences）是绝对的，某个方言具有一个别的方言中不存在的特征就属于这种差别。我们前面已经注意到，某些地方的口音具有一个或多个其他地方口音中不存在的音位。例如，英国南部英语方言有/ʊ/和/ʌ/这两个音位，但北部方言则只有/ʊ/这个音位（见8.2）；在美国英语中，存在着/ɑ/和/ɔ/这两个音位，但加拿大英语则只有/ɑ/这个音位（见7.4.1）。又如，在某个地方，我们可能会发现工人阶层人群的话语中存在着一个第二人称代词的复数形式，如 youse [jəz]，但该言语社区的中产阶级的话语却没有这个形式。诸如此类的差别都是质的方面的。像音位总藏（phonemic inventories）多出一个成员、代词的形式变化多出一个区别等，这些都是绝对的差别。

然而，差别还可以是相对的，在本书中，我们已经见过很多例这样的差别了。相对差别就是量的（quantitative）差别。比如，在某个言语社区中这样的情况通常会存在：每一个说话人都会有偶尔说 *walkin'*, *talkin'* 和 *singin'* 的时候，它们分别是 walking, talking 和 singing 的变体形式。也就是说，各种口音之间的不同不在于某些变体有无，而在于这些变体出现的频率。从阿拉巴马州安妮斯顿镇的人称代词的动词默认单数现象的研究中（见9.2），我们看到，这个方言允许主语和谓语动词在单复数形式上不一致，这是这个方言的一个特征。在那里，像"There was three explosions"（有三个爆炸发生）和"We was playing ball"（我们在打球）这样的句子是符合语法的。但是，那里的人有时也会说"There were three explosions"和"We were playing ball"这种符合标准英语语法的句子。在安妮斯顿镇，人们话语的不同表现在对默认动词单数形式的使用频率上，有些人用得多一些，而有些人用得少一些。还有一个不同就是，默认动词单数在不同类型的句子中出现的频率是相对不同的：即在"There was…"这一类句子中，默认动词单数形式出现的频率会高一些；而像"We was…"这一类的句子就相对低一些。显然，这样的事实只有在测定这种现象出现的频率之后才能显露出来。

测定语言特征的使用频率需要某种定量分析的方法。对于一些简单的情况来说，我们只要把某个变体在它可能出现的一组语境中的分布百分比计算出来就可以。例如，对于含有默认动词单数形式的句子，我们可以统计大段说话中所有含系动词、主语是复数名词或复数代词的句子，然后计算其中具有默认单数系动词的句子所占的百分比。总之，只有通过定量分析的方法，默认动词单数形式的出现频率才能够确定出来。

对研究语言变异来说，定量处理数据的方法是极其重要的。在第四章中，我们讨论过指数得分（index scores），那是我们确定变体在一段话语样本中所占比例的方法。这个方法是社会语言学家发展出来的，它是社会语言学家所使用的各种定量分析方法中的一种。

方言学采用了社会语言学建立的许多定量分析方法，但为满足自己学科的需要，方言学本身也发展出一些特有的方法。在下面一节中我们将专门讨论这个问题。

9.4 定量分析地理变项

在研究变项时，方言学家特别感兴趣的是把隐藏在这些变项之下的空间格局（spatial patterns）揭示出来。为了揭示那些格局，研究者们运用了许多统计学和数理学模式来处理他们的语料。这样做不仅让他们能够处理更多的语料，而且还为他们的分析增加了一个更为客观的衡量尺度。

毋庸赘述，计算机化使得语料的处理达到了一个原先望尘莫及的水平。而且，在该领域发展的最初十年，它也引入了大量的方法。大多数方言学家发现，他们在使用那些应用统计方法时，更多的是跟统计学家及电脑专家而不是其他的方言学家打交道。由此带来的结果是，大家对究竟哪些应用统计程序最适合处理方言数据或者怎样才能最好地发挥它们的作用等问题都没有共识。目前该领域正在经历一个持续发展且不断有所发现的时期。这是一个令人振奋的时期。毫无疑问，在这当中，目标的单一性比方法的多元化更重要，而分析的深入也十分有益于不断地探新和学习。

从某种程度上说，目前方法上的混乱局面主要是术语上的而不是实质上的。方言学家们所使用的应用统计方法几乎都是多元统计法（multivariate application）。尽管多元分析在不同的研究中心都有一定程度上的发展，而且也有不同的名称（比如叫对应分析（correspondence analysis），有些地方叫对偶尺度分析（dual scaling analysis），还有一些地方又叫典型相关分析（canonical correlation analysis）），但它们基本的研究方法的相似之处还是远远大于不同之处的。

在本小节中，我们将两个案例作为原型来重点讨论，它们对本学科发展史来说至关重要。我们在 9.4.1 中讨论的方言测量学（dialectometry）是定量研究地理语言学变项的最初尝试，实际上它发生在微芯片革命之前；9.4.2 中讨论的多维级差法描述了该领域最前沿的统计运用。为了使所有研究语言地理变项的研究者都有所借鉴，并能在研究方法上做到始终一致，我们将对这两个实例进行详细介绍。

9.4.1 方言测量学

方言测量学这个术语现在通常用作一个通称，指各种各样的方言数据的定量分析。当然，它很适合于这么用，因为它字面上的意思就是"对方言的测量"。或许几年之后，它可能会在这个广义用法上被普遍地接受和使用，因而可以用作本小节的标题，以代替我们那个繁琐冗长的标题——定量分析地理变项（quantifying geographic variables）。如果人们开始在更宽泛的意义上使用这个术语，那将是对这个词的发明者 Jean Séguy 表达的无声敬意。不过在本节中，我们谈到Séguy首创的方言测量学时，指的是这个术语的狭义。

Séguy是《加斯科尼方言地图集》(Atlas Linguistigue de la Gascogne) 调查项目的负责人，该项目是《法国努维尔方言地图集》(Nouvel Atlas Linguistique de la France) 的组成部分。① 他于1947年到1951年间监督指导了在加斯科尼（Gascony）地区进行的田野调查工作。1954年，他和他的合作者们发表了《加斯科尼民族志方言地图集》(Atlas Linguistigue et Ethnographique de la Gascogne) 的第一集，在接下来的十五年间，他们又陆续发表了四集，并最终把ethnographique（民族志的）一词从标题中删掉，而把内容的重点集中到语言方面。从各个方面来说，这最初的五本地图集永久地保存了Gilliéron流派的方言地图传统——设计装帧美观、坚固的对开本地图以及标示着细节精致的单一答案。

可是在这个过程中，Séguy越来越不满足于传统的分析方法，他一直想对传统的分析方法进行改革。他的目的是想用一种更客观的方法来揭示加斯科尼地区各方言点的面貌。为了实现这个目标，他采用前后一致以及客观的方法来加强他所获得的语料的数值分量，尽可能地以通过量化语料得出来的计算结果来取代传统方言学家那些具有重要性或者影响力的主观判断。

Séguy的基本概念很简单，但它引出了后来出现的各种有关方言的统计分析的基本特点。针对调查语料中的所有条目，Séguy和他的研究团队在每一对相邻的调查点中就所有条目的答案作比较，把答案不同的条目的数量计算出来。通过计算相邻点的不一致，他们实际上建立了一个相异矩阵表（dissimilarity matrix），这是所有多元统计的基础。然后任何两个相邻地区的差异被简化成一个百分点，而这个百分点可以当作一个指数得分，用来表示两个相邻点的语言距离（linguistic distance）。

Séguy的方法在以下方面仍需一些主观判断：在哪儿设起点，在哪儿设分界点以及如何解释重要性和含义。例如，加斯科尼调查项目的数据由400多个条目组成，它们都是常见的类型，当然，各类的比例不同。如：

---

① 加斯科尼（法语Gascogne，英语Gascony），法国西南部一地区及旧省份。——译者

词汇类型的条目170个，发音类型67个，语音/音系类型75个，形态类型45个，句法类型68个。如果语言距离测量的计算是不加区别地建立在所有的条目上，那么词汇变体自然就会比其他类型的条目所占的分量重，这仅仅是因为它们在数据库中出现的数量较大。为了避免这个问题，Séguy只计算每一种类型的条目的百分比，而不是每一个条目的百分比。如此，形态变项所占的分量与词汇变项所占的就一样了，其他以此类推。总之，至今还没有人成功地证明过哪一种类型的变项条目在确定方言差别方面所起的作用更重要（见前面7.4节中的讨论），有鉴于此，这种计算方法应该是合理的。

接下来Séguy和他的研究团队开始计算两个相邻地区之间的语言距离。他们先是计算出每一个变项出现的百分比，然后是每一类变项的百分比，其次是各类变项的平均百分比，最后再把结果标在基础地图上，并于1973年发表在《加斯科尼方言地图集》的第六卷中。全书共有450张图，方言测量图只占了对开本的最后10页。Séguy还给每一卷做了一个专门的简单附注。

地图9-1是Séguy研究团队所绘制的陈列性方言测量地图的一个局部。在这里，我们看到方言学家们在加斯科尼的地图上叠加了网格线，把所有相邻站点都连接起来了。他们在每条线上标注的是距离量度——上面的数字表示的是由这条线连接的那两个点之间的语言差别度。数字越小，线两端的两个社区的说话人的语言差异就越小。

根据图上的距离量度，对（各点之间的）相对变异性（relative variability）作出一个基本的估测是相当简单的：距离量度相似的相邻地区属于同一个语言社区，而距离量度差别大的相邻地区则构成语言社区间的过渡区。

显而易见，方言测量图需要一个很大的版式来容纳为数众多的调查点和连接这些点的线，以及在线上标注数字。但是数字的好处是它们为方言的渐层性（dialect gradience）提供了一种数量标示。[①] 细心浏览，读者就

[①] 这里所说的"方言的渐层性"（dialect gradience）跟前面第一章所说的"方言地理连续体"以及第八章所说的方言地理分布的"渐变性"都是一致的概念，都是指方言在地理上的变异是渐次过渡的，不是突变式的。

能够察觉出地区之间的方言差别。在地图 9-1 中，在比斯开湾（the Bay of Biscay）的西岸，我们能找出一组语言距离分值较低的点，它们都在 10%～15% 这个范围内。这表明这个地区的方言一定具有许多相似性。而在中间比较靠下的地区，比如编号为 693 这个点，它跟相邻点连接的线中，有三面（南、西、北）线的分值较低，在 11%～19% 之间；但东面那几条线的分值则较高，在 22%～28% 之间。东面与其他三面的不同可以解释为：那几个分值较高的地方正好处在加斯科尼省和上比利牛斯省（Hautes-Pyrénées）之间的区域分界线上。

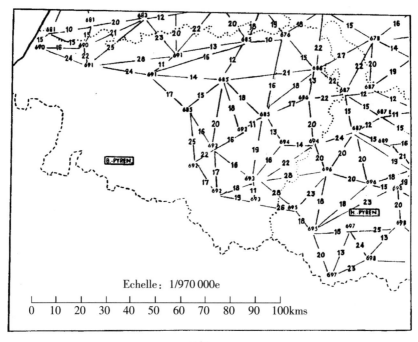

地图 9-1

诸如此类的差别有着方言学上的意义，识别它们可以引导研究者从社会、历史或地理因素方面去寻求解释的答案。因而，这个陈列图对丰富的语料进行了一个便捷的概括，也为进一步研究提供了一个有效的模式。

Séguy 和他的研究团队又进一步通过一个客观的公式从那些陈列性方言地图中绘制出解释性方言地图。根据整个地区的语言距离量度所涵盖的层次范围（the range of gradations），① 他们对语言的距离量度进行了聚类分析，把它们聚合成四个主要的级别：(1) 13％以下的；(2) 14％～17％的；(3) 18％～23％的；(4) 23％以上的。然后在解释性的方言地图上对每个级别用一种特别的线条类型（无标记的、虚的、轻的、重的）标示出来。这些线条的试样把加斯科尼地区划分成方言差异较大的区域和方言相对而言比较同质的区域。他们也尝试绘制了一些比较概括性的聚类图（clustering＝cluster maps），② 但把握并不大。对于最概括的地图，Séguy深表怀疑，他说："这个加斯科尼方言的渐层分布（gradient）是个冒险的尝试。"③（Séguy，1973：Map 2526）

尽管他对自己这个首次发表的方言测量学著作态度如此谦逊，Séguy的创新举动还是慢慢得到了一些关注。其中一件事为：Séguy和他的合作伙伴在各种会议上发布他们的革新成果，强调这些成果不打算印刷出版。另外，他们也赶上了有利的时机——方言测量学不仅很容易运用于当时新兴的技术（最显著的是大型计算机），而且也是最早可以真正替代同言线及其他由来已久的方法的另类选择之一。在方言测量学的陈列性地图上，一些方言学家看到了方言在地理空间上渐层变化的视觉模拟，至少它是首次这种模拟较接近实际情况的尝试。

逐渐地，方言测量学受到了世界各地支持者的关注和重视。它现在已经被许多国外研究中心的学者们有效地采用，如奥地利的Goebl，威尔士的Thomas，德国的Viereck，英国的Kirk，日本的Ogura，加拿大的Cichocki以及美国的Kretzschmar等等。就大多数情况来说，这些学者都是各自独立研究的。但随着时间的推移，这个研究领域将毫无疑问地凝聚起来，其研究方法和技术将会传播到比现有的范围更广泛的地区。

目前方言测量学已经坚固地扎根确立起来了，而且我们可以对它提出

---

① 这里指各个方言点之间的语言距离的量度也是在一个范围内渐次增加的。——译者
② 这里作者说的clustering应该是指cluster maps，就是根据方言测量法计算出来的各点之间的语言距离的分值级别，在地图上将一组得分相近的点所在区域（即方言近似区）用同一种颜色表示出来，然后再用同样的方法，对另一组得分值相近的点用不同的颜色区别出来，这样绘制而成的方言地图就是类聚图。——译者
③ 这句话原文为法文，在此仅释其大意。——译者

一个更大的问题，即对于（变异）扩散的正常抑制因素和促进因素，对于相邻地区方言之间的差异性和相似性的限制，以及对于常见的或者普遍的方言渐层分布模式（patterns of gradience），它向我们揭示了什么？对这些问题的回答，我们需要用到比较方言测量学（comparative dialectometry）的方法，也需要有一个与数据处理和地图绘制相称的理论灵敏度，这一切已经成为目前该研究领域的重心了。

9.4.2 多维级差法（Multidimensional scaling）

对于地理变项，还有一种定量分析的方法，这就是，把这些变项交给多元统计程序（multivariate statistical programs）来处理。多元分析（multivariate analyses）可用来计算一个矩阵中的行和列之间的关系。[①] 方言调查的结果是一个自然矩阵，受访人（在调查中回答问题的人）构成纵向的列，变项（即发音人对词条或动词形式的选择）构成横向的行（下表9-4就是一个例子）。计算机在数据处理方面的能力几乎是无限的，因而被分析的矩阵可以非常巨大。

统计学的产生源于估测显著性差异（如 t-检验）和检验假设（如卡方检验）。[②] 但多元统计（multivariate statistics）与这两方面都无关：从根本上说，它们是描述性的设置，用于把复杂的数据简化为一组易于理解的关系。多元统计所表达的关系可以是说明、提要、关联或者是语言之间的距离。

如前面指出过的，多元分析通常是基于一个相异度矩阵（dissimilarity matrix），这跟 Séguy 的语言距离测量法没有什么不同。一旦相异度被计算出来，它们就可以用一种叫作级差（scaling）的程序通过图形表示出来。多元级差法的基本原则是简单直接的：如果两个说话人 A

[①] 多元统计程序（multivariate statistical programs）是统计学的一种，它主要用于同时观察和分析多个结果的变项。多元分析（又译作"多变量分析"）为统计方法的一种，它包含了许多分析方法，最基本的为单变量分析，再由此延伸出来多变量分析，或叫多元分析。

[②] "显著性检验"，原文作 significance，是 significance test 的省略，"t-检验"（t-test）、"检验假设"（test hypotheses）及"卡方检验"（chi-square）都是统计学中的数据分析方法。

和 B 之间的相异度是 B 和 C 之间的两倍,那么 A 将被放在从 B 到 C 两倍远的地方(A 到 B 的距离是 B 到 C 的两倍)。但是,它们在图形上的关系并不这么直截了当,因为那些被定了级差的点是多维度的。

Séguy 的方言测量学的绘图方法跟多维级差法形成了一个颇有启发性的对比。如上节所见,Séguy 的做法是:用一张加斯科尼的地图,把两地之间的语言距离用数值标注在地图上。不管两地之间的语言距离是大是小,两地之间的实际空间都是一样的,因为这个地图所反映的是地理的距离。换句话说,在 Séguy 的系统里,地图上表示的是地理空间距离,而语言距离是靠数字而不是靠空间关系来表示的。

在多维级差法的制图里,语言距离(或者统计测量的任何东西)确实是按空间的关系来呈现的。A、B 和 C 位置之间的距离,不光取决于它们之间的语言相异度(无论其地理位置远近),而且也可能取决于不同的位面,这要看它们的相异度是在哪个维度上(见图 9-1 中的形象说明)。因此,对于那些维度就必须作出一些解释。

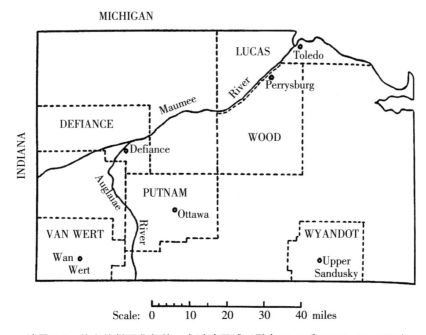

地图 9-2　俄亥俄州西北部的一个过渡区域(引自 Davis 和 McDavid,1950)

195

巧合的是，Séguy 的方法和级差法之间的不同，正好可以完美地说明前面 8.7 节所讨论的绘图时应作的理论选择。当有待绘入图中的变项不止涉及两个维度时，其中的一个维度就必须间接地表现。即，或者选择直接表现变项的地理维度（如 Séguy 的方法），或者选择直接表现其他维度，它们可以是社会的、文化的、语言的或者别的方面的，而地理维度就只能通过推测来了解了（如级差法）。

多维度级差法的一个明显优势是，调查员所做的变项分类不对分析进行预先的判断或以其他方式影响它。统计程序会把相异性矩阵找出来，哪儿有就在哪儿找出来，然后在每一个维度上逐一定出它们的等级。多维度级差法经常会把调查员事先没有认识到的但存在于数据中的一些关联性揭示出来。确实，多维级差法可以处理庞大的数据量，所以这种情况也是在预料之中的。

9.4.3 俄亥俄州的一个方言过渡区

这种方法也有利于给相对而言较小的数据库定级差，特别是当碰到变化细微或者组合复杂的数据时，就像大多数调查得到的数据那样。一个反映小型数据库中的复杂变化的经典例子是 Alva Davis 和 Raven McDavid（1950）提供的，他们两个都是《美国加拿大语言地图集》（*Linguistic Atlas of the United States and Canada*）项目的主要田野调查员，他们的文章发表在 1950 年的 *Language* 杂志上。这篇文章不仅本身十分有意思，而且也为多维级差法的运用确立了一个可借鉴的典范。

当语言地图集的田野调查工作从大西洋沿岸转移到定居历史不久的内陆各州时，方言的样貌就变得不太有规律可循了（见 7.2.2 节的讨论）。最先被调查的内陆点之一就是位于大湖区的俄亥俄州、密歇根州、印第安纳州、伊利诺斯州和威斯康辛州。当调查仍在进行的时候，Davis 和 McDavid 就吃惊地发现，那些从俄亥俄州西北部五个小城中收集到的十个调查记录中，就有很多变异现象。在他们看来，之所以会产生这些变异，是因为这个地区是"一个过渡区域"，也就是说，因为该地区受到来自两个或者更多地方的影响，所以各种相互竞争的形式才会在当中并排存在着

(1950：264)。他们这篇文章的目的就是要说明过渡区所具有的现象。

表 9-4　俄亥俄州西北部 10 个发音人所使用的 9 个变项（Davis & McDavid，1950 年简化）

	P_1	P_2	D_1	D_2	V_1	V_2	O_1	O_2	US_1	US_2
1. hay cock（N）		x	x	x			x			
hay doodle（M）			x		x	x	x	x	x	x
2. pail（N）	x	x		x			x		x	
bucket（M）			x		x	x		x	x	x
3. swiil（N）	x	x		x						
slop（M）			x	x	x	x	x	x	x	x
4. johnnycake（N）	x	x	x	x						
corn bread			x		x		x			x
corn pone（M）					x	x	x			
5. cherry pit（N）	x	x		x			x	x		x
cherry seed（M）			x			x	x		x	
cherry stone								x	x	
6. baby creeps（N）	x		x	x					x	
baby crawls（M）		x	x		x	x		x	x	x
7. greasy（N：s，M：z）	z	z	z	z	s	z	z	z	z	z
8. with（N：θ，M：ð）	ð		ð，θ	ð	ð	ð	θ	ð	θ	ð
9. dived	x		x	x			x	x	x	
dove（N）		x	x	x		x				

人们来这个地区定居是比较晚的事，从 1840 年开始才有人陆续过来。地图 9-2 展示的就是收集那十个方言记录的五个小镇，它们分别为：佩里斯堡（Perrysburg），迪法恩斯（Defiance），渥太华（Ottawa），范沃特（Van Wert）和上桑德斯基（Upper Sandusky）。它们彼此相距不远，最远的距离也不超过 80 英里。调查员从每一个社区中挑选出两个发音人：其中一个是 NORM 型的发音人（即 nonmobile（非流动的）、old（年长的），rural（乡村的），male（男性的）），在表 9-4 中分别以 P_1、D_1、O_1、

V_1、US_1 表示；另一个发音人则是受过较多教育、社交方面比较活跃的男性，在表中分别以 P_2、D_2、O_2、V_2、US_2 表示。这些男性年龄在 73—94 岁之间，彼此之间互不相识，除了 1 人曾在 1949 年被 McDavid 采访过，其他 9 人都是第一次被采访。

Davis 和 McDavid 从方言记录中挑出 56 个变项（39 个是词汇方面的，10 个是发音方面的，7 个是语法方面的），这些变项大多具有明显属于北部和中部地区方言的变体（北部和中部地区是大西洋沿岸的两大方言区，也是内陆各州居民的主要来源地）。表 9-4 是 9 个变项的示例，这 9 个变项放在最左边一栏，每个变体都标上所属的地区是北部（N）还是中部（M）；右边对应的是它们在 10 个发音人（P_1、P_2、D_1 等等）话语中的出现情况；1—6 及 9 是词汇和语法条目，用 x 表示对应的变体出现；7—8 是音位和发音变体，用具体的音位符号（如 z 或 s 等）表示对应音位在各个发音人中的分布。

正如 Davis 和 McDavid 所指出的，我们要找出表 9-4 中变体分布的模式是非常困难的，在比较同一个点的两个说话人的对子时，我们会觉得十分困惑，因为在我们的预期里，这两个人的情况应该是一致的，可事实并不如此。比如拿 Perrysburg 镇的两个发音人来说，通常他们做的选择是一样的，可是在描述婴儿"爬"这个动作的动词（creep, crawl）选择上，两个人就不一样；还有在动词 dive（跳水，潜水）过去时的变体（dived, dove）上，两个人的选择也不一样。Van Wert 镇那两个发音人的情况也是如此，他们在大多数选择上是一样的，但是在表示 cherry stone（樱桃核）的名词变体（pit, seed）的选择上，还有在 greasy（油腻的）这个词的发音上（中间的摩擦音是带音的 z 还是不带音的 s），两个人的选择都不一样。那两个在 Defiance 镇的发音人的共同点则更少，而 Ottawa 镇的那两个人更是如此。尽管我们找不到这些变体的分布模式，但能归纳总结出发音人的异同点，还是比仅仅停留在一个大致的印象上好一点。

在一个像这样相对狭小紧凑的地区中出现如此多的异质性数据是一件非常令人吃惊的事情。的确，正如 Davis 和 McDavid 所指出的，这些异质性数据反映出一个过渡区的典型情况。由此，他们得出结论："过渡区发生了什么？这就是一个样本，它告诉我们，即使在所谓'通用美语'①使用区里面一个很小的范围内，情况也是非常复杂的。""语言形式的分布较好地反映了移民定居的历史，但是为什么某些形式的分布受到限制而有些却分布广泛，对此我们还不能提出具有说服力的解释。"（1950:272）。他们以自己的文章为例，说明"这个国家方言形成的问题，在这里，言语的混合状况一定是从殖民时代的最早时期就开始了"（同上）。

但是，Davis 和 McDavid 的这篇文章之所以引起学者们的注意，不仅在于它提供了一个过渡区的实例，而且还在于它对那些想从中发现语言在地理分布上有某种连贯性（geolinguistic coherence）的方言学家们提出了挑战。② 两年之后，即 1952 年，Language 杂志发表了 David Reed 和 John Spicer 的一篇文章，算是对这个挑战的一个回应。他们两个人都是加利福尼亚 LAUSC 项目的田野调查员。他们所调查的这个地区的定居史比俄亥俄州的更短，在那里像 NORMs 这种类型的发音人很少，但 Reed 和 Spicer 也遇上了跟俄亥俄州西北部相同的变异现象。他们之所以要 Davis 和 McDavid（1950）就第一篇讨论这个现象的文章作出回应，是想说明"如果从定量的角度而不是定性的角度去分析这个问题的话，过渡区的语言模式就会变得比较清晰起来"（1952:348）。他们用协方差统计分析法（statistical analysis of covariance）分析了俄亥俄州的数据，其结果表明：事实上，语言地理分布连贯性的一个宽泛模式还是存在的，即居住距离近的两个说话人比居住距离远的两个说话人在语言上更相似。

Reed 和 Spicer 的重新分析是最先运用统计学方法分析方言变项的研究之一。他们所运用的协方差统计分析程序现在已经被更好的统计工具代

---

① "通用美语"，即 General American speech（简称 GA），又译"标准美音"。——译者
② 这里的 geolinguistic coherence，可译为"语言地理分布连贯性"，指的是"语言在地理上的分布是有连贯性的"现象，即从一个方言到另一个方言之间虽然没有截然划一的界线，但是在一个相对狭小的区域内，方言之间还是具有许多同质性的，像本小节讨论的俄亥俄州西北部这五个相邻小镇区域内的众多方言异质性现象，确实是对语言地理分布连贯性理论的挑战。注意，这里的 geolinguistic 是个一般形容词，意思是"语言地理的"，当然，它会令人想到 geolinguistics（地缘语言学）这个专门术语。关于后者，请参看沈家煊译戴维·克里斯特尔（2000）的《现代语言学词典》（*A Dictionary of Linguistics and Phonetics*）。——译者

替,并更新了好几代。然而他们所使用的类似于气象图上同温线的绘图方法,即用同言线定量地将语言特点相似的说话人标出,在阐释方面引出的新问题跟它所解决的旧问题一样多。尽管如此,他们的文章却具有显著的先见之明。他们的方法就其所提出的问题和所寻求的解决途径来说,比时代领先了好几十年。今天,方言学已在 Reed 和 Spicer 所设想的发展道路上发生了巨大的变化,成为一个定量分析的学科。

9.4.4 对矩阵的对应分析

当数据被转成一个如表 9-4 那样的矩阵时,俄亥俄州西北部的数据就成了多元分析法(multivariate analysis)的合适对象。我们对此表采用的统计程序叫对应分析法(correspondence analysis),它用于寻找矩阵中行和列之间的关联度。这个程序将扫描矩阵中的行(语言数据),识别和追踪各列(发音人)之间的差异,然后按照距离度量算出其相似性。毫不夸张地说,为了从矩阵中提取出占主导地位的关系,并把它们标示在多维的空间里,对应分析得进行数以千计的比较,并且应在几秒钟之内完成。

值得强调的是,这种分析法的一个明显优势是它的客观性。具体的数据分析不会因为方言学家所提供的地理的、社会的或者任何一种有关语言的信息而受到影响。方言学家交给统计程序的只是一个数据矩阵而已,在这个例子中,就是表 9-4。这个矩阵没有对数据作任何说明。例如,我们只知道 D_1 和 D_2 是两个住在 Defiance 镇的发音人,而 US_1 和 US_2 是两个住在 Upper Sandusky 镇的发音人,但它没有说明 O_1 是一个 NORM 型的发音人,而 O_2 是一个受过良好教育的中产阶级;它也没有指出,greasy 中的 s 发 [z] 音,把"桶"叫 bucket 都是中部地区的语言特点,因而它们在某种程度上应该是互相关联着的。如果说这些关联不显示在数据中,那是因为它们已经被无法分开地编织进矩阵中去了。

前面描述过,对应分析还需要把它在多维级差法中找到的关联关系呈现出来。级差图 9-1 呈现的就是一组关联关系——这是跟我们的意图最相关的。在级差图 9-1 中,最明显能看到的是,表 9-4 中的列标题(如 P_1、P_2、D_1 等)以一种特别的布局出现在图形中。那些列标题,如我们所知,分别代表了那 10 个发音人。他们在图形中的位置，是由彼此之间在语言上的相异性决定的。越不相似，彼此之间的距离就越大，反之亦然。

```
┌─────────────────┬─────────────────┐
│                 │                 │
│                 │        P1       │
│                 │    P2           │
│                 │                 │
│      D2         │                 │
│                 │                 │
│       O1        │                 │
├─────────────────┼─────────────────┤
│      D1         │                 │
│                 │    US2   O2     │
│                 │    V1      V2   │
│                 │    US1          │
│                 │                 │
└─────────────────┴─────────────────┘
```

级差图 9-1

在级差图中，10 个发音人构成了 3 个群集（clusters）：P_1 和 P_2 彼此靠近，他们处在图的上端；其他 5 个（V_1、V_2、O_2、US_1、US_2）跟 P_1 和 P_2 离得较远，处在图形的下端；另外 3 个发音人（D_1、D_2 和 O_1）则分布在前两个群集之间的空间。

这 3 个群集分布在图形的不同象限中。[①] P_1 和 P_2 占据右上方的象限，那 5 个距离最远的发音人占据右下方的象限。这种位置表明多元分析法已

---

① 一个象限是一个圆的四分之一。——译者

经发现这两组发音人的变体选择模式是极其不同的——事实上是相反的。为了发现他们具体是怎么相反的，我们必须仔细地浏览那个数据矩阵。当我们仔细观察那些被统计程序聚了类的每个发音人的情况时，我们看到了一个对比鲜明的选择模式。如，同样是指"桶"，P_1 和 P_2 选择 pail，而其他人（V_1、V_2、O_2、US_1、US_2）则选择 bucket；又如，同样是指"猪饲料"，P_1 和 P_2 选择 swill，其他 5 人（V_1、V_2、O_2、US_1、US_2）选择 slop。这两个群集在变体的选择上通常不同，所以级差法把它们放在了正相反的象限里。

更仔细地审查表 9-4 中的数据及其他数据库中的变项之后，我们看到 P_1 和 P_2 这两个发音人倾向于选择北部地区使用的变体（如 pail，swill 等等），而其他 5 个人则倾向于选择中部地区使用的变体（如 bucket，slop 等等）。中间的分割线将图形沿水平方向分开，把发音人分成两组：那些倾向于使用北部地区变体的在线的上方；那些倾向于使用中部地区变体的在线的下方。按照我们在第八章讨论过渡区时的说法，他们之间的不同就是"更接近北部的"说话人与"更接近中部的"说话人之间的差异。

当我们把注意力转向剩下的那三个出现在图形左半边的象限中的发音人时，我们便可发现究竟是什么把他们跟前面几位发音人分开的了。他们对调查条目的选择跟处在图右边的那两组都不同——有时他们选择的是北部地区的变体，有时是中部地区的，有时则两者皆不是。他们都定位在中间线的附近，他们的位置表明他们具有混合的用法，其中有两个人的用法有点偏向北部地区，而另外那个人的用法则有点偏向中部地区。

当然，在这 10 个发音人当中，说纯粹的北部方言或纯粹的中部方言的说话人一个都没有。要找到这样纯粹的发音人，我们应该到离这 10 个发音人所在的过渡区更北一点或者更南一点的地方去寻找。但是多元分析法向我们显示，这 10 个发音人当中有 2 个显然是北部方言的说话人（P_1 和 P_2），5 个（V_1、V_2、O_2、US_1、US_2）显然是中部方言的说话人。介于他们之间的那一组则是真正过渡区方言的说话人，尽管他们当中的一个（D_1）比另外那两个（D_2 和 O_1）更像中部方言的说话人，这三个都是混合方言的说话人。

在对俄亥俄州西北部这些方言对应分析的解释中，我们使用的术语跟在第八章中描述英国中东部方言过渡区的变项（u）和（a）时使用的术语很相似。这一点也不奇怪。尽管这两个地方一个在英国，一个在美国，我们却在这两个地方看到了相同类别的方言变体，这很自然，因为它们都是方言过渡区。

9.4.5 语言距离和地理距离

如果要说多维极差法有什么缺点，那就是它偏重于统计学上的距离，而忽略了地理距离。不过话说回来，对这两种距离的不同态度也恰好是这种分析法最显著的特征。请比较一下发音人在地图 9-1 中的位置和他们在地图 9-2 中的位置。发音人在这两张图中的位置极为相似，特别是当我们考虑到对应分析并不提供任何有关发音人的地理位置的信息这一点时。正如 P_1 和 P_2 在级差图 9-1 中被从其他人那里分离开放在最顶部一样，他们的家乡 Perrysburg 镇在地图 9-2 中也是从别的小镇中分离出来而处在地图的北部；V_1、V_2、US_1 和 US_2 位于级差图中的下方，而他们家乡的位置在地图 9-2 中也是如此，即 Van Wert 镇和 Upper Sandusky 镇位于地图 9-4 的最南端；在级差图中，O_2 被两个 Van Wert 镇人和两个 Upper Sandusky 镇人围绕着，而在地图中，O_2 的家乡 Ottawa 也是位于 Van Wert 镇和 Upper Sandusky 镇之间；D_1 和 D_2 介于其他人当中，正如他们的家乡 Defiance 镇也介于其他城镇之间。最不一致的人是 O_1，在级差图中，他离他现实生活中的邻居 O_2 很远，但是如果我们仔细观察地图 9-2 的话，就会发现从 Ottawa 到 Defiance 的距离和从 Ottawa 到 Van Wert 的距离是差不多的。事实上，在 Ottawa 镇，有些人说话很像他们南边的邻居 Van Wert 镇的人，而有些则像他们北边的邻居 Defiance 镇的人。Davis 和 McDavid 的田野记录凑巧把这两种人都包括了进来，而多元分析则把他们的情况如此识别出来了。

因此，通过这样的定量分析，这 10 个发音人之间的关系就得到了精确的揭示。我们很难想象一位方言学家，不管他多么有经验，仅凭观察变项在数据库中的分布就能够把这些关系如此精确、简单地识别出来。更难想象，仅基于观察，方言学家就能如此自信地得出这种结论。这个个案研究所涉及的数据是比较小的，只包括 10 个主题的 59 个变项，它们分别具有两到三个变体。当主题达到几百个、变项达到几百个时，观察的可靠性则增强了。总之，多元分析法和其他统计学方法能够用来整理一个无比复杂的数据库中的各种关系。

方言地理学中的定量分析法使方言学家能够处理更大规模的数据，这在以前是做不到的。同时，这些方法也使方言学家能够处理性质更加复杂的数据。在收集数据时，方言学家不再需要制造一些人为的限制，以便数据能够被处理。换句话说，方言学家不需要从语言自然的多样性中脱离出来，即不需要通过这些方法，把数据限制在一个问题上，或者只记录一个答案，或者只调查一个说话人或一个社会群体。当这些限制被解除时，所有的地区看起来都像是过渡区域了。

总之，普通人在每天的俗务琐事中都会面对语言的变异性，对于语言变异那些最难以捉摸的问题，我们也只能直面其无比丰富的变异性才可能找到答案；而定量分析法则为我们开辟了一条甚至在最复杂的情形下发现变异模式和变项关系的途径。

扩展阅读

有关语言数据中的变异性的理论意义，一般性的讨论可以在 Labov（1972b）、Chambers（1995：第 1—5 章）和 Guy（1996）的相关研究中看到。

有关不同方言中的（CC）变项的研究，已经有几篇文章和专著发表。有关纽约市黑人土语中的（CC）的一般性讨论，参看 Labov（1972b：第 8 章）；有关这个变项在底特律方言的情况，参看 Wolfram 和 Fasold（1974：第 5 章）。（CC）在英格兰北部乡村方言的情况，参看 Chambers（1982）的相关研究，该研究是在 Orton 和 Halliday 主编的 SED 项目的调查记录以及 Orton 和 Halliday（1962—1963）的相关研究基础上进行的。

有关颜色词蕴含关系方面的例子，见 Berlin 和 Kay（1969）。句法方面的蕴涵关系，见 Feagin（1979）。

方言测量学的创立之作是 Séguy（1973）的 *Atlas Linguistique de la Gascogne* 一书。Séguy 的学生——Dennis Philps 把他的方法应用到《比利牛斯方言测量地图集》(*Atlas Dialectométrique des Pyrénées*)（1985）的绘制上，产生了很大的影响。有关多元统计学程序在方言数据分析上的应用，可以在本书末尾所列的 Cichocki，Goebl，Kirk，Kretzschmar，Ogura，Thomas 以及 Viereck 等人的相关著作或文章中看到。

有关多元统计学在语言学上应用的一般性讨论，参看 Woods，Fletcher 和 Hughes（1986：第 14、15 章）的相关论述，Davis 和 McDavid（1950）的经典之作以及 Reed 和 Spicer（1952）对该文的回应研究。俄亥俄州方言的多维级差分析数据来自 Chambers（1997）*Mapping Variability* 一文，除了本章中的问题，该文还讨论了 8.7 节中涉及到的许多问题。

第十章
语言的社会扩散和词汇扩散

在这一章和下一章中，我们将考察几个跟扩散（diffusion）有关的理论假设，也就是语言创新扩散过程的研究。这些假设试图回答不同的问题。首先我们要问的是，谁是某个语言变体的创新者。我们将会看到，随着创新的社会环境不同，对这个问题的答案也不同。我们还将考察几个城市方言学方面的研究，因为它们揭示了扩散模式背后的社会因素。接下来我们把话题的范围缩小一些，试图发现究竟哪些语言元素是语言创新的传播媒介。于此，一个较为可靠的假设是词法扩散理论（lexical diffusion），它提出词汇的构成成分（lexical formative）是语音变化的主要传播媒介。最后，在下一章中，我们要探讨的问题是，语言创新是怎样在地理空间上传播的，并由此发展出一个地理语言学的模式来对它进行解释。

10.1 实时（real time）和视时（apparent time）

很清楚，任何有关某个语言创新现象传播的研究都必须是比较性的。其数据必须包括同一个群体或者至少是一个可作比较的群体在至少两个不同的时间点的说话证据。理想的办法是，在一个特定的时间，针对一个特定的变项在一个特定群体里的使用做一番调查，若干年之后再回来对这个群体做一次相同的调查，然后将两次调查的结果进行比较分析。① 当然，

---

① 这种调查就叫"实时调查"（real time survey）。——译者

这么做我们难免会遇到以下这样的情况：在两次调查间隔的时间中，那个第一次被调查过的群体当中有些成员的社会处境已经发生了改变，从原来较低的社会阶层升入较高的社会阶层了，比如说，从中工阶层上升到上工阶层，或者不再住在原来的社区了。尽管如此，两次被调查的人群之间还是有很大的相似性，正是这点使我们确信可以得到可靠的比较结果。

但遗憾的是，这种复制，即在两个真实的时间点（real time）对同一个群体进行再次的调查和比较研究，几乎是不可能做到的，有太多因素会影响我们对同一个群体做第二次调查了。比如，有人不愿意参加第二次调查，或者有人不仅从调查区域搬走了，而且还可能移居到别的国家去了，或者有人已经去世了等等。通常，一个理想的二次调查实际上是做不到的。

然而，如果对以上所说的理想状况降低一些标准，或者说退而求其次，那么对同一个群体作实时的语料比较还是有可能进行的。这就是，即使原来那个群体找不到了，我们还是可以在同一调查区域中找到一个跟它类似的群体进行再次调查。也就是说，我们可以通过以下方式来控制某些独立变项：① 抽选一个群体，使它符合以下条件——其成员跟原来那个群体的成员有着相同的男女组合比例；属于同一种族、拥有同样的社会背景或职业；住在同一个调查区域里。这样，我们就可以放心地把第二次的调查结果拿来跟原来的调查结果作比较了，它们当中的任何重要的差异都可以看作是正在进行中的语言变化的结果。

通过把两次调查中差异最大的数据和某些独立的社会变项关联起来，我们就可以看出是哪些子群体在创新上更活跃，哪些语言成分出现了创新，以及哪些区域是创新的滩头阵地，等等。换言之，我们可以据此研究语言创新扩散的机制了。

实际上，如果有关某个群体的实时研究涉及的是可用作比较的抽样群体，而不是跟第一次调查的群体一模一样的群体，那么我们至少能在以下方面有明显的优势，这就是，我们可以在第一次调查之后的任何间隔时间

---

① 这里的"独立变项"是指诸如性别、年龄、社会阶层和种族等这些社会因素。——译者

点去对可作比较的人群进行调查，可以是一年之后，十年之后，一个世纪之后或者一千年之后（至少理论上是可能的）。不用说，对同一个群体的调查是受该群体成员的寿命限制的。而不受时间限制的间隔调查往往是很有必要的，因为有些创新的扩散是相当缓慢的——回想一下第八章中的变项（u）和（a），它们经历了几乎三个世纪的时间才向北方扩散了几英里——有些人群，如NORMs类型，在语言上是非常保守的。再者，语言创新的明显增加往往倾向于发生在不同代人之间，而不是在同一代人的生命跨度中。因此，局限于同一代人的实时调查也许能够发现，随着时间的推移，某个变项在某一代人当中有所增加，但可能会忽略该变项在新一代人中的更大增加，很可能这种情形早就发生了。

理论上，基于几代人的实时调查数据而做的比较研究应该可以提供描述语言创新扩散的基础。但事实上，这样的研究是很罕见的，再说该领域中大多数这样的工作都受到许多不确定因素和问题的限制，并没有建构起一种强大的理论原则足以激发和促进有关扩散的研究。主要的原因是很多数据有着内在的不可比较性。早期的调查往往旨在包罗某个地区的语言概貌，而不是以关注某个特别的变项为重点。它们是宏观的调查，目的是得到有关几个变项的答案，而不是旨在收集有关一两个变项的大量数据的微观调查。于是，那些想要搞清楚某个变项的发展过程的研究者，就必须首先从早期的那些调查中尽可能地挖掘出任何有用的数据来，然后再试着设计自己的调查问卷，使之可以诱导出在同样语体环境下相同或相似的数据来。诸如此类的因素严重限制了基于实时调查的比较研究。

然而，还是有一些没那么野心勃勃的实时研究在进行着，而且它们积累出的成果很有启发意义。这就是，有些社会语言学家对他们早些时候调查过的那些点进行了重新调查，这些调查一方面是为了做全面的城市方言调查，另一方面实际上也是对从前调查工作的一次再检查。两次调查的时间间隔很短，只是勉强够长而已（一般15年左右），尽管有的项目会间隔得久一些。如在日本的鹤冈市（Tsuruoka）进行的那个项目，其间隔时间是20年。目前为止，日本鹤冈市的项目已经完成了三次调查，调查时间分别为1950年、1971年、1991年。这样的实时调查能够提供重要数据，用于研究语言创新的扩散、社会传播、语言变化的机制以及许多其他基本问题。

然而，对语言扩散的研究更多是依赖于视时（见 6.2 节）调查而不是实时调查。在视时中研究语言创新的扩散，实际上就是在控制其他独立变项（如性别、社会阶层和种族等）的情况下，在同一社区调查年龄不同的人在语言上的差异。

跟实时法相比，视时法有一个明显缺点：在对各个比较群体做再次调查的间隔时间上它有一定限制，因为用作比较分析的群体必须由同一个时代的人构成。前面讨论的实时法遇到的问题是很难对同一个群体做再次的调查，而就扩散研究所需要的间隔时间来说，一个人的生命跨度又太短了。①

尽管如此，视时研究法还是有若干优势。由于是同一个人对两个对比群体进行的调查，所以研究方法、记音方法和分析方法等都可以很容易进行比较，所得的调查数据也不受限于人为的和非自然的因素，因为只要有必要，研究者随时都可以回去获取更多信息。正是因为有这些方便，近年来有关语言扩散方面的研究都主要采用视时法，而不是实时法。

视时法的合理性主要取决于这样的假设：如今 40 岁人的话语代表的是 20 年前 20 岁人的话语，所以可以把 40 岁人的话语拿来跟如今 20 岁人的话语作比较。他们之间在某些语言变项上的差异来自于在那 20 年的间隔时间中所发生的语言创新发展。

实时和视时之间不能简单地画等号，两者之间的关系非常微妙。社会结构是动态的，众多社会变项中的任何一项变化都可能对语言变化和扩散的进程产生影响。

---

① 作者的意思是，视时法调查的是同一社区不同年龄段的人（不同代人）之间的语言差异，而这些人当中的年长者，也许等不到下次的调查时间就不在世了。相对而言，实时法还可以灵活一些，因为它可以在同一地方选择与早期受访人有着相同社会背景的另一批人进行再次调查，因此在间隔时间上反倒不受限制。

10.1.1 不同年龄阶段发生的语言变化

社会语言学家充分意识到至少有一种变化并不符合视时法的理论假设，这就是不同年龄阶段发生的语言变化（age-graded changes）。在此种变化中，我们可以预见到某个社区中的年轻人一旦进入成人阶段就会在话语上有所改变。① 例如，许多加拿大的孩子在最初学习字母时，都会把最后一个字母 Z 叫 zee，这是美国人的叫法，但当他们长大成人之后，大多数人就会改叫 zed，这是加拿大的普遍叫法（当然，其他英语地区的人也是这么叫，但美国除外）。这个变化是发生在每一代人身上的，这是一个周期性的、连续的变化。

如果我们用视时法的假设来分析像从 zee 到 zed 这样发生在不同年龄阶段上的变化，我们就会受到蒙蔽。其结果的确有着一个正在进行中的变化的外表：许多孩子说 zee，但是少数青少年说 zee，而大多数成年人不说 zee。但我们要是由此而作出一个推断，说在加拿大，zed（=Z）正在被 zee（=Z）取代，那显然是错误的。而实际的情况是，这个 zee 的叫法到了成年阶段就会减少，这是一个重复发生在每一代人身上的变化。

像这样发生在不同年龄阶段的语言变化是孩子们在长大过程中逐渐融入成年人社会的方式之一。它们是成长的一部分，就像把短裤换成长裤，把背包换成公文包一样。

儿童和青少年进入成人期就会在话语上作一些调整，这个现象或许比我们所承认的还要常见。有关未成年人的语言和成年人语言之间关系的复杂性，Labov 针对纽约儿童发音人的话语做了一个研究。该研究显示，这些儿童的语言经历了一个持续不断的文化适应过程，年龄大的孩子的语言更接近他们父母的语言。

---

① 这里作者所说的 age-graded changes（不同年龄阶段发生的语言变化），实际上也就是 Labov (1972b) 所说的 age grading（年龄级差）现象，也就是同一代人在不同年龄段的语言差异，这是发生在每一代人身上的周期性变化，不属于整个语言社区的语言变化。Labov 指出，跟年龄有关的（age-related）语言变化有两类：第一类是代差（generation difference）；第二类是年龄级差（age grading）。前者指不同代人之间的语言差异（即进行中的语言变化），后者指同一代人在不同年龄段的语言差异。在用视时法研究语言变化时，必须要区别这两种年龄差异。——译者

表 10-1　纽约市未成年人和成年人的话语相似度

年龄	符合成年人话语规范的百分比
8—11 岁	52%
12—13 岁	50%
14—15 岁	57%
16—17 岁	62%

说明：随着年龄接近成年期，他们的话语也接近父母的。（引自 Labov，1964）

表 10-1 展示出文化适应的过程，在这里我们看到，年龄较大的组群跟父母语言接近度的百分比也较高。换句话说，这个文化适应的过程是在语言习得之后缓慢完成的，两个年龄组之间的差异是通过文化适应的过程来消除的，它并不表明在该社区中某个语言创新正在扩散（参见 6.2.1 小节）。

然而，这样的数据不会使视时法的理论假设失效，因为对于儿童和青少年的语言特征，我们基本上是可以判断出来的。众所周知，儿童和青少年作为语言的使用者是非常灵活的。将两个成年人组的语言作一个比较分析，我们就会看到成年人在语言上的文化适应性要弱得多，或许根本就没有。

通常情况下，同一个社区中的年轻人和年长者的语言差别代表的是正在进行中的语言变化。正如视时研究法的理论所预测的，年轻人在成年之后仍保留着某些年轻时的语言特征，而下一代人也是这样，因此，他们跟年纪大的人在语言上的差别又会加大。语言演变的历史模式就是某个语言创新随着时间的推移在社会上波浪式推进。从一个较长的时间距离来看，这个模式带来的就是年头久远的巨大差异，就像莎士比亚时代的语言跟我们今天的语言的那种差距。而近距离的观察，就像社会语言学家们所做的那样，这个模式显现的则是代与代之间那些较小的、逐渐增加的变异。在下面一节中，我们将更仔细地讨论那些语言创新的承载者（传播者）。

10.2 变化的创新者

在任何语言（或者其他方面的）变化的进程中，自然地总会有一些社会成分（some element of society）起着带头作用。自从城市方言学兴起以来，语言学家已经能够通过把语言变项和独立变项（如年龄、性别、社会阶层、种族群体以及地理区域等）关联起来以辨清哪些社会群体是某个创新项目的先锋了。很多时候，语言学家们都是综合几个独立变项来辨认正在发生创新的人群的，但偶尔，一般是在令人感兴趣的社会环境下，如果有一个独立变项在创新中很明显地居于领先地位，那么我们也能根据这个变项辨认出创新的带头人是妇女（无论其年龄、社会阶层等状况）还是年轻人（无论其性别、社会阶层等状况），或是其他社会人群。在这一节中，我们将讨论几个涉及到某个社会变项在创新中起带头作用的例子，因为从社会学的角度来看它们很有意思。另外，它们也提供了一些清楚的个案，从中我们能看到一些更复杂的案例是从它们那儿派生而来的。在下面各节中，我们将讨论三个这样的例子，它们分别放在基于阶层的、基于性别的、基于年龄的标题之下。

10.2.1 诺里奇（Norwich）：基于社会阶层的创新例子

迄今为止，在城市方言的研究中，社会阶层已被证明是最有可能与语言创新发生关联的独立变项。就大多数人对社会的了解来说，这个事实似乎并不出乎预料。如果我们把社会分层为一个工人阶级和一个中产阶级的话，那么，最活跃多变的总是那些最接近中间阶层的群体成员，而那些处于两端的群体的成员则是最稳定或最保守的，这是人尽皆知的常识。

第十章 语言的社会扩散和词汇扩散

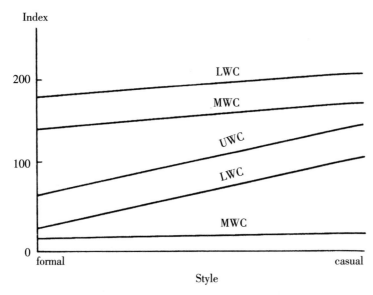

图 10-1 变项和社会阶层关联的一个典型模式

说明：这是变项和社会阶层关联的一个典型模式，语言变异较多地发生在比较活跃的下层中产阶级和上层工人阶级的人群当中。

如果我们把社会阶级的层次划分得更细一些，即，把工人阶级分为三个层次：下工阶层（LWC）、中工阶层（MWC）和上工阶层（UWC）；再把中产阶级也划分为三个层次：下中阶层（LMC），中中阶层（MMC）和上中阶层（UMC）。我们可以确定，最活跃多变的群体是上工阶层（UWC）和下中阶层（LMC）。由于这两个群体的人是最积极改善他们在社会等级系统中的位置的，所以他们在言语规范上也跟那些社会地位低于自己的群体有着明显的分歧。图 10-1 是某个语言变项的图形呈现，它是一个较为常见的模式，其中横坐标从 0 点开始由左向右、从比较正式的语体（词表和语段朗读语体）向不太正式的语体（随便说话语体）渐进过渡，数值沿着这个方向改变着。在纵坐标上，指数值是这样计分的：最低分为 0，代表变项的标准语的变体（如英国标准音或者加拿大城市英语），得分较高表明非标准变体的出现频率较高。图 10-1 所呈现的假设情况是很典型的，即使它多少有点程式化。线条向上的倾斜度表明，对所有社会阶层来说，在随意说话的语体环境中，变项的非标准变体的出现都会有所

213

增加，尽管最高的社会阶层，中中阶层在任何情况下都不怎么偏离标准变体。两个地位最低的阶层，中工阶层和下工阶层，在所有的语体环境中都是使用各种非标准的变体。然而，社会地位处于中间的群体——上工阶层和下中阶层，虽然他们跟中中阶层和中工阶层保持着相对的位置，但却显示出一个较为明显的多样性：在需要谨慎说话的场合尽量地接近中中阶层的说话标准；而在随意说话的场合又尽可能地接近工人阶层的说话标准。也就是说，他们的语言行为，至少就这里所假设的变项来说，直接反映了他们在社会中的较大变动性。

图 10-1 所代表的是一个很常见的情况，足以被视为常态。而那些跟它有明显分歧的情况，通常都是因为有某个特定的社会阶层率先通过语言创新来确定和宣示自己在社会中的地位而造成的。这方面的一个经典例子来自玛莎葡萄园岛（Martha's Vineyard）的一个语言创新。[①] Labov 发现，在玛莎葡萄园岛上的渔民，在一个涉及二合元音央化（centralisation of diphthongs）的语言变化中总是处于最前沿，而逐渐地岛上的其他永久居民也越来越多地使用这个语言特征。实际上，他们是把它当作一个标志，使自己和每年夏天大量涌入岛上来的旅游者区别开。

图 10-2 显示了另外一个跟常态极为不同的例子，这是根据有关诺里奇变项（e）的研究而画的（参见 6.2.1 节）。变项（e）涉及到/ɛ/在［l］之前的发音，如 well，tell 和 bell 等词语的发音情况。纵坐标上的指数分数表示：标准发音的变体［ɛ］是 0 分，略微央化的变体（centralised variant）［æ～ɜ］是 100 分，央化程度较高的变体［ɒ～ä］是 200 分。如图 10-2 所示，就他们与诺里奇别的社会阶层的关系来看，很明显，上工阶层（UWC）和中工阶层（MWC）越线了，不在他们正常的位置上。将图 10-2 跟图 10-1 作比较，我们清楚地看到，中中阶层（MMC）处在我们预期的位置上，在所有的语体语境中，使用的变体都接近标准变体；下中阶层（LMC）紧挨在中中阶层（MMC）之上，也处在其典型的位置上。

[①] 玛莎葡萄园岛，美国马萨诸塞州外海一岛屿，位于鳕鱼角（Cape Cod）之南，是美国东部著名旅游度假胜地。——译者

但是，就工人阶级这个群体来说，各阶层的等级层次被打乱了：中工阶层（MWC）和上工阶层（UWC）的央化程度都比下工阶层（LWC）的更高。这种局面可以这么来解释：代表中产阶级和下工阶层的线条模式反映的是旧的次序。

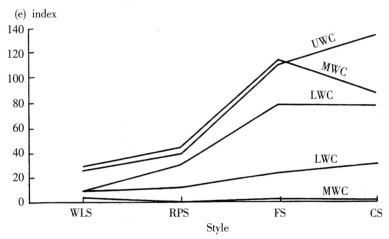

图 10-2　Norwich 变项（e）的社会阶层差异（摘自 Trudgill, 1974a）

说明：跟图 10-1 相对照，我们看到，中工阶层（MWC）和上工阶层（UWC）的说话人比下工阶层（LWC）的说话人更远离标准形式。

毫无疑问，一代人（或差不多这么长的一个时间）之前，上工阶层（UWC）和中工阶层（MWC）是处在他们典型的位置上的，即位于下中阶层（LMC）和下工阶层（LWC）之间，但现在他们却在带领着一个音变创新——元音央化（centralisation）。图 10-2 中那条代表下工阶层（LWC）的线，坡度相对而言比较陡峭，这表明下工阶层这个群体也开始加入这个创新变化了，但央化主要发生在较随意的语体环境中，而在比较正式的语体中，央化发生得较少。换句话说，图 10-2 的非正常格局是由这样的事实造成的：诺里奇方言正处在 /ɛ/ 音开始央化的早期阶段，在这个变化中，上工阶层（UWC）和中工阶层（MWC）是变化的创新者（有关另一个基于阶层的创新例子，参看 6.3.1）。

10.2.2 贝尔法斯特 (Belfast)：基于性别的创新例子

有关贝利马克雷特（Ballymacarrett）区的两个变项的研究结果揭示了男女在言语行为方面的差异。贝利马克雷特区位于北爱尔兰贝尔法斯特（Belfast）市的东部，是一个新教徒工人阶层人群聚居区。变项（th）计量的是位于某些词中间位置上的 [ð] 音删除的百分比，如 mother 读 [mɔːər]（中间的 th 的读音 [ð] 被删除），类似的词还有 brother, other 和 bother 等。变项（ʌ）计量的是非圆唇元音 [ʌ] 在一组词中的的百分比，它们包括 pull, push, took, shook, would, stood 等（但 cook, book, wood, soot, wool 等除外）。

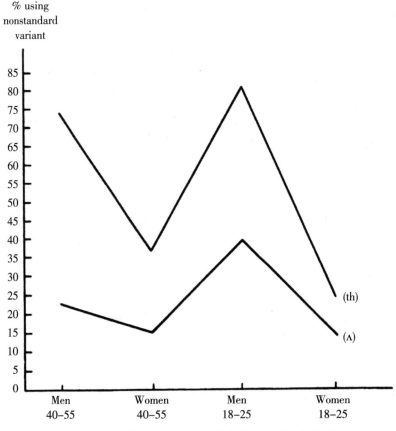

图 10-3　Belfast 市 Ballymacarrett 区变项（th）和（ʌ）的性别和年龄差异（摘自 Milroy，1976）

根据图 10-3 所示，年轻和年长的男性在这两个变项的使用上得分都明显比女人高出很多（这里所有的说话人都属于工人阶层）。更令人吃惊的是，在男性人口中，这两个变项的使用明显呈上升趋势，这点可以从年轻男性比年长男性得分要高看出。就变项（th）而言，年轻男性比年长男性高出 6%；就（ʌ）而言，年轻人比年长者高出 17%——但就女性来看，不论年轻年长，（ʌ）的得分大致相等。至于（th），年轻女性实际上还呈下降趋势。这两个变项都是贝尔法斯特工人阶层语言的显著标志，（ʌ）是该地区一个带显性污名的语言特征，每当提起都会让人感到尴尬。图 10-3 表明，在贝利马克雷特（Ballymacarrett），男人们依然固守着工人阶层的话语习惯，而女人们却在朝着标准语的方向革新自己的语言，这个解释也能从贝尔法斯特（Belfast）的社会现状得到有力的支持。

要理解图 10-3，首先我们要明白以下这种情况：贝利马克雷特（Ballymacarrett）是个自给自足的区域，它有着自己的工业区，住在这里的大多数男人都在该工业区上班，那儿离他们的家只有两分钟的步行距离。他们基本上都在相似的行业里工作，社交圈子也限于本区。年轻的小伙子从学校毕业后，也大都进入本区的工厂工作，并且出入同样的酒吧和俱乐部，就像他们的父辈一样。可是女人的情况却很不相同，她们过着一种不太受区域限制的生活。许多年纪大一些的妇女到该区以外的公司去当办公室清洁工，而年纪较轻的妇女则通常在河对面的办公楼里做秘书文员之类的工作。女人，特别是年轻的妇女，非常想跟 Ballymacarrett 之外的地区建立社交或者职业上的联系。因此女性人群就成为这个地区的语言创新者。

10.2.3 金马蹄地区（Golden Horseshoe）：基于年龄的创新例子

一个完全由于年龄差异而产生的创新，一定涉及整个语言社区中所有年轻人对某个语言特征的替换，不管他们来自哪个社会阶层、具体性别以及其他社会特征是什么。社会各阶层的年轻人所共同接受的那些变化大多是这样的一些创新：它们淘汰了那些名声不好或已过时的语言特征。

目前在加拿大，chesterfield（沙发）这个词就面临这种命运。在 20

世纪上半叶，chesterfield 是一种放在客厅中可以坐两到三个人的软垫座椅的总称。这个叫法来自英格兰，指 19 世纪庄园豪宅之中常见的一种特别豪华、以马鬃为坐垫填塞、以皮革为包面的沙发。这个词怎么移植到北美新大陆，又怎么被用来指称任何有软垫的长座椅，不管它样子普通还是豪华，对于这些细节和详情，我们至今还不清楚。在美国的一些地方，如加州的北部，chesterfield 曾被用作"长沙发"的总称；但只有在加拿大，它才被当作一个指称沙发的标准词汇，为各个地区各社会阶层的人所使用。

这种情形到 20 世纪中叶开始有所改变，年轻人开始使用其他词来替换它。表 10-2 展示的是加拿大人在三个最常用的指称沙发的词 "couch, chesterfield, sofa" 使用上的比例（注意，每一行中的百分比合计不到 100，这是因为有一小部分人给出了一些很少见的答案或与众不同的词语——如 davenport, settee, love seat, love couch, lounge, divan, bank 及 chair 等）。这些数字出自一项在加拿大金马蹄地区进行的调查。金马蹄地区位于安大略湖的西端，整个地区的面积样貌呈 U 形，居住人口约 500 万，几乎占了加拿大人口的五分之一，这项调查涉及到的发音人有 1000 个左右。

表 10-2 把抽样调查对象分成不同的年龄组，最上面的是 14—19 岁的青少年组，最下面的是年过 80 的老年人组，中间的那些组按每一组相差 10 岁分开。在这里我们最需要强调的是，就这个词的使用来说，年龄是唯一最显著的、与之有关的社会因素，而其他因素，如性别、社会阶层以及种族背景等并没对这个语言变化起到决定性的作用。

表 10-2　Couch，chesterfield 和 sofa 三个词在金马蹄地区不同年龄组说话人中的分布情况（引自 Chambers，1995a）

年龄	couch	chesterfield	sofa
14—19 岁	85.0%	6.0%	6.0%
20—29 岁	78.9%	6.2%	13.5%
30—39 岁	65.5%	16.3%	18.0%
40—49 岁	48.7%	30.7%	19.9%

续表

年龄	couch	chesterfield	sofa
50—59 岁	23.5%	54.6%	21.8%
60—69 岁	20.5%	69.2%	2.5%
70—79 岁	9.5%	66.7%	19.0%
80 岁以上	5.9%	72.6%	13.0%

在表 10-2 中，从上往下看，该变化的主要趋势十分明显。在指称"沙发"这种家具时，couch 是年纪较轻的组群中最常用的叫法，占了 14—19 岁的青少年组的 85%。事实上，它为大多数 40 岁以下的人所用。Chesterfield 的分布跟 couch 的分布几乎是镜像关系：它为大多数 50 岁以上的人所用。

因而，chesterfield 这个叫法呈现出一个平稳减少的趋势，而 couch 这个叫法呈现出一个平稳增加的趋势。与此对照，sofa 则是零星地分布。它不是任何年龄组的主要叫法，尽管它在每一个年龄组都作为一个变体出现。它似乎是一个中立的、为所有年龄组的人采用的替代选择，因为它既不跟年龄很老的人挂钩，也不跟年龄很小的人关联。

Chesterfield 确实变得只是跟年纪大的人有关联了，这便是它衰落的关键。突然间，使用它就成了古怪和老式的表达了。而作为一个可能的替代，sofa 似乎已获得了一定的流通性。可如今在 40 岁以下的人中站稳脚跟的却是 couch，就这点来说，couch 的使用是个加速度的过程。图10-4说明了这个迅速的变化，展示了 couch 和 chesterfield（这两个词之外的回答略去）跟年龄的关联。

根据图 10-4 中的视时排列（apparent-time display），我们很容易就可以看出来 chesterfield 的衰落和 couch 兴盛的年代。图中的两条线在 40—49 岁组和 50—59 岁组之间交叉。在 20 世纪 30 年代，也就是现在 50 来岁的人出生的年代，chesterfield 这个词几乎被语言社区的所有人使用。到了 50 年代，也就是现在 30 多岁的人出生的年代，chesterfield 开始衰落并逐渐被 couch 所取代。到了 70 年代，即最年轻的一代人出生的年代，

chesterfield 就成了一个只有从老年人的说话中才能听到的词了。[①]

当然,并不是 chesterfield 这个词本身的内在因素让人们认为它是一个老式的词。客观地说,这个词并不见得比包括 couch 和 sofa 在内的任何常用词更老或更新。语言变化的底层动力有时是来自态度的驱使,有时那些态度是因人们一时的嗜好和时髦所导致的。俚语的快速兴起和消亡就是一个很明显的例子,也说明人们对自己的话语非常在意。但是,除了俚语之外,语言的其他特征也会受到时尚的影响,而当它们确实受到时尚影响时,时尚的趋势往往会跨越社会等级的障碍而对整个语言社区中的年轻人产生吸引力。

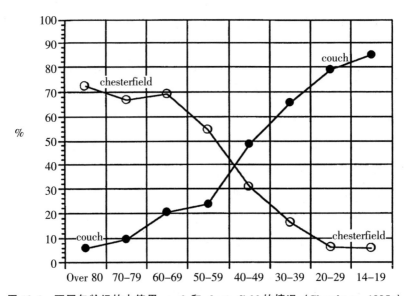

图 10-4　不同年龄组的人使用 couch 和 chesterfield 的情况（Chambers，1995a）

10.3　词汇扩散

通过把语言创新跟各种社会变项关联起来,我们可以了解到有关语言创新

[①] 根据图 10-4 所注的参考文献出处,这个研究的发表时间是 1995 年,此研究的调查时间估计是 80 年代末期。表中人的年龄和年代的关系是以此为参考点的。——译者

扩散的社会层面的重要信息。除此，我们还想从语言的层面了解语言创新的扩散机制，即语言创新在某个语言社区说话人的语法中得到实现的方式。当然，在语言科学的历史上，对这个显而易见的问题不乏各种解答的尝试，但那些答案给后人留下许多无法逾越的障碍，不少语言学家已开始质疑其合理性。

在最近的语言史研究中，对于语言变化的机制有两种略微不同的思考方向。根据它们最初产生的基本理论框架，我们把它们叫作结构主义学派（structuralist）的解释和生成主义学派（generativist）的解释。为了尽可能简单地说明它们之间的区别，让我们假设这样一个典型的情况：有种语言，在其发展的第一阶段，有一个音位/n/，当它出现在软腭辅音（velar consonants）之前时，它的语音实现是[ŋ]，除此之外，它在别的环境里的发音都是[n]。但在该语言的第二阶段，这个音位却出现了一个变化：某些位置上的软腭辅音失落了，但是软腭鼻音还依然保留着。对结构主义语言学家来说，语言变化总是用"音位变化"这个准则来描述的。因此，对于该音位在第二阶段所发生的变化，他们就完全可以把它描述为一个涉及到两个音位/n/和/ŋ/的音位变化。而这在第一阶段，就只是一个音位/n/而已。但对生成学派语言学家来说，这个变化则可能被看成是规则的增添，也就是说，在第一阶段，这种语言有一个在软腭辅音之前把/n/同化为/ŋ/的规则。但在第二阶段，软腭鼻音也出现在一个后面没有软腭辅音跟随的位置上，这个不同是软腭辅音删除这个规则作用的结果，它在鼻音同化之后生效。也就是说，该语言在第二阶段比在第一阶段多了一个规则。

如果我们想要的只是对第一阶段和第二阶段的静态描写，那么以上两个解释中的任何一个都算得上是对上述情形的充分描述。然而，就这两个理论来说，我们更感兴趣的一个问题是，这个变化是以怎样的方式进行的？如果我们把目光放在这个语言的第一阶段和第二阶段之间的那个间隔阶段中，情况又会怎样呢？在这个间隔阶段中，会有那么一个时刻，/ŋ/突然作为一个音位冒出来，或者软腭辅音删除突然作为一个规则冒出来吗？显然，这种发展变化几乎是不太可能的。

事实上，两个学派都没有对这个问题提出答案。他们之所以保持缄默，或许仅仅是因为他们当中谁也不重视在第一阶段和第二阶段之间的间隔期里发生了什么。要搞清楚间隔期里的情形，我们就必须面对变异性的问题。毫无疑问，语言变化的动态会向我们呈现出相互竞争的变体，因为它们正处在不稳定的或尚待确定的分布状态中。在间隔阶段里，我们面对的，与其说是完成了的变化，还不如说是正在发生的变化。

至少结构主义学派的一个分支认为，从原则上说，没有人能够观察得到一个音变发生的过程，因而对间隔期间里所发生的变化的研究也就可以排除了。但是，当代语言学许多令人感兴趣的发展（本书中提到了很多），都是因为对正在进行中的音变作观察的结果，因此不研究间隔期间的语言情形的理由似乎不成立。而要这么做，我们就必须掌握音位变化或规则添加在开始出现和最后完成之间的各个发展阶段的状况。

确实，一个重要的答案当属那个被称作词汇扩散（lexical diffusion）的理论，即一个语言变化是从词汇中逐渐地扩散开去的，它先从某个词开始，然后到另一个词，再扩散到其他的词。就以上我们所假设的例子中"软腭鼻音出现在没有软腭辅音跟随的环境中"这个变化来看，那些在第一阶段中听起来含有音串[ŋk]的词是一个一个地发生变化的（从[ŋk]变成[ŋ]）。也就是说，在阶段1^a，涉及这个变化的那组词当中，可能只是一个或者两个被听到只含有[ŋ]这个音。或许更可能的情形是，时而是[ŋk]，时而是[ŋ]。在阶段1^b，这组词中的其他成员也出现了这种不稳定的状况，而且当中有些被听到只含有[ŋ]这个音了。在阶段1^c，更多的词卷入进来并发生了变化。接下来，这个时髦的变化就全面扩散到词汇中去了，以至于到了第二阶段就遍及所有的词，或者更实事求是地说，遍及到大多数的词，即到了第二阶段，涉及这个变化的那组词大多数都发生了这个变化。因此，在词汇扩散理论看来，"语音变化是在词汇中逐渐进展的"。

对方言学家来说，词汇扩散理论具有显而易见的可信性，因为它对那种方言调查中常见的多样性（variety）提供了理论的解释。[①]

例如，让我们看看第八章（特别是8.2和8.3节）中讨论过的变项（u）的情形，这是一个主要发生在英国东英吉利亚（East Anglia）和中东

---

① 这里的多样性主要是指过渡区出现的各种各样的变体（详见第八章）。

部地区（the east midlands）进展缓慢的语言创新。① 在该地区北部，像 must，dozen 这样的词中重读音节上的元音一律都读［ʊ］；而在南部，则一律都读［ʌ］。可是在这两个地区之间的过渡区，这两个元音中的任何一个都可以在那些词当中的任何一个中出现。

表 10-3　变项（u）在过渡区说话人当中的词汇变体

Lexical items	Speaker												
	1	2	3	4	5	6	7	8	9	10	11	12	13
must	x	x	x	x	x	—	x	/	x	x	o	o	o
dozen	x	x	x	x	x	/	x	o	o	o	o	/	o
other	x	x	x	x	x	x	x	/	/	o	o	o	o
come	x	x	x	x	x	x	x	o	o	o	x	x	o
stubble	x	x	x	x	x	o	x	x	o	o	o	o	o
does	x	x	x	x	x	o	—	o	o	o	o	o	o
cousin	x	x	x	x	x	o	o	o	o	o	x	o	o
done	x	/	x	x	x	o	o	o	o	o	o	o	o
duck	x	x	/	x	/	/	/	o	o	/	/	o	/
thumb	x	x	x	x	o	o	x	o	o	o	/	x	o
shut	x	x	x	x	x	o	o	o	x	x	o	o	o
sun	x	x	x	x	x	o	x	o	o	x	o	o	o
hungry	x	x	x	x	x	o	o	o	o	o	o	o	o
up	x	x	x	x	x	o	o	o	o	o	o	o	—
hundred	x	x	x	x	o	o	o	o	o	o	o	o	o
pups	x	x	x	x	o	x	o	o	o	o	o	o	o
cud	x	x	x	o	x	x	o	o	o	o	o	o	o
butter	o	x	x	x	o	x	x	o	x	o	o	/	o
gull	x	x	o	x	o	o	x	o	o	o	—	o	o
uncle	x	x	x	x	o	o	o	o	o	x	o	o	o

表中的符号意思：x=［ʌ］；o=［ʊ］或［ɤ］；/=变异（variation）；— =无数据

表 10-3 通过 20 个词在不同说话人中的变异状态展示了变体的多样性。这里一共有 13 个发音人，在说 must，dozen 这些词时，有些人发的是［ʌ］这个元音，但有些人发的是［ʊ］或［ɤ］，还有一些人是两个元音

---

① 关于这个音变发生的地区，参看 8.3 节中的地图 8-2。——译者

都用。在表10-3中,从所列单词来看,位于顶部的那些词在这个变化中领先于位于表底部的那些词("x"是革新的发音,而"o"是老的发音)。就同一个发音人来看,还有一些词有其他的发音(用"/"表示),跟[ʌ][ʊ]或[ɤ]这些音竞争。

面对这样的数据以及一个诸如"音位变化"这样的假设,方言学家能得出什么结论呢?至少我们可以说,在这样的数据之上进行音位分析是有问题的。而"增加新规则"的假设也无济于事。表10-3中的多样性似乎没有任何规则可循,至少从这个术语目前的使用范围而言是这样。然而,"变化是在词汇中逐渐进展的"这个假设却可以解释这个数据,因为它预见了在所有正在发生的变化中,一些词的变化要比另一些词更早。换言之,词汇扩散理论能够解释这种存在于过渡区的异质性(heterogeneity)。

如果词汇扩散可以就其在不同阶段的进展来研究,那么我们就应该能确定它是如何在词汇中进展的了。这里,最简单的一个假设就是,词汇扩散是匀速进行的。这种情形展现在图10-5中,纵坐标表示的是发生变化的词汇条目的百分比,横坐标表示的是时间的间隔。这个扩散是匀速进展的,在每一个时间间隔 n 中有 25% 的词发生变化。

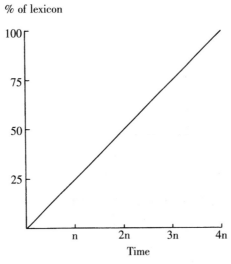

图10-5　词汇扩散模式之一:上升斜线模式(均衡速率扩散模式)

说明:这种模式所基于的假设是:扩散在词汇中是以均匀的速度进行的。

按照这个假设，从原则上说，在任何有关某个正在进行的变化的个案研究中，我们应该具有均等的"在其进展过程中的任何一点上'抓住'它的几率"。但事实上，从未有一个语言的变化在其时间跨度正中的点——大约 50% 的那个点被人发现过，大多数的变化都是在其时间跨度的两端被发现的——通常是在超过 80% 或不到 20% 的时候被发现。在变异研究中，这个显著的事实是众所皆知的，因而它有效地反驳了语言变化是均速进行的这个假设。

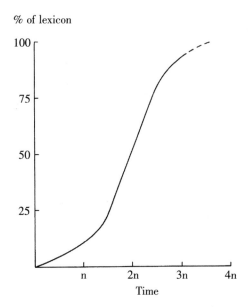

图 10-6　词汇扩散模式之二：S 曲线模式（非均衡速率扩散模式）

说明：这种模式所基于的假设：扩散的速度在中间阶段比在刚开始和快结束时的阶段快。

在这里，我们可以假设这样一个变化的速度：中间阶段进展得较快，开始和结束的阶段进展得比较慢。这个假设就叫作词汇扩散的 S 曲线模式（S-curve model），这是根据它所呈现的线条图形来命名的，如图 10-6 所示。这里我们看到，就已发生变化的词汇而言，最初的那 20% 的词大约花了 1.5n 的时间，而最后的那 20% 也花了同样多的时间，但中间的那个阶段，扩散的速度增加得很快，60% 的词才用了 1n。这个模式预示着，在扩散研究中,我们将会更多地在开始和结束阶段、而不是在中间阶段发现扩散。这一点已从现有的证据中得到了有力的证实。

再来看看表 10-3 中变项（u）的说话人的情况,针对发生了由 [ʊ] 到 [ʌ] 这个音变的说话人,根据他们的词汇数据的百分比,我们是可以把他们连成一个连续体的（那些百分比可以通过第八章图 8-2 中的数据计算出来）。在 13 个发音人中,有 6 个发生音变的词超过 79%,5 个发生音变的词少于 20%,而在中间较大百分比范围里的只有 2 人（即发生音变的词语的百分比在 20%－79% 之间的只有 2 个人）。

图 10-7 是这些事实的图形呈现。我们看到,图中的线条大致成 S 形,即我们上面讨论过的图 10-6 中的模式。但是,两者一比较,我们就能看到它跟图 10-6 有一个很大的区别,这就是：尽管两个图中的纵坐标上的数字代表的都是同样的数值,即已发生变化的词汇的百分比,但两个图中的横坐标代表的却是不同的数值,图 10-6 中横坐标上的数字是时间,图 10-7 则是过渡区域中那 13 个不同的发音人。

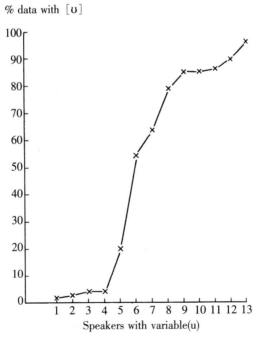

图 10-7　变项（u）在过渡区说话人中的扩散模式

这个区别将我们引回本章开头有关实时和视时的讨论，因为图 10-7 确实只不过是对图 10-6 的一个视时呈现而已，图 10-6 是在实时研究的基础上画的。换句话说，图 10-6 可以是对某个过渡区里的一个说话人的实时描述，也就是说，他的话语在真实时间中的不同场合（如 n，2n 等等）被记录了下来；在这种情况下，S 曲线模式描述的可能是某个说话人在某个语言变化中的个人进展。但是，在有关变项（u）的研究中，任何说话人的实时数据都得不到。与此相反，这个语言变化的进展是通过描述该过渡区中的同时代说话人的状况来推测并呈现出来的。这个过渡区中的某些人在这个变化中比别的人领先。我们不妨假设那些百分比较低的人最终也会进入到中间的状况，然后随着时间的推移，他们也会进到百分比高的状况，那么，这个变化的进展就可以通过说话人在不同阶段的横截面（cross-section）来进行视时的观察了。

扩展阅读

有关实时和视时的一般性讨论，请参看 Labov（1994：第 1 章）的有关论述。

社会语言学家重访早期城市方言学家调查点而进行的实时研究，包括以下调查研究：Cedergren（1988）在 Panama 的调查，Trudgill（1988）在 Norwich 的调查，Thibault 和 Daveluy（1989）在 Montreal 的调查，Bailey，Wikle Tillery 和 Sand（1991）在 Texas 的调查。有关日本鹤岗市（Tsuruoka）的实时研究及本章所引的加拿大的基于年龄的变化例子，见 Chambers（1995：第 4 章）的有关论述。

相比之下，视时研究更为常见，这方面的最早研究见于 Labov（1966：第 9 章），这是一个具有深远影响力的研究。之后的研究包括以下的文献：在奥地利的上瓦特（Oberwart）进行的研究，见 Gal（1979）；在英国雷丁（Reading）进行的研究，见 Cheshire（1982）；在悉尼（Sydney）进行的研究，见 Horvath（1985）；在底特律（Detroit）进行的研究，见 Eckert（1989）；在加拿大金马蹄地区（Golden Horseshoe）进行的研究，见 Chambers（1998），等等。

玛莎葡萄园岛渔民的例子引自 Lavob（1972b：第 1 章）的研究分析。诺里奇（Norwich）工人阶层语言创新的例子见于 Trudgill（1974a，特别是第 7 章）的相关论述。基于性别差异的创新例子引自 Milroy（1976）。基于年龄差异的创新例子引自 Chambers（1995a）。

有关词汇扩散的讨论，有几篇很好的文章，最充分、最全面的也许是以下几篇：Chen & Hsieh（1971）的 *The Time Variable in Phonological Change* 一文，Chen and Wang（1975）的 *Sound Change：Actuation and Implementation* 一文，以及 Phillips（1984）*Word Frequency and the Actuation of Sound Change* 一文。这些文章后所附的参考书目为我们查找迄今为止已发表的相关研究提供了线索。

第十一章
语言的地理扩散

多年以来，研究语言创新成分地理扩散的专家都认为，语言创新成分是沿着人们迁徙或交通的线路持续不断地扩散的。这种观念人们通常拿"波浪"来作类比。所谓"波浪模式"就是把语言创新的扩散过程比作往池塘里扔石子（pebble-in-a-pond effect），影响的中心（即石子击水处）将层层涟漪向所有方向推送（波浪式扩散）。

根据过去 50 年中所做的研究，应该说，往池塘中打水漂（skipping a stone across a pond）才是更为恰当的比喻。语言创新的扩散是间断式/跳跃式进行的，从一个影响中心到其他影响中心（石头击水的连续点），然后从任何一个被击中的点波及扩大到介于击中点之间的那些区域（有时那些波纹会互相重叠）。换句话说，语言创新往往是从一个地方开始（通常是一个城市），然后跳跃到另一个城市或一个较大的市镇，再进一步扩展到这些城市或市镇之间的地方，如小镇或乡村等。

这个观点主要来自瑞典地理学家 Torsten Hägerstrand，他曾对一些技术革新的地理扩散模式进行过追踪研究。[①] 尽管 Hägerstrand 的证据来自非语言学的革新现象的扩散，如汽车作为一种革新的交通工具以及牛结核病的控制方法等的扩散传播，但我们没有理由认为语言创新的区域扩散方式与此不同。

[①] Torsten Hägerstrand（1916—2004），瑞典著名人文地理学家、计量革命时期的代表人物以及时间地理学的开创者，他曾对瑞典中南部的一些"革新"现象的空间扩散过程进行探讨，归纳出革新扩散的三大阶段：早期缓慢但加速采纳革新的阶段；快速采纳的阶段；较缓慢减速采纳的阶段。——译者

的确，对 Hägerstrand 的研究有所了解的方言学家以及他的学说的跟随者很可能会想到一些跟语言创新扩散有关的例子。一些众所周知、分布格局迄今仍令人迷惑不解的方言特征顿时变得可以理解了。如图 11-6 所示，欧洲各地土话中的小舌音 /r/ 不仅分布在巨大相连的地区中，其中包括巴黎、马赛（Marseille，法国港口城市）、斯图加特（Stuttgart，德国城市）和科隆（Cologne，德国城市）等城市，而且也非连续地分布在周边一些地区。这些非连续的地区都是在一些大文化中心管辖之下的，如：海牙（The Hague，荷兰城市）、柏林（Berlin，德国城市）、哥本哈根（Copenhagen，丹麦首都）、卑尔根（Bergen，挪威港口城市）等。一旦我们明白了语言创新扩散是从一个中心城市到另一个中心城市跳跃式前进的，小舌音的这种分布也就十分容易理解了。

在本章中，我们首先讨论几个语言创新的地区扩散的例子（见图 11-1 至图 11-4），并以此说明在不同社群里语言创新扩散速度不同的动态情形（图 11-5 及图 11-6）。最后，我们将建立一个预测语言创新成分的地理扩散引力模型（gravity model，见图 11-7 及图 11-8），它直接表明了如下基本认知：语言的地理扩散是由人口和距离决定的。

11.1 语言创新成分的空间扩散

语言变化可以从一个社会群体扩散到另一个社会群体（社会层面的扩散）；可以从一个词语扩散到另一个词语（词汇层面的扩散）；也可以从一个语言环境扩散到另一个语言环境（语言结构层面的扩散）。除此，它们还可以从一个地区扩散到另一个地区。通常，语言创新的空间扩散是其他类型扩散的一种反映。

我们所知道的一个具体的例子是：英语中有一个这样的语言变化，即在以下这些词语中，/j/ 在 /uː/ 之前已经脱落：rule/rjuːl/＞/ruːl/，lute /ljuːt/＞/luːt/（见 6.1.3）。在英国东部乡村，这个变化似乎比在其他地方更为普遍，它已经扩散到社会各阶层，它在工人阶层的话语变体中比在中产阶层的话语变体中有更大程度的扩散。在词汇上，比较而言，/j/ 的脱落在某些词中发生的要少一些（如 educate 这类词），而在其他词中则常见一些（如 due 这类词）；而且，从语言结构的角度看，/j/的脱落在某些辅音后更常见，如/s/之后（suit），/t/之后（tune），/d/之后（due）等，而在某些辅音后则不常脱落，如/k/之后（cue），/v/之后（view）等。/j/的这三种类型的脱落也已经在地理上扩散开，其带来的结果是：（1）/j/脱落发生在更多的说话人身上；（2）/j/脱落出现在更多的词汇中；（3）/j/脱落发生在更多的辅音之后；（4）就英国东部地区来说，/j/的脱落频率在该地区东部要比该地区周边的高。如，在林肯郡（Lincolnshire）（其处在东部边缘线上）的一些地方，/j/脱落只是出现在工人阶层人群的话语中，而且也只是发生在极少数词语中的几个辅音之后。而在东部诺福克郡（Norfolk），/j/的脱落常常出现在大多数人的话语中，而且涉及到大多数词语，并出现在所有的辅音之后。

正如我们在8.7节以及其他地方指出过的，在地图上表明这种情形是很困难的。然而，为了理解语言成分在地理上的扩散方式，我们必须深度考察社会和语言层面的细节。要做到这一点，我们就必须发展出一套制图技术和一种能使我们进行有效考察的方法。鉴于我们想要搞清楚语言创新到底是怎么从一个地方扩散到另一个地方去的这个目的，我们认为，这种探索将是特别有价值的。

11.2　空间语言学

在第七章中，我们已经讨论过语言的变化沿着河流扩展以及方言残余区的存在等现象，这些话题都是因为对语言特征的地理扩散感兴趣而产生的。鉴于早期方言学的历史倾向，方言地理学家也非常感兴趣地发现，方言地图可以用作一种研究工具来考察某个语言变化扩散的可能线路以及揭示某些问题，如两个目前仍在使用的语言形式的相对年代。

对这样的事实的观察导致了一个全新语言学流派的产生和发展。这就是"新语言学"（neolinguistics），即后来被称作"空间语言学"（spatial linguistics）的学派。该学派于 1920 年在意大利创立，它部分基于后来在历史语言学研究中采用的五个原则，或叫地域规则（areal norms）。① 其中真正与地理性因素相关的是以下三个原则：

1. 如果有两个语言形式，一个出现在孤立、与世隔绝的地方，而另外一个出现在交通便利的地方，那么前者更古老。

2. 如果有两个语言形式，一个出现在边缘地区，一个出现在中心地区，那么前者更古老。

3. 如果有两个语言形式，一个使用的地区范围要比另一个的大，那么，使用范围大的那个更古老。

作为历史语言学的一个研究方法，"空间语言学"最终还是被推翻了。因为这些原则有时是互相矛盾的，而且可以找到很多跟它们不合的例外。例如，在英国，/j/ 的完全脱落尽管发生在地理上的边缘地区，但实际上这是个创新的语言现象。也就是说，它符合原则（3），但却跟原则（2）相矛盾。

"新语言学"的最大问题是，该学派试图把这些原则当作不二的法则来遵守，而实际上它们仅仅是反映了某种趋势而已。不过，作为参考而不是法则，它们的确具有相当的有效性。例如，地图 7-5 展示的是元音后发音的/r/（见 3.2.1）在英国保守方言中的地理分布。② 在图中，我们看到/r/发音的地区（r-ful areas）主要有三个，它们彼此不相连；而/r/不发音的地区（(r-loss areas）则只有一个，并且是大片连在一起的。这个事实有力地说明，正如我们在 7.2 节中已经讨论过的，元音后的/r/不发音是一个语言创新现象，因为一个语言创新现象同时在三个彼此分离的地区开始是极其不可能的（即元音后发音的/r/作为一个创新，同时出现在三个

---

① 该学派的代表人物是意大利语言学家 Matleo Ciulio Bartoli（1873—1946）。他于 1925 年出版 *Introduction to Neolinguistics*（《新语言学导论》一书），提出"新语言学"，以反对德国新语法学派的机械实证主义语言观，强调从时空、文化、政治、社会背景各方面来解释语言的演变。他的主要著作还有 1945 年出版的（《空间语言学论文集》）。——译者

② 这里的"保守方言"（conservative dialects）是指 NORMs 类型的发音人（见 2.3.3 节）的语言。——译者

不相连的地区是不可能的）。当然，从拼写和许多其他资料中我们已经了解到，元音后发音的/r/不发音确实是个创新现象。因此，我们可以假设元音后发音的/r/的失落这个创新是从英国东部某个地方开始的，然后向北、向西扩散，构成一个楔形的分布格局（见地图7-5），把原来连成一片的/r/发音的地区分割成三个互不相连的区域（注意，东部沿海一带还有一些遗迹地区。另外，在威尔士西南部，元音后的/r/也发音，那是早期英国移民带过来的语言特征）。①

11.3 语言区域

语言创新的扩散也可以在地理上产生更加深远的影响。我们经常看到同一个大地理区域的多种语言倾向于具有某些共同特征，尽管它们在历史上并不是关系亲近的语言。许多语言特征的同言线可以被画出来，但这些语言特征的分布跟语言的分界线并不相关。② 例如，在欧洲大陆，前圆唇元音［ø］及［y］出现在包括芬兰、瑞典、挪威、丹麦、德国、荷兰以及法国等国家的地理区域内（见地图11-1）。值得注意的是，尽管这些元音出现在标准德语中，但在德国的许多南方方言中却不存在了；尽管它们不存在于标准意大利语中，但却出现在意大利西北部的许多方言中。又如，塞擦音［tʃ］出现在英语、西班牙语、意大利语、匈牙利语以及斯拉夫语族的标准语变体中，但并不见于德语、荷兰语、法语或者斯堪的纳维亚诸语言中。

---

① 尽管没有明确指出，但据上下文可以看出，作者举这个例子是想说明原则（1）的有效性。——译者

② 即一些共同的语言特征跨越语言的分界线而分布在地理上相邻的地区。——译者

地图 11-1　前圆唇元音在欧洲西北部的分布（在线以北以西的地区）

在许多例子中，我们可以假设这种区域性特征（areal features）是由某个方言开始的语言创新向其邻近地区语言中扩散的结果——即邻居效应（neighbourhood effect）——它无视语言之间的界线，估计是以双语者作为媒介来扩散的。在这种类型的扩散大规模发生的地方，就会形成通常所说的语言区域（linguistic areas）（有时这种情形也用来自德语的术语 *Sprachbund* 来指称）。

欧洲最有名的语言区域毫无疑问是巴尔干半岛。这个地区的语言，特别是罗马尼亚语（Romanian）、保加利亚语（Bulgarian）、马其顿语

（Macedonian）、阿尔巴尼亚语（Albanian）和希腊语（Greek），它们在很大程度上并不是有密切亲属关系的语言，但却在很多方面显示出惊人的相似之处。最显著也是最为人知的相似之处是：阿尔巴尼亚语、保加利亚语、马其顿语以及罗马尼亚语这四种语言都具有一个后置的定冠词（postposed definite article）。如：

   罗马尼亚语：lup—lupul
   阿尔巴尼亚语：ujk—ujku
      "wolf" — "the wolf"
    （狼—那只狼）

  这个特征并不出现在跟巴尔干半岛语言有历史渊源但碰巧不在巴尔干半岛上的语言，如意大利语（其跟罗马尼亚语有关系）或者俄语（跟保加利亚语有关系）。

11.4 小舌音在欧洲的分布

  一个跨越语言界线在地理上广泛扩散的语言特征是欧洲语言里的小舌音/r/。起初，所有的欧洲语言都有一个辅音/r/，其发音是舌尖颤音（apical trill）的［r］或闪音（flap）的［r］。但是在某个阶段，巴黎法语中的/r/就开始改用舌头靠后的部位而不是靠前的部位发音了，成了一个舌背小舌音（dorsal uvular），或者是一个软腭颤音（velar trill），或者是擦音（fricative），或者是连续音（continuant）的［ʀ］或［ʁ］。从那个时候起，这个发音就开始向邻近地区扩散，其范围不仅限于法语区内，而且还跨越语言的界线向邻国扩散，其结果导致今天在法语、德语和丹麦语的标准语中都有它，而且在荷兰语、瑞典语和挪威语的许多方言变体中，它的出现也很常见。

  从某种程度上说，这个扩散可能是这样进展的：小舌音/r/大概于17世纪初（1600年）在巴黎开始出现，在1780年之前这个音的扩散就抵达哥本哈根（Copenhagen）了。而到了1890年，它已经扩散到瑞典的南部，然后就一直停滞在那儿,这种状况自 1930 年以来都没有改变(见地图 11-2)。

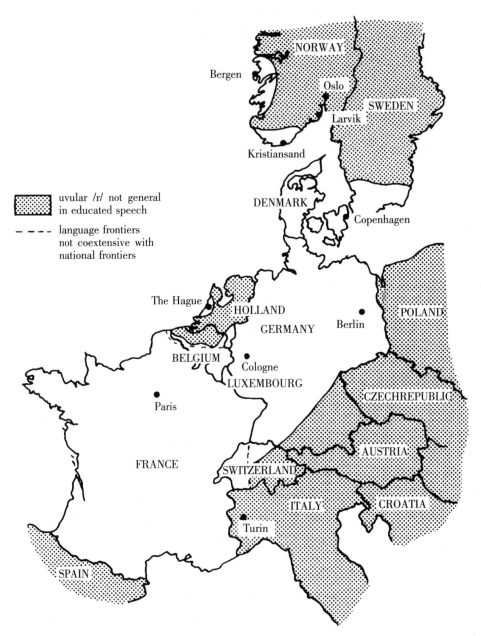

地图 11-2　小舌音/r/在欧洲的分布(摘自 Trudgill,1974c)

地图 11-2 展示了小舌音/r/目前在欧洲的分布状况。然而，像大多数传统语言地图一样，这张地图在许多方面有不足之处。首先，它不能够说明上文（11.1 节）讨论的那种类型的语言扩散。例如，在瑞典的广大地区，在某些语音环境中，[R] 已经取代了 [r]，但在其他语音环境并没有，即 [r] 出现于词尾，而[R]出现在词首。[R]和[r]在瑞典南部语言交界区（frontier area）的这种分布情形，见地图 11-3。

其次，地图 11-2 给人这样的印象：图中呈现的状况是静止的而不是动态的。然而事实上，起码有一个地区，即距离巴黎一千英里左右的地方，这个变化在距其发生已有 300 多年的今天还在蔓延和伸展着。地图 11-4 展示的是挪威南部和西部，即 1900 年左右出生、发小舌音/r/的人所在的地区。而地图 11-5 展示的是挪威——一个更大的地区，即 1960 年左右出生、发这个音的人所在的地区。

第三，地图 11-2 没有显示出 [R] 的使用频率，也没显示出它所出现的词有多少。例如，在挪威和瑞典的部分地区，许多说话人在按不同的比例不一致地使用着两种类型的/r/。

最后，地图 11-2 也没提供社会因素方面的详细情况，这是很遗憾的，因为社会机制在语言创新扩散中也起着很重要的作用。地图 11-6 在这方面有了改进。我们将看到，通过提供更多的社会因素信息，地图 11-6 也为我们了解小舌音/r/这个创新是怎样扩散的提供了更有帮助的信息。我们可以看到，就法国大部分地区以及邻近的比利时、瑞士和德国西南部等地方来看，这个变化是逐渐蔓延进展的。但是我们也能很清楚地看到，在这些地方以外的其他地方，这个变化是从一个城市中心向另一个城市中心跳跃进行的，特别是在海牙（The Hague）、科隆（Cologne）、柏林（Berlin）、哥本哈根（Copenhagen）、克里斯蒂安桑（Kristiansand）和卑尔根（Bergen）这些城市。（这种情况在地图 11-4 和 11-5 中也有反映）从本质上说，地图 11-2 没有把人口众多及稠密的城市地区在语言创新扩散中的作用反映出来。①

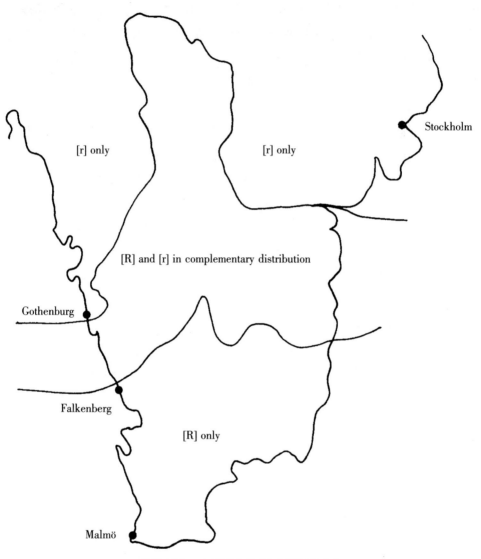

地图 11-3　小舌音/r/在瑞典南部的分布

---

①　这里"人口众多及稠密的城市地区"原文作 urban centre。按字面直译，或许可以译为"城市中心"，但这是不准确的。arban centre 实际上是指 a large and densely populated urban area（一个人口众多及稠密的城市地区），跟 great city（大城市）这个概念一样，在下文中，我们有时译为"中心城市"，因为它们多处在人口分布的中心地带。——译者

第十一章 语言的地理扩散

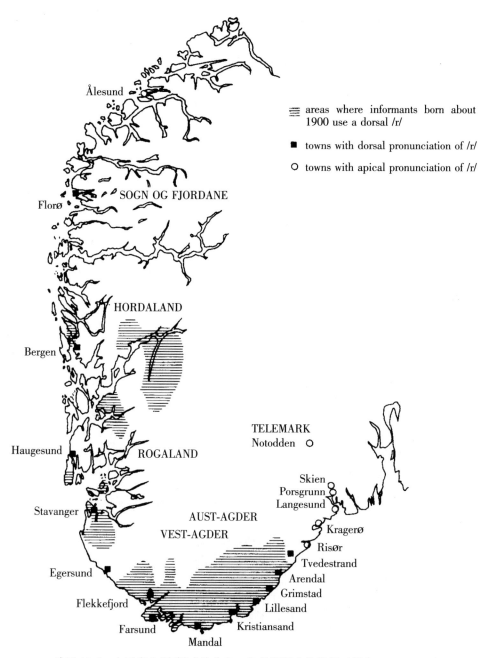

地图 11-4 小舌音/r/在挪威的分布：年长说话人的情况（摘自 Foldvik n. d）

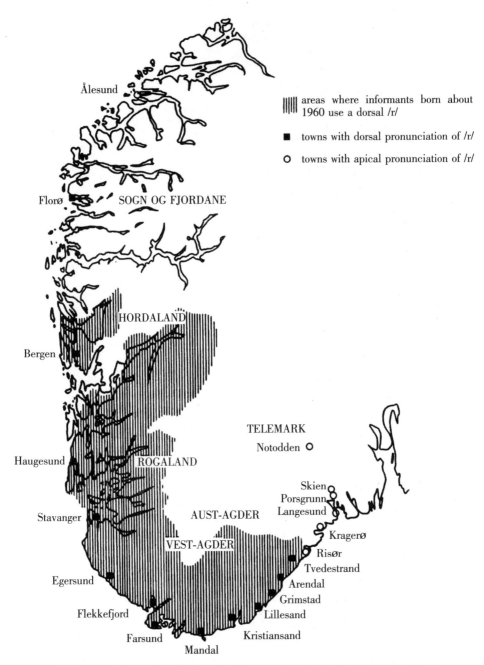

地图 11-5　小舌音 /r/ 在挪威的分布：年轻说话人的情况（摘自 Foldvik n.d）

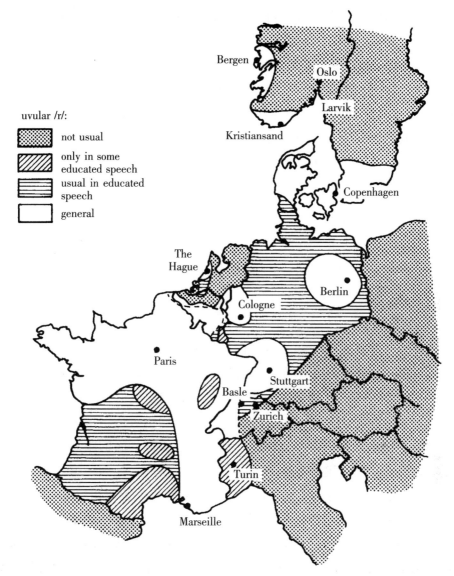

地图 11-6 小舌音/r/在更大社会环境中的分布详情（摘自 Trudgill，1974c）

11.5　在城市等级体系下的扩散

当然，一点儿也不奇怪，处在中心地带的城市在语言创新的扩散中起着非常重要的作用,但是我们对这方面具体情况的了解是近年来才变得更加详细的。例如,跟美国北部的许多地区一样,在芝加哥英语中,元音/æ/的舌位也已经逐渐提高并且双元音化了,即由[æ]到[ɛ]而变成了[eə],如bad的发音就是[beəd]。这个变化也发生在伊利诺伊州(Illinois)北部的芝加哥以外的其他地区。在最近一个研究中,一些年轻人(北伊利诺伊州大学的女学生)的谈话被记录了下来,/æ/的舌位提升的指数值也被记录了下来,研究者采取的是第四章所概括的方法,用(æ)表示一个具有以下几个变体的语言变项:

(æ)-1 = [eə]
(æ)-2 = [ɛ]
(æ)-3 = [ɛ⊤]
(æ)-4 = [æ⊥]
(æ)-5 = [æ]

接下来是计算这些变体指数值的平均值,但跟最初城市方言学的定量分析不一样,这里计算的不是社会各阶层的平均指数值,而是各个地理区域的平均指数值——在这个例子中是各县的平均指数值。[①]

地图11-7给出了变项(æ)在每个县的平均指数值。这里,元音高度的地理分布似乎看不出有什么模式,而且与芝加哥之间的距离似乎也没那么重要,尽管事实上这样一个显然的假设是存在的:作为一个大城市,芝加哥在/æ/的舌位升高这个变化的扩散上将会起着关键作用。

这种表面上乱糟糟的格局实际上是邻居效应配合作用的结果(即语言特征从一个地方逐渐扩散到另一个地方,就像小舌音从法国扩展到德国西南部的情形),也就是说,跟欧洲小舌音扩散的情况一样,/æ/的舌位升高这个创新也是从一个大城市向另一个大城市跳跃式前进的,然后再从这些大城市跳跃到小城镇,诸如此类。图11-1说明了/æ/具体发音的高度跟说

---

① 注意,这里变项(æ)的五个变体的顺序是按舌位最高到舌位最低排列的,按照第四章的平均指数值的计算方法,使用舌位高的变体越多,指数得分将越低。在图11-1中,我们看到,城市规模越大,(æ)的平均指数值越低,/æ/的舌位越高。——译者

话人所居住的城镇的大小密切相关，而跟城镇距离芝加哥的远近无关（或不光跟城镇距离芝加哥的远近有关）。其中的原因我们将在后文（11.7节）进一步讨论。

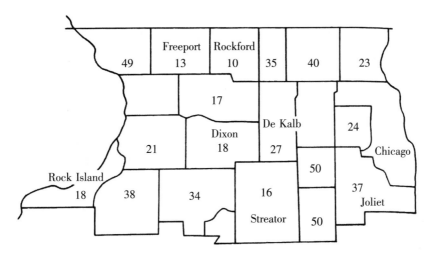

地图 11-7 /æ/舌位升高在伊利诺伊州北部各县的平均指数

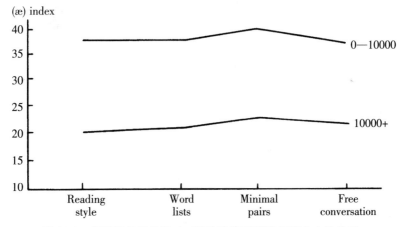

图 11-1 伊利诺伊州北部 /æ/舌位升高跟城市规模大小的关系

11.6 空间扩散的制图呈现

我们已经看到大城市在语言创新扩散中的重要性，但如果我们的方言地图不够详细——比如说，它们不能提供足够的社会因素信息的话，我们知道这种重要性可能会被遮蔽，对于方言地理学家来说，一个能够改进这种情况的办法就是尝试发展和运用地理学家和社会语言学家所使用的定量研究的方法和技术。如果这些方法和技术能够被设计出来并运用到处理语言的变异性和渐变现象上，那么，我们将处在一个有利的位置上，即我们可以更加准确地描述那些已被发现的渐进过渡的情况，比如说 11.1 节（也见第八章）中所谈到的 /j/ 失落的情况。

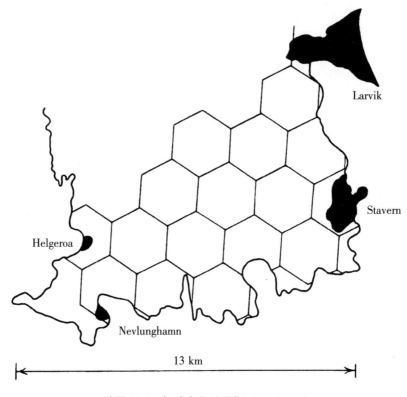

地图 11-8　挪威布伦兰尼斯（Brunlanes）

11.6.1　来自挪威语研究的一个例子

位于挪威南部西福尔郡（Vestfold）的布伦兰尼斯（Brunlanes）半岛是一个研究语言变化地理扩散的理想区域。该半岛的常住人口为 6500 人，半岛东部、南部及西部三面环海，北面与无路可达的森林茂密区域接壤。它归属于布伦兰尼斯半岛东北部的拉尔维克（Larvik）市管辖。拉尔维克市人口约 10000 人，是本地区的交通枢纽。

人文地理学家已经发展和建立了一些方法用以研究和呈现科技创新（如汽车和农业技术方面的创新）的扩散方式。这些方法被方言学家借鉴改造并运用到对布伦兰尼斯半岛语言形式的研究上。方言学家们把这个半岛分割成大小均等的六角形网格（见地图 11-8），然后在每一个格子所属的区域里寻找发音人进行语言调查（注意，这跟在伊利诺伊州进行的调查采用的方法一样，只是这里把调查区域进一步细分为大小和形状都一样的调查点而已）。

在这里，方言学家们研究的一个语言特征是变项（sj）的发音，它对应着规范拼写中的 sj 和 skj，如 sjø（海洋），skjœre（切割）等。在布伦兰尼斯，变项（sj）有以下几个变体：

(sj)-1＝[sj]
(sj)-2＝[ʃj]
(sj)-3＝[ʃ]
(sj)-4＝[ʂ]

变体 4 是一个卷舌擦音（retroflex fricative）。在布伦兰尼斯，变体（sj)-1 是最古老的发音，变体（sj)-4 则是最新的发音。运用第四章所描述的方法，我们可以计算出每个地理格子中该变项的使用平均指数值。在计算中，我们保持一致地把变体（sj)-1 的指数值设定为 0，变体（sj)-4 的指数值设定为 300。

接下来，借用地理学家的等高线（height contours）绘图法，我们根据这些信息来绘制地图。这些地图展示的不是传统意义上的同言线，而是跟这些平均指数值有关的同言线。这种地图的绘制方法可简述如下：假设两个以 a 和 b 为中心点的六角形格子，它们的（sj）指数值分别为 150 和 75，又假设在我们的地图上，a 点和 b 点之间的距离是 15 毫米，那么，我们就可以在 a 和 b 之间画一条"等值线"，使它经过一个点，该点距离 a

点 10 毫米，距离 b 点 5 毫米，用它代表指数 100。当然，画图时实际碰到的计算问题通常要比这复杂得多。地图 11-9、11-10 和 11-11 都是用这种方法绘制出来的。它们也涉及到在视时中研究语言变化的问题（参见 6.2 和 8.7 节，特别是 8.7.2 和 10.1 节）。

这些地图清楚地展示了 [sj] 经过 [ʃ] 变成 [ʂ] 这个语言变化是怎样从拉尔维克（Larvik）开始并向周围地区扩散开的，同时它们也展示出，这个变化是怎么以我们曾提到过的跳跃方式，从拉尔维克跳跃到一些比较小的城镇，如斯塔韦恩（Stavern）、纳威伦格姆（Nevlunghamn）这些地方；然后又怎样从那里继续影响相邻地区的。有一点很清楚，即，尽管在年纪最大的发音人当中，[sj] 这个发音的使用比例很高，但是年轻一代的发音人已经普遍地使用一个波动于 [ʃ] 和 [ʂ] 之间的发音形式了。

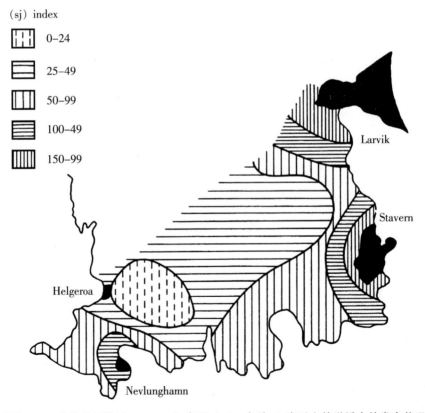

地图 11-9　布伦兰尼斯（Brunlanes）变项（sj）：各地 70 岁以上的说话人的发音状况

第十一章 语言的地理扩散

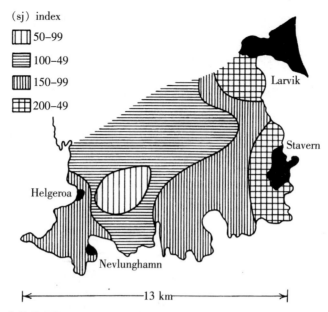

地图 11-10 布伦兰尼斯（Brunlanes）变项（sj）：各地 25—69 岁之间说话人的发音状况

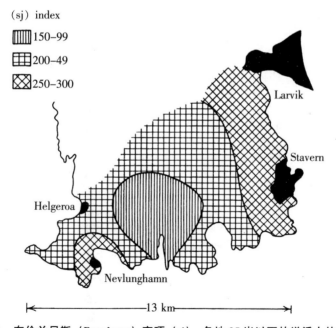

地图 11-11 布伦兰尼斯（Brunlanes）变项（sj）：各地 25 岁以下的说话人的发音状况

11.7 社会方言地理学的解释

我们已经比较全面地描述了语言形式的地理分布细节，下一步我们将设法去更好地理解到底为什么这种分布会是这个样子的。为了更好地了解究竟有什么因素与之有关，方言学家们曾尝试过一个途径，即建构能够对语言创新成分的传播作出解释和预测的地理扩散模型，同言线的位置也因此能够得到解释和预测，就像地理学家在解释人口迁移以及类似现象时所做的那样。

在英国的东安吉利亚（East Anglia）地区进行的一项研究中，研究者们发明了一种简单的"引力"模型（gravity model），方言地理学家和其他学者常常使用这类模型。设计它的目的是为了解释一个中心城市对另一个中心城市的语言影响，其所基于的假设是：两个中心城市之间在语言上的相互影响是由这两个城市各自的人口规模以及彼此之间的距离远近决定的，其中一方对另一方的影响将跟自身的人口规模成正比。这个公式可表示如下：

$$I_{ij} = S \cdot \frac{P_i P_j}{(d_{ij})^2} \cdot \frac{P_i}{P_i + P_j}$$

公式中的符号所代表的意思是：

I_{ij} = influence of centre i on center j（中心 i 对中心 j 的影响）

P = population（人口）

d = distance（距离）

S = index of prior-existing linguistic similarity（之前存在的语言相似度指数，指数值越高，相似度越大）

把因子 S 包括进来是为了考虑如下因素：从一个跟自己方言很相似的方言接纳某些语言特征要比从一个跟自己方言很不一样的方言接纳某些语

言特征，相对来说在心理和语言上都要容易一些。① 在这里，我们用字母 j 代表诺里奇（Norwich）这个城市。至于语言相似度指数 S，我们这样来设定：本郡（这里是 Norfolk 郡）的其他中心城市的 S 为 4，东安吉利亚地区的其他中心城市的 S 为 3，东南部的其他中心城市的 S 为 2，英格兰的其他中心城市的 S 为 1，其他地区的中心城市的 S 为 0。人口以千为单位，距离以英里为单位，把这些带入以上公式计算，就得到以下的影响指数：

中心城市	对诺里奇的语言影响
伦敦（London）	156
伊普斯威奇（Ipswich）	11
伯明翰（Birmingham）	5
格拉斯哥（Glasgow）	0

这个结果跟我们观察到的事实一致，即，几乎所有出现在诺里奇的语言创新都是从伦敦话而不是任何别的地方的话发展来的。

但值得注意的是，这个模型在许多方面存在着不足。如，根据这个公式的预测，诺里奇附近的小城镇，受到伦敦的影响会比受到诺里奇的影响大，因为伦敦的人口相对而言要比诺里奇的大。这显然与实际情况不符。我们必须认识到这个事实：诺里奇对这些小城镇的影响要比伦敦对它们的影响更大，因为相对而言，它们跟诺里奇之间的距离要近一些，因此，伦敦话的语言特征只有先被诺里奇接纳以后才会被那些小镇接纳。另外，我们还必须注意，每个中心城市都在竞争自己对其他城市的影响力，因此为了算出某个城市对另一个城市的影响指数，我们必须减去其他城市对它的影响指数（见下文）。

---

① 换言之，从其他方言接纳某些语言特征的时候，如果对方跟自己的方言很相似，则接受起来在心理上和语言上都要容易一些。——译者

表 11-1　伦敦及东英吉利亚地区中心城市的影响指数

Influence of / Influence on	London	Ipswich	Norwich	Lowestoft	K. Lynn	G. Yarmouth
Ipswich	351	—	10	1	0	0
Norwich	156	11	—	4	2	7
Lowestoft	60	5	25	—	1	50
K. Lynn	48	1	11	1	—	50
G. Yarmouth	36	3	45	50	50	—

地图 11-12　东英吉利亚地区中心城市

表 11-1 是根据以上的公式算出的安吉利亚地区东北部各主要中心城市的相互影响指数值（地图 11-12 呈现的是这些城镇的地理位置）。很明

显，伊普斯威奇（Ipswich）是首当其冲受到伦敦影响最大的城市，其次是诺里奇（Norwich）。但是在它们之后的城市情形如何呢？如果我们允许竞争式影响存在的话，就会得到以下结果：

伦敦、伊普斯维奇及诺里奇对其他城镇的影响指数总和：	减去其他中心城市的影响指数	合计
洛斯托夫特（Lowestoft）	90	51	39
大雅茅斯（G. Yarmouth）	84	100	0
金斯林（K. Lynn）	60	51	9

因此，第三个最受伦敦影响的中心城市是洛斯托夫特（Lowestoft）。① 我们得到的最后结果如下：

伦敦、伊普斯维奇、诺里奇及洛斯托夫特对其他城镇的影响指数总和：	减去其他中心城市的影响指数	合计
大雅茅斯（G. Yarmouth）	134	50	84
金斯林（K. Lynn）	61	50	11

因此，大雅茅斯（G. Yarmouth）是第四个最受伦敦影响的中心城市，而第五个便是金斯林（King's Lynn）。注意，这个次序并不是我们期待的，如果我们仅仅看伦敦对各个中心城市的影响指数值的话（见表11-1），伦敦对金斯林的影响指数值要比对大雅茅斯的影响指数值大。②

就预测语言创新的扩散方向而言，这个模型的准确率有多大呢？让我们就以下例子来看。目前有一个创新的语言特征正在从伦敦向东安吉利亚地区扩散，这就是/h/音在某些词语中的失落，如 hum 读/ʌm/，hat 读/æt/等。某项调查算出了（h）作为变项在各个不同城镇的平均指数值，

---

① 这里要计算的是伦敦对伊普斯维奇（Ipswich）及诺里奇（Norwich）以外的其他城市，即洛斯托夫特（Lowestoft）、大雅茅斯（G. Yarmouth）和金斯林（King's Lynn）的影响。考虑到伊普斯维奇及诺里奇会跟伦敦竞争影响这些城市，所以必须先算出伦敦、伊普斯维奇及诺里奇对这些城市的影响指数值的总和，然后再减去伊普斯维奇及诺里奇对它们的影响指数值，最后得出来的才是伦敦对它们的影响指数值。——译者

② 即，按伦敦的影响指数排序，第四个受伦敦影响的城市是金斯林。——译者

工人阶层说话人群的结果如下：

模型预测的次序	中心城市	(h) 指数
1	伊普斯威奇	56
2	诺里奇	44
3	洛斯托夫特	40
4	大雅茅斯	33
5	金斯林	21

将指数结果和模型所测次序比较，我们看到模型的准确率极高，令人印象深刻。

对于地图 11-7 所示的美国伊利诺伊州的那些城镇，我们也可以用同样的方法来计算。但是在这里，我们与其说是在做一个真正的预测，还不如说是以此为例说明我们可以对这些城镇做些什么。因为这些数据跟我们所拥有的东安吉利亚地区的数据相比，有以下不足：（1）我们对这个例子并没有拥有那么完整的数据；（2）地图 11-7 中的城市并非伊利诺伊州北部的所有重要城市；（3）地图 11-7 中的指数值实际上并不是中心城市本身的指数值，而是中心城市所在县的指数值。表 11-2 列出的是伊利诺伊州北部这些中心城市的影响指数（用前面提到的公式计算出来的），其中因子 S（语言相似度）设为 1。

表 11-2 伊利诺伊州北部中心城市的影响指数

Influence on \ Influence of	Chicago	Rockford	Joliet	R. Island	De Kalb	Freeport	Streator	Dixon
Rockford	6381	—	77	20	109	97	3	14
Joliet	20473	142	—	28	69	7	17	4
Rock Island	607	61	46	—	8	7	2	11
De Kalb	2888	438	149	10	—	5	5	21
Freeport	720	508	19	13	7	—	2	28
Streator	730	31	80	7	10	3	—	4
Dixon	552	120	19	23	45	44	3	—

显而易见，如表 11-2 所示，芝加哥是影响力最大的城市。还有一点也很清楚，即乔利埃特（Joliet）是受到芝加哥影响最大的城市。接下来，我们要看的是芝加哥和乔利埃特合在一起对其他中心城市产生的影响，把别的中心城市与这两个城市在影响上的竞争考虑在内，我们就得到以下的结果：

	芝加哥和乔利埃特对其他城市的影响指数总和：	减去其他中心城市的影响	合计
罗克福德（Rockford）	6458	243	6215
罗克岛（Rock Island）	653	89	564
迪卡尔布（De Kalb）	3037	479	2558
弗里波特（Freeport）	739	558	181
斯特里特（Streator）	810	55	755
迪克森（Dixon）	571	235	336

从这个结果来看，罗克福德将是下一个最受影响的城市。另外要注意，就弗里波特和斯特里特来看，它们在表11-2中的影响指数十分接近芝加哥影响指数（前者720，后者730），但在这里却有着差别显著的影响指数（前者为181，后者为755）。

以下是最后的计算结果，即模型预测出来的伊利诺伊州北部各城市受语言创新影响的次序（连同地图 11-7 中由变项（æ）指数决定的实际次序和（æ）的指数）：

地图中次序	模型预测次序	中心城市	地图中（æ）的指数
1	1	芝加哥	—
2	3	罗克福德	10
3	5	弗里波特	13
4	6	斯特里特	16
5	7	罗克岛	18
6	8	迪克森	18
7	4	迪卡尔布	27
8	2	乔利埃特	37

尽管数据不全，从模型预测的结果看，也只是迪卡尔布（De Kalb）和乔利埃特（Joliet）的排序跟实际情况不符（即模型预测的次序跟它们在地图上由（æ）指数决定的次序不同）。不过必须承认，即使这样，也是很严重的不符。注意，我们可以看出，计算来自所有中心城市相互争夺的影响力，这是有其价值的：尽管从表11-2看，斯特里特（Streator）的芝加哥影响指数比弗里波特（Freeport）的高，但最终计算结果还是斯特里特的更低，不光由模型计算出来的结果是这样，地图标示的也完全如此。[①]

用这个模型来解释挪威南部的布伦兰尼斯（Brunlanes）的情况也很成功。它得出的各城镇影响指数排序如下（这个指数排序可以跟地图11-9至11-11的指数排序对应上）：

拉尔维克（Larvik）
斯塔韦恩（Stavern）
纳威伦格姆（Nevlunghamn）
黑格尔瓦（Helgeroa）

11.8 引力模型的进一步改进

这个模型显然有许多不足之处，但它的主要价值也许就在于能够指出它所预测的结果和实际语言事实之间的误差（a lack of fit），从而促使调查者去考虑，在语言创新的地理扩散中，是否还涉及其他因素，它们在何种程度上产生了影响。

最近一项有关现代荷兰语中一个语言创新成分扩散的研究为我们提供了一个很好的例子。在阿姆斯特丹（Amsterdam）城市方言中，标准荷兰

[①] 根据模型预测的各个城市受语言创新影响的次序，弗里波特（Freeport）的排在第五位，斯特里特（Streator）的排在第六位，这个结果是考虑到各城市之间的竞争影响因素的，它跟地图11-7中由指数值决定的次序相符（弗里波特的指数值是13，斯特里特是16）。这两个结果都表明，在受到来自芝加哥语言创新的影响上，弗里波特要比斯特里特排在前面，尽管表11-2中，斯特里特的芝加哥影响指数比弗里波特的高。作者这里是想说明在采用引力模型计算语言创新的扩散方向时，必须把各城市之间的竞争影响因素考虑在内。——译者

语的/ɛi/（如 rijs（米饭）的读音/rɛɪs/）的变体范围是［æ］到［ɑ］，但在阿姆斯特丹周围的乡村方言中，/ɛi/的变体范围却是［æi］到［ɔi］。目前，单元音化的阿姆斯特丹变体（［æ］到［ɑ］之间的单元音）正在向这些乡村地区扩散。

在有关这个过程的研究中，研究者采用了 11.7 小节中介绍的"引力模型"来预测这个创新的扩散方向。即，在阿姆斯特丹之外，哪些地方将会是受到这个创新影响最大的，他们进行完预测后又做了实际的调查，对这些预测是否准确进行了核实。事实上，这个模型作出的预测几乎完全准确，阿姆斯特丹影响指数高的地方也是单元音数量多的地方。

然而，还是有许多例外存在着，它们分为两种不同的类型。首先，在一些地方，双元音变成单元音的变化已经发生了，但模型却没有预测出来。对于这一点解释，似乎是语言系统层面的。也就是说，在我们看来，这些方言中的这个变化似乎是独立发生的。① 有关这一点的证据是，仅仅根据这些方言的元音系统类型，音系学家也能推测出它极有可能会发生单元音化。

其次，这个研究还发现，那些具有较高的阿姆斯特丹影响指数的地区（即该发生变化的地区）却没发生预期中的语音变化，对我们来说，这种例外更为重要。对于这一点，我们也需要从语言系统的层面来解释。这就是，这些方言固有的语音系统，似乎不利于接受这种语音变化，因为它们已经有一个元音/ɑ/了（来自不同的历史源头）。因此，阿姆斯特丹方言中"从［ɑi］到［ɑ］"这个语音变化会一直向周围地区扩散，而当它到达一个早就有［ɑ］的地区时就停下来，因为那儿的方言如果接受这个变化的话，就会导致一个元音音位的合并，从而失去原先音位的对立。如果所涉及到的两个元音潜在的合并几率很高的话，那么，抵抗这种合并的力量就很可能很强大。

这样的研究显示了建立一个解释性模型的好处。这种模型解释不了的

---

① 在作者看来，这些方言的双元音变单元音这个变化之所以没有被模型预测出来，是因为在这些方言中，这个变化是由它们自身的元音系统导致的，而不是受阿姆斯特丹方言影响而发生的，即这里所说的"独立发生"。——译者

例子会推动我们去追问这个模型为什么不起作用,也会推动我们去寻找促进或制约语言创新成分在地理上扩散的深层原因。除了语言相似度 S 这个因素以外,我们现在还认识到,我们需要纳入一些其他变量,这些变量将顾及到那些特殊的语言因素,如原来语言的音系属性以及音系成分合并的可能性等等,这些都是可以延缓或者加速语言创新成分扩散过程的因素。仅仅在某种真空的状况下探讨这些过程是不够的,我们还必须对接受和容纳创新成分的那个系统加以考虑。

一旦我们接受这一点,就很容易发现更多的例子中同样的因素在起作用。就拿地图 11-6 来说,这张地图向我们显示,在接受小舌音/r/这个语言创新上,荷兰人大大不如其邻居法国人和德国人那么容易。[①] 对于这个事实,一个可能的解释是,荷兰语本身就已经有一个后软腭音(back velar)或者小舌擦音(uvular fricative),其对应的规范拼写是 g,所以,即使小舌音/r/真的已被荷兰语接受,它的一些变体可能也已经跟荷兰语本身所具有的后软腭音或者小舌擦音合并了。

扩展阅读

意大利"新语言学"学派,在 Bonfante(1947)的相关研究中有讨论。另外,能够读懂意大利语文献的读者,还可以参看 Bartoli(1945)的相关著作。地图 11-1 是基于 Trudgill(1975)对"方言地理学"的研究绘制出来的,该研究还提供了有关"语言区域"(linguistic areas)话题方面的参考文献。有关"语言区域"这个话题,影响深远的论著是 Jakobson(1949)和 Trubetzkoy(1949)。目前这些解释和预测语言创新成分扩散的模型是从 Nichols(1992)以及 Thomason 和 Kaufman(1988)的相关研究理论中发展出来的。Trudgill(1974b)对小舌音/r/的扩散以及有关语言地理扩散模型的发展有详尽的讨论。挪威语小舌音/r/的数据来自 Foldvik(发表日期不详)的相关研究。瑞典南部方言的数据来自 Sjøstedt(1936)和 Elert(1976)的相关调查研究。一些令人印象深刻的早期地理

---

① 根据地图 11-6 的阴影符号,我们知道荷兰属于小舌音/r/不常见的地区。——译者

学家有关技术创新传播的研究，可以从 Hägerstrand（1967）的论述中看到。有关北伊利诺伊州的研究，见 Callary（1975）。布伦兰尼斯半岛的语言研究报告，见 Trudgill（1974b）和 Foldvik（1979）。11.7 节中的东安吉利亚地区数据来自 Trudgill（发表日期不详）的调查研究成果。有关阿姆斯特丹的例子，见 Gerritsen & Jansen（1980）。有关本章中讨论的绘图技术的细节，详见 Robinson & Sale（1969）；有关绘图技术在语言学上的运用，参看 Chambers（1997）和 Kretzschmar（1996a）。

第十二章
方言学的统一

在方言学的大部分历史上,研究者都把它看作一门自主学科,它有着自己的研究目的和独特的研究方法。在这种旗帜下,方言学作为一门学科确定了下来,并对人类知识史贡献了非常精彩的一章。20世纪上半叶制作和发表的经典方言地图集是方言学的重要遗产,这些方言地图集还在继续滋养和启发着今天的方言研究——甚至,我们可以说,它们如今所发挥的作用比几十年前的还更重要。

本书的目的之一是让普通读者和学生们了解自主方言学或方言地理学(autonomous dialectology or dialect geography)的研究方法和一些成果。为了这个目的,本书的大部分篇幅(第二、三、七、八章以及其他章的一些部分)都谈及到传统方言学(traditional dialectology)。

传统方言学构成了方言学这门现代学科的主流之一。它的第二支源流,也是影响重大的一支,是有关城市方言的研究(the study of urban dialects),它通常被放在"社会语言学"(sociolinguistics)的总标题之下。城市方言学(urban dialectology)的研究方法和成果以及它对语言创新的重要看法(特别是第四、五、六章以及第十章的10.1和10.2两小节中所讨论的)奠定了现代方言学(modern dialectology)的基础。

本书的另一个目的是展示这两条源流如何交汇形成了连贯统一的现代学科,即现代方言学。这一点对于某些抱着传统方言学看法的读者来说,也许并不显而易见。当然,我们很清楚,这两条源流的出处有着如此显著的区别,以致于表面看起来它们根本无法彼此兼容。方言学肇始于19世纪那些如今看来既遥远又奇异的学术思潮（见第二章概述）。而一个世纪之后，大约1960年左右，社会语言学才崭露头角。方言地理学的知识产生于进化理论（evolutionary theory）和林奈氏生物分类法（Linnaean taxonomy）的背景下，在这种背景下，语言学的主流是比较语文学（comparative philology），社会语言学则是社会科学运动的径流与姗姗来迟的结构主义语言学相遇时的产物。

虽然存在各种各样的分歧，方言学和社会语言学在最深处交汇到了一起。可以说，两者都是方言学；它们具有共同的基本主题；两者的关注点都是社区环境下的语言状况。它们典型的区别在于，一个主要关注乡村社区的语言，而另一个主要关注中心城市的语言，但这些都只是次要的差异，不是根本的，也不是原则上的差异。

在语言科学中，方言学和社会语言学是除了人类语言学之外、另外两个同样离不开田野调查工作的领域。在社会环境下要把握人们说话的语流，有实际操作上的难度。长期以来，方言学家和人类语言学家一直在想方设法突破这些困难。他们通过对数据的收集进行控制，使这一学科得以立足。早年田野工作普遍的方式为：使说话人从其社会环境中脱离，让他坐在记录员即调查员的对面回答问题，而调查员则埋头伏在自己的写字夹板上做记录。这种方式基本上就是William Labov曾经描述过的情形："调查员的问题很长，发音人的回答很短。"

随着科学技术史无前例的进步，社会语言学家在大约七十年之后设计出了更加灵活的数据收集方法。良好的录音质量、回放设备、仪器分析以及其他先进技术手段的运用使掌握和分析说话语流的精确度达到了前所未有的水平，由这些新方法所引起的实践差异是显著的。方言学在记录语言的多样性方面很成功，社会语言学则发现了语言的变异性。尽管这些差别的根源在于各自方法的不同，它们偶尔也会激化，成为意识形态的纷争。一方面是激进者自命不凡地指责那些对技术进步的顽固抵抗，另一方面是有人恪守老旧的规矩，认为它们久经考验，不可逾越。两者激烈地纠缠在一起。

一二十年以前，人们很可能还会认为把方言学和社会语言学结合在一起研究几乎没有什么意义，现在我们知道这么做的意义重大。方言学如果没有社会语言学作为其核心，就只能是对语言历史遗迹的记录；方言学的任何一个严肃理论都必须把城市方言研究和变异理论置于中心的位置。

另外，还有第三条源流，即地理学的汇入使得这个学科成为今天的面貌。地理学的加入，对于任何时期、任何理论倾向的语言学家来说，似乎都无足轻重，也比较陌生。不过，至少说来，这一点应该是很明显的：在有关绘图技术（见8.7和9.4两小节）、语言扩散的地理学模型（见11.7小节）以及其他一些方面的讨论中，语言学与地理学已经开始了富有成效的交流，将来很可能还会出现更多的交汇。

我们对某些说法不敢有丝毫苟同，比如某位语言学家说的"（语言的）地理差异的分布极其杂乱无章，任何有关语言变异的规律性的假说，其合理性都是站不住脚的"（Bailey，1973：86）。早期的方言地理学家在发现方言变体的分布不符合新语法学理论的最简单的预测时，就放弃了这个理论，前面那位语言学家的结论似乎也把一些关键的问题搁置一边了。

与其放弃探讨语言规律和地理分布之间的关系，我们需要的是一套更丰富的有关语言变异的假说，从而对地域关系和创新现象的扩散能有更深刻的理解。

最近几十年，地理学家已经在建立解释技术创新扩散的动态模型上取得了重要进展，这种模型不光考虑了技术创新成分扩散的静态特点，还把社会维度和社区人际网络作为独立的变项加以考虑。这样的研究通常都放在"人文地理学"的范畴下。但任何一个语言学家，只要他对那一领域的发展有所了解，就不可能看不到在自己领域里的变异模型的发展是与其平行的。这两个领域的学者可以在许多方面互相借鉴和学习，彼此间的交流才刚刚开始。

我们认为，方言地理学、城市方言学、人文地理学这三条支流交汇形成了一门统一的学科——现代方言学。跟现代语言学的任何分支一样，现代方言学的目的也是为了解释人类认知体系中最容易获得的能力——驾驭和使用语言的能力。现代方言学的统一性以变异理论为其理论基础。变异理论把变项当作语法模型中的一种结构单位，以此而得出了一整套的论断和假说（详见第九章和第十章的 10.3 节）。

城市方言学作为一门蓬勃发展的学科已经有很多年了。在语言学理论中有一个奇怪的倾向，就是忽视语言行为的社会因素，城市方言学最初就是因为反对这种忽视而激发产生的。在过去的一二十年中，乡村方言学也重新获得了发展的活力，这是因为它既采纳了在城市方言研究中发展出来的技术，也发展出来了一套适合于其自身的工具。在本书中，我们本着两者并重的原则对这两方面都作了介绍。随着越来越多的专业人员在两个领域中都得到了良好训练并在两个领域中共同推进，两个学科融合为一门统一、独立学科的趋势必将越来越强。

扩展阅读

在本书征引的近年发表的许多论著中，当代方言学日益增长的包容性只是一个次要的话题，而把它作为主要话题的也只是几篇而已。Johnston（1985）揭示了区域调查和城市研究的交叉点。Kretzschmar（1996b）指出了各个学科共同关注的问题。Chambers（1993）也做了同样的工作。Labov（1994：第 17 章）从比较语言学家的角度重新评估了方言地理学的价值。Preston（1993a）把人文地理学的心象地图（mental maps）的概念运用到了方言学领域。

参考文献

Allen, H. B. 1973—6. *The Linguistic Atlas of the Upper Midwest*. 3 vols. University of Minnesota press.

Anderson, J. A. 1973. *Structural Aspects of Language Change*. London: Longman.

Atwood, E. B. 1953. *A Survey of Verb Forms in the Eastern United States*. University of Michigan Press.

Bailey, C.-J. 1973. *Variation and Linguistic Theory*. Washington, DC: Center for Applied Linguistics.

Bailey, G. et al. 1991. *The Emergence of Black English*. Amsterdam and Philadelphia: Benjamins.

Bailey, G., T. Wikle, J. Tillery and L. Sand. 1991. 'The apparent time construct'. *Language Variation and Change* 3: 241—64.

Bartoli, M. 1945. *Saggi di Linguistica Spaziale*. Turin: Bona.

Baugh, J. 1983. *Black Street Speech: Its History, Structure and Survival*. Austin: University of Texas Press.

Berlin, B. and P. Kay. 1969. *Basic Color Terms: Their Universality and Evolution*. Berkeley and Los Angeles: University of California Press.

Bickerton, D. 1975. *Dynamics of a Creole System*. Cambridge University Press.

Bloomfield, L. 1933. *Language*. New York: Holt, Rinehart & Winston.

Bonfante, G. 1947. 'The neolinguistic position'. *Language* 23: 344—75.

Brun, A. 1936. 'Linguistique et peuplement'. *Revue de Linguistique Romane* 12: 165—251.

Butters, R. 1989. *The Death of Black English: Divergence and Convergence in black and white vernaculars*. New York: Peter Lang.

Callary, R. 1975. 'Phonological change and the development of an urban dialect in Illinois'. *Language in Society* 4: 155—70.

Cedergren, H. 1988. 'The spread of language change: verifying inferences of linguistic diffusion'. In P. Lowenburg(ed.), *Language Spread and Language Policy*. Washington, DC: Georgetown University Press. 45—60.

Chambers, J. K. 1973. 'Canadian raising'. *Canadian Journal of Linguistics* 18: 113—35.

Chambers, J. K. 1982. 'Geolinguistics of a variable rule'. *Discussion Papers in Geolinguistics* 5. North Staffordshire Polytechnic.

Chambers, J. K. 1993. 'Sociolinguistic dialectology'. In Preston 1993b. 133—64.

Chambers, J. K. 1994. 'An introduction to dialect topography'. *English World-Wide* 15: 35—53.

Chambers, J. K. 1995a. 'The Canada-US border as a vanishing isogloss: the evidence of *chesterfield*'. *Journal of English Linguistics* 23: 155—66.

Chambers, J. K. 1995. *Sociolinguistic Theory: Language Variation and Its Social Significance*. Oxford: Blackwell.

Chambers, J. K. 1997. 'Mapping variability' In A. R. Thomas (ed), *Issues and Methods in Dialectology*. Bangor: University of Wales. 284—93.

Chambers, J. K. 1998. 'Social embedding of changes in progress'. *Journal of English Linguistics* 26: 5—36.

Chambers, J. K. and P. Trudgill. 1991. 'Dialect grammar: data and theory'. In P. Trudgill and J. K. Chambers (eds.), *Dialects of English: Studies in Grammatical Variation*. London and New York: Longman.

Chen, M. and H.-I. Hsieh. 1971. 'The time variable in phonological change'. *Journal of Linguistics* 7: 1—14.

Chen, M. and W. S.-Y. Wang. 1975. 'Sound change: actuation and implementation'. *Language* 51: 255—81.

Cheshire, J. 1978. 'Present tense verbs in Reading English'. In Trudgill 1978.

Cheshire, J. 1982. *Variation in an English Dialect: A Sociolinguistic Study*. Cambridge Universiy Press.

Cichocki, W. 1989. 'An application of dual scaling in dialectometry'. In Kretzschmar, Schneider and Johnson. 91—6.

Coates, J. 1986. *Women, Men and Language*. London and New York: Longman.

Cochrane, G. R. 1959. 'The Australian English vowels as a diasystem'. *Word* 15: 69—88.

Combrink, J. 1978. 'Afrikaans: its origin and development'. In L. Lanham and K. Prinsloo (eds.), *Language and Communication Studies in South Africa*. Oxford University Press.

Davis, A. and R. I. McDavid. 1950. 'Northwestern Ohio: a transition area'. *Language* 26: 186—9.

De Camp, D. 1958. 'The pronunciation of English in San Francisco'. *Orbis* 7: 372—91.

De Camp, D. 1959. 'The pronunciation of English in San Francisco'. *Orbis* 8: 54—77.

Douglas-Cowie, E. 1978. 'Linguistic code-switching in a Northern Irish village: social interaction and social ambition'. In Trudgill 1978.

Eckert, P. 1989. *Jocks and Burnouts: Social Categories and Identity in the High School*. New York and London: Teachers College Press.

Elert, C. 1976. 'Gränsen för det sydsvenska bakre *r*' [The boundary of the south Swedish dorsal *r*]. *Svenska Landsmål och Svenskt Folkliv*, 7—20.

Fasold, R. W. 1972. *Tense Marking in Black English*. Washington. DC: Center for Applied Linguistics.

Feagin, C. 1979. *Variation and Change in Alabama English: A Sociolinguistic Study of the White Community*. Washington, DC: Georgetown University Press.

Fintoft, K. and P. E. Mjaavatn. 1980. *Språksosiologiske forhold i Trondheim bymål*. Trondheim: Tapir.

Fischer, J. L. 1958. 'Social influences on the choice of a linguistic variant'. *Word* 14: 47—56.

Foldvik, A. K. 1979. 'Endring av uttale og spredning av ny uttale: generasjonsskilnader i Brunlanes, Vestfold' [Change of pronunciation and spread of new pronunciation: generation differences in Brunlanes. Vestfold]. In J. Kleiven (ed.), *Språk og Samfunn: bidrag til en norsk sosiolinguistikk*. Oslo: Pax.

Foldvik, A. K. n. d. 'The pronunciation of *r* in Norwegian with special reference to the spread of dorsal *r*'. Unpublished paper.

Francis. W. N. 1978. Review of Orton and Wright 1974. *American Speech* 53: 221—31.

Gal, S. 1979. *Language Shift: Social Determinants of Linguistic Change in Bilingual Austria*. New York: Academic Press.

Gerritsen. M. and Jansen, F. 1980. 'The interplay of dialectology and historical linguistics: some refinements of Trudgill's formula'. In P. Maher (ed.), *Proceedings of the 3rd International Congress of Historical Linguistics*. Amsterdam: Benjamins.

Gilliéron, J. 1902—10. *Atlas Linguistique de la France*. 13 vols. Paris: Champion.

Glauser, B. 1985. 'Linguistic atlases and generative phonology'. In Kirk, Sanderson and Widdowson. 113—29.

Goebl, H. 1982. *Dialektometrie*. Vienna: Österreichischen Akademie der Wissenschaften.

Goebl, H. 1993. 'Dialectometry: a short overview of the principles and practice of quantitalive classification of linguistic atlas data'. In R. Köhler and B. Rieger (eds), *Contributions to Quantitative Linguistics*. Dordrecht: Kluwer. 277—315.

Green, E. and R. Green. 1971. 'Place names and dialects in Massachusetts: some complementary patterns'. *Names* 19: 240—51.

Gulbrandsen, Per P. 1975. 'Nye drag in Tønsbergs bymal' [New features in the urban dialect of Tønsberg]. Dissertation. Oslo University.

Guy, G. R. 1996. 'Post-Saussurean linguistics: toward an integrated theory of language'. In M. Meyerhoff (ed.), *Papers from NWAVE 24. Working Papers in Linguistics* 3. University of Pennsylvania, Philadelphia. 1—24.

Hägerstrand, T. 1967. *Innovation Diffusion as a Spatial Process*. Trans. A. Pred. University of Chicago Press.

Haugen, E. 1966a. *Language Conflict and Language Planning: The Case of Modern Norwegian*. Harvard University Press.

Haugen, E. 1996b. 'Semicommunication: the language gap in Scandinavia'. In S. Lieberson (ed.), *Explorations in Sociolinguistics*. The Hague: Mouton.

Haugen, E. 1968. 'The Scandinavian languages as cultural artifacts'. In Fishman et al. (eds.), *Language Problems of Developing Nations*. New York: Wiley.

Hockett, C. 1958. *A Course in Modern Linguistics*. London: Macmillan.

Holm, J. 1988. *Pidgins and Creoles*. Cambridge University Press.

Holmes, J. 1992. *An Introduction to Sociolinguistics*. London and New York: Longman.

Horvath, B. 1985. *Variation in Australian English: The Sociolects of Sydney*. Cambridge University Press.

Hudson, R. A. 1996. *Sociolinguistics*. 2nd edn. Cambridge University Press.

Hughes. A. and P. Trudgill. 1996. *English Accents and Dialects: An Introduction to Social and Regional Varieties of English in the British Isles*. 2nd edn. London: Edward Arnold.

Hymes, D. (ed.). 1971. *Pidginisation and Creolisation of Languages*. Cambridge University Press.

Jaberg, K. and J. Jud. 1928—40. *Sprach-und Sachatlas des Italiens und der Südschweiz*. Zofingen: Ringier.

Jakobson, R. 1949. 'Sur la théorie des affinités phonologiques entre les langues'. Appendix in N. Trubetzkoy, *Principes de phonologie*. Paris: Klincksieck.

Jochnowitz, G. 1973. *Dialect Boundaries and the Question of Franco-Provençal*. The Hague: Mouton.

Johnston, P. A. 1985. 'Linguistic atlases and sociolinguistics'. In Kirk, Sanderson and Widdowson. 81—93.

Keyser, S. J. 1963. Review of Kurath and McDavid 1961. *Language* 39: 303—16.

King, R. D. 1969. *Historical Linguistics and Generative Grammar*. New York: Prentice-Hall.

Kirk, J. M., S. Sanderson and J. D. A. Widdowson (eds.). 1985. *Studies in Linguistic Geography*. London: Croom Helm.

Kirk, J. M. and G. Munroe. 1989. 'A method for dialectometry'. In Kretzschmar, Schneider and Johnson. 97—110.

Knowles, G. O. 1978. 'The nature of phonological variables in Scouse'. In Trudgill 1978.

Kolb, E. 1964. *Phonological Atlas of the Northern Region*. Berne: Franke Verlag.

Kretzschmar, W. 1992. 'Isoglosses and predictive modeling'. *American Speech* 67: 227—49.

Kretzschmar, W. 1996a. 'Quantitative areal analysis of dialect features'. *Language Variation and Change* 8: 13—39.

Kretzschmar, W. 1996b. 'Dialectology and sociolinguistics: same coin, different currency'. *Language Sciences* 17: 271—82.

Kretzschmar, W., E. W. Schneider and E. Johnson (eds.). 1989. *Computer Methods in Dialectology. Journal of English Linguistics* 22 (special edition).

Kretzschmar, W., V. G. McDavid, T. K. Lerud and E. Johnson (eds.). 1994. *Handbook of the Linguistic Atlas of the Middle and South Atlantic States*. University of Chicago Press.

Kurath, H. 1949. *Word Geography of the Eastern United States*. University of Michigan Press.

Kurath, H. 1972. *Studies in Area Linguistics*. Indiana University Press.

Kurath, H. and B. Bloch. 1939. *Handbook of the Linguistic Geography of New England*. Brown University Press.

Kurath, H. and R. I. McDavid, Jr. 1961. *The Pronunciation of English in the Atlantic States*. University of Michigan Press.

Kurath, H., M. Hanley, B. Bloch and G. S. Lowman, Jr. 1939—43. *Linguistic Atlas of New England*. 3 vols. Brown University Press.

Labov, W. 1964. 'Stages in the acquisition of standard English'. In R. Shuy (ed.), *Social Dialects and Language Learning*. Champaign, IL.: National Council of Teachers of

English.

Labov, W. 1966. *The Social Stratification of English in New York City*. Washington, DC: Center for Applied Linguistics.

Labov, W. 1972a. *Language in the Inner City*. University of Pennsylvania Press.

Labov, W. 1972b. *Sociolinguistic Patterns*. University of Pennsylvania Press.

Labov, W. 1973. 'Where do grammars stop?' In R. W. Shuy (ed.), *Monograph Series on Language and Linguistics* 25. Georgetown University Press.

Labov, W. 1994. *Principles of Linguistic Change*, vol. 1. Oxford: Blackwell.

Lavandera, B. 1978. 'Where does the sociolinguistic variable stop?' *Language in Society* 7: 171−82.

Lehmann, W. 1962. 'Broadening of language materials: dialect geography'. In *Historical Linguistics: An Introduction*. New York: Holt, Rinehart & Winston.

Macaulay, R. K. S. 1977. *Language, Social Class and Education: A Glasgow Study*. Edinburgh University Press.

Macaulay, R. K. S. 1985. 'Linguistic maps: visual aids or abstract art?' In Kirk, Sanderson and Widdowson (eds.). 172−86.

Mather, J. Y. and H. H. Speitel (eds.). 1975, 1977. *The Linguistic Atlas of Scotland*, 2 vols. London: Croom Helm.

McDavid, Jr, R. I. 1957. 'Tape recording in dialect geography: a cautionary note'. *Journal of the Canadian Linguistic Association* 3: 3−8.

McIntosh, A. 1952. *An Introduction to a Survey of Scottish Dialect*. London: Nelson.

McMahon, A. 1994. *Understanding Linguistic Change*. Cambridge University Press.

Milroy, J. 1992. *Linguistic Variation and Change*. Oxford: Blackwell.

Milroy, L. 1976. 'Phonological correlates to community structure in Belfast'. *Belfast Working Papers in Language and Linguistics* I (August).

Milroy, L. 1984. *Language and Social Networks*. 2nd edn. Oxford: Blackwell.

Milroy, L. 1987. *Observing and Analysing Natural Language*. Oxford: Blackwell.

Mitzka, W. 1952. *Handbuch zum Deutschen Sprachatlas*. Marburg.

Montgomery, M. and G. Bailey (eds.). 1986. *Language Variety in the South: Perspectives in Black and White*. Tuscaloosa: University of Alabama Press.

Moulton, W. G. 1960. 'The short vowel systems of northern Switzerland: a study in structural dialectology'. *Word* 16: 155−83.

Mühlhäusler, P. 1986. *Pidgin and Creole Linguistics*. Oxford: Blackwell.

Newton, B. 1972. *The Generative Interpretation of Dialect*. Cambridge University Press.

Nichols, J. 1992. *Linguistic Diversity in Space and Time*. University of Chicago Press.

Nordberg, B. 1972. 'Morfologiska variationsmönster i ett centralsvenskt stadsspråk'. In B. Loman (ed.), *Språk och sawhälle*. Lund: Gleerup.

Ogura, M. 1990. *Dynamic Dialectology*. Tokyo: Kenyusha.

O'Neill, W. A. 1963. 'The dialects of modern Faroese: a preliminary report'. *Orbis* 12: 393—7.

Orton, H. 1960. 'An English dialect survey: Linguistic Atlas of England'. *Orbis* 9: 331—48.

Orton, H. 1962. *Survey of English Dialects: introduction*. Leeds: E. J. Arnold.

Orton, H. and M. Barry (eds.). 1969—71. *Survey of English Dialects. The Basic Material*, vol. 2 (3 parts): *The West Midland Counties*. Leeds: E. J. Arnold.

Orton, H. and W. Halliday (eds.). 1962—3. *Survey of English Dialects. The Basic Material*, vol. 1 (3 parts): *The Six Northern Counties and the Isle of Man*. Leeds: E. J. Arnold.

Orton, H. and P. M. Tilling (eds.). 1969—71. *Survey of English Dialects. The Basic Material*, vol. 3 (3 parts): *The East Midland Counties and East Anglia*. Leeds: E. J. Arnold.

Orton, H. and M. F. Wakelin (eds.). 1967—8. *Survey of English Dialects. The Basic Material*, vol. 4 (3 parts): *The Southern Counties*. Leeds: E. J. Arnold.

Orton, H. and N. Wright. 1974. *A Word Geography of England*. London and New York: Seminar Press.

Orton, H., S. Sanderson and J. Widdowson (eds.) 1978. *The Linguistic Atlas of England*. London: Croom Helm.

Palmer, L. R. 1936. *An Introduction to Modern Linguistics*. London: Faber.

Pederson, L. 1993. 'An approach to linguistic geography: the Linguistic Atlas of the Gulf States'. In Preston 1993b. 31—92.

Pederson, L., S. L. McDaniel, G. H. Bailey and M. Bassett (eds.). 1986. *The Linguistic Atlas of the Gulf States*, vol. I: *Handbook*, Athens, GA: University of Georgia Press.

Pederson, L., S. L. McDaniel and C. Adams (eds.). 1988. *The Linguistic Atlas of the Gulf States*, vol. 2: *General Index*. Athens, GA: University of Georgia Press.

Pederson, L., S. L. McDaniel and C. Adams (eds.). 1991. *The Linguistic Atlas of the Gulf States*. vol. 5: *Regional Pattern*. Athens, GA: University of Georgia Press.

Pederson, L. and S. L. McDaniel (eds.). 1992. *The Linguistic Atlas of the Gulf States*, vol. 7: *Social Pattern*. Athens, GA: University of Georgia Press.

Petyt, K. M. 1977. 'Dialect and accent in the industrial West Riding'. PhD thesis, University of Reading.

Petyt, K. M. 1985. *Dialect and Accent in Industrial West Yorkshire*. Amsterdam and Philadelphia: John Benjamins.

Phillips, B. S. 1984. 'Word frequency and the actuation of sound change'. *Language* 60: 320–42.

Philps, D. 1985. *Atlas dialectométrique des Pyrénées centrale*. Thèse d'État, Université de Toulouse.

Pickford, G. R. 1956. 'American linguistic geography: a sociological appraisal'. *Word* 12: 211–33.

Pop, S. 1950. *La dialectologie: aperçu historique et méthodes d'enquêtes linguistiques*. vol. 1: *Dialectologie romane*. vol. 2: *Dialectologie non romane*. Louvain: Centre internationale de dialectologie générale.

Preston, D. R. 1993a. 'Folk dialectology'. In Preston (ed.). 333–78.

Preston, D. R. (ed.) 1993b. *American Dialect Research*. Amsterdam and Philadelphia: John Benjamins.

Pulgram, E. 1964. 'Structural comparison, diasystems and dialectology'. *Linguistics* 4: 66–82.

Reed. D. and J. L. Spicer. 1952. 'Correlation methods of comparing dialects in a transition area'. *Language* 28: 348–59.

Robinson, A. and R. Sale. 1969. *Elements of Cartography*. London: Wiley.

Romaine, S. 1978. 'Postvocalic /r/ in Scottish English: sound change in progress?'. In Trudgill 1978.

Romaine, S. 1988. *Pidgin and Creole Languages*. London and New York: Longman.

Sankoff, G. and H. Cedergren. 1971. 'Les contraintes linguistiques et sociales be l'élision du l chez les Montréalais'. In M. Boudreault and F. Moehren (eds.), *Actes du XIIIe Congrès Internationale de Linguistique et de phonologie Romane*s. Laval University Press.

Saporta, S. 1965. 'Ordered rules, dialect differences, and historical processes'. *Language* 41: 218–24.

Séguy, J. 1952. *Atlas Linguistique et Ethnographique de la Gascogne*, vol. I. Paris: Centre national de la recherche scientifique.

Séguy, J. 1973. *Atlas Linguistique de la Gascogne*, vol. 6. *Notice Explicative*. Paris: Centre national de la recherche scientifique.

Shuy, R. W. et al. 1968. *Field Techniques in Urban Language Study*. Washington, DC: Center for Applied Linguistics.

Sivertsen, E. 1960. *Cockney Phonology*. Oslo University Press.

Sjøstedt, G. 1936. *Studier över r-Ljuden i sydskandinaviska mål* [Studies in the *r*-sound in south Scandinavian dialects]. Lund University.

Thibault, P. and M. Daveluy. 1989. 'Quelques traces du passage du temps dans le parler des Montréalais 1971—1984'. *Language Variation and Change* 1: 19—46.

Thomas, A. R. 1967. 'Generative phonology in dialectology'. *Transactions of the Philological Society*. 179—203.

Thomas, A. R. 1981. 'Networks, nuclei and boundaries in areal dialectology'. In H. Warkentyne (ed.), *Papers from the Fourth International Conference on Methods in Dialectology*. University of Victoria, Canada. 171—91.

Thomason, S. G. and T. Kaufman. 1988. *Language Contact, Creolization, and Genetic Linguistics*. Berkeley: University of California Press.

Thorne, B. and N. Henley. 1975. *Language and Sex: Difference and Dominance*. Newbury House.

Todd, L. 1974. *Pidgins and Creoles*. London: Routledge & Kegan Paul.

Trubetzkoy, N. 1949. 'Phonologie et géographie linguistique'. In *Principes de Phonologie*. Paris: Klincksieck.

Trudgill, P. 1972. 'Sex, covert prestige and linguistic change in the urban British English of Norwich'. *Language in Society* 1: 179—95. Reprinted in Thorne and Henley 1975.

Trudgill, P. 1974a. *The Social Differentiation of English in Norwich*. Cambridge University Press.

Trudgill, P. 1974b. 'Linguistic change and diffusion: description and explanation in sociolinguistic dialect geography'. *Language in Society* 3: 215—46.

Trudgill, P. 1975. 'Linguistic geography and geographical linguistics'. In C. Board et al. (eds.), *Progress in Geography*, vol. 7. London: Edward Arnold.

Trudgill, P. (ed). 1978. *Sociolinguistic Patterns in British English*. London: Edward Arnold.

Trudgill, P. 1983. *On Dialect: social and geographical perspectives*. Oxford: Blackwell.

Trudgill, P. 1988. 'Norwich revisited: recent linguistic changes in an English urban dialect'. *English World-Wide* 9: 33—49.

Trudgill. P. 1995. *Sociolinguistics: An Introduction to Language and Society*. 2nd edn. Harmondsworth: Penguin.

Trudgill, P. n. d. 'A sociolinguistic study of linguistic change in urban East Anglia'. Report to the SSRC.

Ulseth, B. n. d. 'Stress and toneme as used by Trondheim speakers: a sociolinguistic study'. Department of Linguistics, University of Trondheim.

Underwood, G. N. 1976. 'American English dialectology: alternatives for the Southwest'. *International Journal of the Sociology of Language* 2: 19—39.

Upton, C., S. Sanderson and J. Widdowson. 1987. *Word Maps: A Dialect Atlas of England*. London: Croom Helm.

Upton, C., D. Parry and J. D. A. Widdowson. 1994. *Survey of English Dialects: The Dictionary and Grammar*. London: Routledge.

Upton, C. and J. D. A. Widdowson. 1996. *An Atlas of English Dialects*. Oxford University Press.

Vasiliu, E. 1966. 'Towards a generative phonology of Daco-Rumanian dialects'. *Journal of Linguistics* 2: 79—98.

Viereck, W. 1966. *Phonematische Analyse des Dialekts von Gateshead-upon-Tyne*. Berlin: De Gruyter.

Viereck, W. 1985. 'Linguistic atlases and dialectometry: the survey of English dialects'. In Kirk, Sanderson and Widdowson. 94—112.

Wakelin, M. F. 1972. *English Dialects: An Introduction*. Edinburgh: Atholne Press.

Walshe, M. 1965. *Introduction to the Scandinavian Languages*. London: André Deutsch.

Weinreich, U. 1954. 'Is a structural dialectology possible?' Word 10: 388—400. Reprinted in J. Fishman (ed.), *Readings in the Sociology of Language*. The Hague: Mouton, 1968.

Wells, J. C. 1982. *Accents of English*. 3 vols. Cambridge University Press.

Wolff. H. 1959. 'Intelligibility and inter-ethnic attitudes'. *Anthropological Linguistics* 1: 34—41.

Wolfram, W. 1969. *A Sociolinguistic Description of Detroit Negro Speech*. Washington, DC: Center for Applied Linguistics.

Wolfram, W. 1971. 'Black-white speech differences revisited'. In W. Wolfram and N. Clarke (eds.), *Black-White Speech Relationships*. Washington. DC: Center for Applied Linguistics.

Wolfram, W. 1974. *Sociolinguistic Aspects of Assimilation: Puerto Rican English in New York City*. Washington, DC: Center for Applied Linguistics.

Wolfram, W. and D. Christian. 1976. *Appalachian Speech*. Washington, DC: Center for Applied Linguistics.

Wolfram. W. and R. Fasold. 1974. *The Study of Social Dialects in American English.* New York: Prentice-Hall.

Woods, A., P. Fletcher and A. Hughes. 1986. *Statistics in Language Studies.* Cambridge University Press.

北京大学出版社语言学教材总目

博雅 21 世纪汉语言专业规划教材：专业基础教材系列

  语言学纲要（修订版） 叶蜚声、徐通锵著，王洪君、李娟修订
  语言学纲要（修订版）学习指导书 王洪君等编著
  现代汉语（第二版）（上） 黄伯荣、李炜主编
  现代汉语（第二版）（下） 黄伯荣、李炜主编
  现代汉语学习参考 黄伯荣、李炜主编
  古代汉语 邵永海主编（即出）
  古代汉语阅读文选 邵永海主编（即出）
  古代汉语常识 邵永海主编（即出）

博雅 21 世纪汉语言专业规划教材：专业方向基础教材系列

  语音学教程（增订版） 林焘、王理嘉著，王韫佳、王理嘉增订
  实验语音学基础教程 孔江平编著
  现代汉语词汇学教程 周荐编著
  简明实用汉语语法教程（第二版） 马真著
  当代语法学教程 熊仲儒著
  修辞学教程（修订版） 陈汝东著
  汉语方言学基础教程 李小凡、项梦冰编著
  语义学教程 叶文曦编著
  新编语义学概要（修订版） 伍谦光编著
  语用学教程（第二版） 索振羽编著
  语言类型学教程 陆丙甫、金立鑫主编
  汉语篇章语法教程 方梅编著（即出）
  汉语韵律语法教程 冯胜利、王丽娟著（即出）

新编社会语言学概论　祝畹瑾主编
计算语言学教程　詹卫东编著（即出）
音韵学教程（第五版）　唐作藩著
音韵学教程学习指导书　唐作藩、邱克威编著
训诂学教程（第三版）　许威汉著
校勘学教程　管锡华著
文字学教程　喻遂生著
汉字学教程　罗卫东编著（即出）
文化语言学教程　戴昭铭著（即出）
历史句法学教程　董秀芳著（即出）

博雅21世纪汉语言专业规划教材：专题研究教材系列

实验语音学概要（增订版）　鲍怀翘、林茂灿主编
现代汉语词汇（第二版）　符淮青著（即出）
现代汉语语法研究教程（第四版）　陆俭明著
汉语语法专题研究（增订版）　邵敬敏等著
现代实用汉语修辞（修订版）　李庆荣编著
新编语用学概论　何自然、冉永平编著
外国语言学简史　李娟编著（即出）
近代汉语研究概要　蒋绍愚著
汉语白话史　徐时仪著
说文解字通论　黄天树著
甲骨文选读　喻遂生编著（即出）
商周金文选读　喻遂生编著（即出）
汉语语音史教程（第二版）　唐作藩著（即出）
音韵学讲义　丁邦新著
音韵学答问　丁邦新著
音韵学研究方法导论　耿振生著（即出）

博雅西方语言学教材名著系列

语言引论（第八版中译本）　弗罗姆·金等著，王大惟等译（即出）

语音学教程（第七版中译本）　彼得·赖福吉等著，张维佳译（即出）

语音学教程（第七版影印本）　彼得·赖福吉等著

方言学教程（第二版中译本）　J. K. 钱伯斯等著，吴可颖译

构式语法教程（影印本）　马丁·休伯特著（即出）

构式语法教程（中译本）　马丁·休伯特著，张国华译（即出）